테마별 실무서 14

이전가격 세무

🔷 한국세무사회

발간사

세무사는 공공성있는 세무전문가로 납세자권익 보호와 성실한 납세의무 이행에 이바지하는 사명이 있습니다. 이 때문에 세무사는 모름지기 높은 전문성과 책임성을 갖춰야 하고 이를 위한 연구와 교육은 아무리 강조해도 지나치지 않습니다.

한국세무사회는 그동안 많은 세법책과 실무서를 발간하면서 회원의 전문성과 책임성을 함양하기 위해 노력해왔습니다. 하지만 회원보다는 관성적인 출판에 그치고 저자 편의가 앞서 사업현장의 회원님을 만족시키는데 부족함이 참 많았습니다.

제33대 한국세무사회는 도서출판까지 혁신하여 사업현장의 회원들의 직무 요령, 리스크 관리 및 컨설팅기법 등을 망라해 회원들이 책상머리에 두고 무시로 회원을 돕는 '실사구시 지침서'를 어떻게 마련할지 고민해왔습니다.

그 결과 세목별 기본서, 신고실무도 회원친화적으로 형식과 콘텐츠도 바꾸고 회원님이 전문적인 핵심직무를 수행할 때 유용한 길잡이가 될 '테마별 실무서 시리즈'를 새롭게 내게 되었습니다.

'한국세무사회 테마별 실무서'는 사업현장에서 부딪히는 핵심주제 50개를 추출하고 각 테마마다 최고의 전문가가 참여하여 관계법령, 예규 및 판례의 나열 아닌 직무요령과 리스크 관리, 컨설팅 기법 등 권위있는 전문 집필자의 노하우까지 담아냈습니다.

조세출판사에 큰 획을 그을 책이 될 '한국세무사회 테마별 실무서 시리즈'가 앞으로 개정과 증보를 거듭하면서 사업현장의 회원님을 최고의 조세전문가로 완성시키는 기념비적인 책이 되리라 믿어 의심치 않습니다.

어려운 여건에도 남다른 열정과 전문성으로 '한국세무사회 테마별 실무서'가 탄생하는데 함께해주시는 집필진 세무사님과 한국세무사회 도서출판위원회 위원님께 고마움을 전합니다.

2025년 6월

한국세무사회 회장 구재이

CONTENTS

이전가격 세무

>>>> 제1장 • 이전가격세제의 개요 ·· 11
  제1절 이전가격세제의 개요 ··· 11
  제2절 이전가격세제 대상거래 및 제외거래 ···························· 12
    1. 대상거래(사업거래) ·· 12
    2. 제외거래(증여거래) ·· 12
  제3절 국외특수관계인의 정의 ··· 15
    1. 지분소유관계 ·· 16
    2. 실질지배관계 ·· 19
    3. 제삼자를 통한 실질지배관계 ·· 20

>>>> 제2장 • 정상가격산출방법 ··· 23
  제1절 최적방법원칙 ··· 23
    1. 최적방법원칙 ·· 23
    2. 정상가격산출방법의 적용순서 ·· 25
    3. 분석대상(Tested party)의 선택 ······································ 26
    4. 쌍방분석과 일방분석 ·· 26
  제2절 비교가능제삼자가격법(CUP method) ························ 27
    1. 적용 요건 ·· 27
    2. 비교가능제삼자가격법의 예시 ·· 31
    3. 비교가능제삼자가격법의 특징 ·· 31
  제3절 재판매가격법(resale price method) ·························· 32
    1. 적용요건 ·· 32
    2. 재판매가격법의 예시 ·· 33
    3. 재판매가격법의 특징 ·· 34

CONTENTS

제4절 원가가산법(Cost plus method) ·········· 40
  1. 적용요건 ·········· 40
  2. 원가가산법의 예시 ·········· 41
  3. 원가가산법의 특징 ·········· 42

제5절 거래이익분할법(Profit split method) ·········· 45
  1. 이익분할법의 개요 ·········· 45
  2. 거래이익분할법의 장점 ·········· 45
  3. 거래이익분할법의 단점 ·········· 46
  4. 정확하게 기술된 거래의 성격 ·········· 47
  5. 신뢰할 만한 정보의 확보가능성 ·········· 56
  6. 결합이익의 결정 ·········· 57
  7. 이익분할 ·········· 62

제6절 거래순이익률법(Transactional net margin method) ·· 64
  1. 적용요건 ·········· 64
  2. 거래순이익률법의 장점 ·········· 67
  3. 거래순이익률법의 단점 ·········· 67
  4. 순이익률지표의 선택 ·········· 69

▶▶▶ 제3장 · 비교가능성 분석 ·········· 79

제1절 비교가능성 분석목적과 분석절차 ·········· 79
  1. 비교가능성 분석목적 ·········· 79
  2. 비교가능성 분석절차 ·········· 81

제2절 재화와 용역의 특성 ·········· 82

제3절 기능(Functions) ·········· 84

CONTENTS

제4절 위험(Risk) ··· 86
  1. 위험분석의 의미 ··· 86
  2. 위험관리와 위험부담 ··· 87
  3. 위험의 분석절차 ··· 90
제5절 거래의 계약조건(Contractual terms) ······················· 91
제6절 경제적 환경 ··· 91
  1. 시장차이 ·· 91
  2. 시장수준차이 ··· 92
제7절 특별한 상황(extraordinary market conditions) ········ 93
  1. 사업전략(business strategy) ······································· 93
  2. 시장점유정책 ··· 94

제4장 무형자산 정상가격 결정 ································· 97

제1절 무형자산의 개념 ·· 97
  1. 개요 ··· 97
  2. 무형자산의 이전가격과 다른 세무문제의 관련성 ······· 99
  3. 무형자산의 정의 ··· 100
  4. 무형자산의 예시 ··· 101
제2절 무형자산의 소유와 개발, 향상, 유지, 보호, 사용(DEMPE)
··· 107
  1. 무형자산의 소유권 및 무형자산 관련 계약조건 ········· 109
  2. 무형자산과 관련된 기능, 자산 및 위험 ······················ 112
  3. 거래유형(fact patterns)별 사실관계의 식별 ··············· 121
제3절 무형자산의 이전 및 사용을 수반하는 거래 ············· 124
  1. 무형자산 또는 무형자산권리의 이전을 수반하는 거래 ·· 125
  2. 제품판매 또는 용역제공과 관련하여 무형자산의 사용이
     이루어지는 거래 ··· 128

제4절 무형자산거래의 정상가격 ·· 130
　　1. 무형자산거래에 적용되는 일반원칙 ································ 130
　　2. 무형자산 또는 무형자산권리의 이전 ······························· 131
　　3. 거래 당시에 가치평가가 불확실한 무형자산 ················· 142
제5절 평가곤란 무형자산(Hard-to-value intangibles) ········ 144
　　1. 평가곤란 무형자산의 특징 ··· 145
　　2. 사후결과를 기준으로 이전가격조정 ································ 146
　　3. 평가곤란 무형자산에 대한 세무당국을 위한 지침 ······· 148
제6절 무형자산의 가치평가기법 ··· 149
　　1. 가치평가기법의 의미 ··· 149
　　2. 예상현금흐름 할인가치의 활용 및 그 문제점 ··············· 150

제5장 용역거래 정상가격 ··· 155

제1절 용역거래의 식별 ··· 155
　　1. 가치있는 용역거래 ··· 155
　　2. 가치없는 특수관계 용역거래 ··· 157
제2절 용역거래의 분석절차 ··· 160
　　1. 질적 분석 ·· 160
　　2. 양적 분석 : 정상대가 산정 ·· 162
　　3. 총용역원가의 정의 ··· 165
제3절 용역의 정상가격 산출방법 ··· 168
　　1. 비교가능제삼자용역가격법 ··· 168
　　2. 용역원가법 ·· 169
　　3. 용역원가가산법 ·· 169
　　4. 거래순이익률법 ·· 169

CONTENTS

제4절 저부가가치용역의 정상가격 ·············· 170
   1. 저부가가치용역의 범위 ················· 170
   2. 저부가가치용역의 간주정상가격 ············ 171
제5절 금융보증(financial guarantees) ············· 172
   1. 금융보증의 의미 ·················· 172
   2. 국내세법의 보증수수료 정상가격 산출방법 ········ 173

제6장 • 소득조정과 APA ················· 177

제1절 소득 조정 ····················· 177
   1. 임시유보 처분 후 처분·조정 ············ 177
   2. 임시유보 처분하지 않는 경우 ············ 178
   3. 반환이자의 계산 ·················· 178
   4. 반환금액의 순서, 반환받은 것으로 보는 경우 ······ 180
제2절 정상가격산출방법 사전승인 ············· 180
   1. 의의 ·························· 180
   2. 절차 ························· 181

제7장 • 정상가격서류의 제출 ·············· 185

제1절 국제거래에 대한 자료 제출 의무 ·········· 185
   1. 정상가격산출방법신고서 ··············· 185
   2. 용역거래에 대한 정상가격산출방법신고서 ······· 188
   3. 무형자산에 대한 정상가격산출방법신고서 ······· 190
   4. 국외특수관계인의 요약손익계산서 ··········· 192
   5. 거래가격 조정 신고서 ················ 194
   6. 국제거래명세서 ·················· 194
   7. 국제거래에 대한 자료의 제출기한 연장 ········ 195

제2절 정상가격산정방법 등의 이전가격서류 제출요구 ·········· 196
  1. 자료제출 요구 ·· 196
  2. 자료제출기한 연장신청 및 통지 ·································· 197
  3. 자료제출 불이행 제재 : 증거불채택, 추계과세, 과태료 ··· 198
제3절 통합기업보고서와 개별기업보고서 ······························· 200
  1. 통합기업보고서 작성범위 ··· 200
  2. 통합기업보고서 작성의무자 ··· 200
  3. 다국적기업그룹에 여러 사업군이 있는 경우 ·············· 201
  4. 자회사별 사업이 다른 경우 : 자회사별 통합기업보고서 ··· 201

제1장

이전가격세제의 개요

제1절 이전가격세제의 개요

 이전가격세제란 기업이 국외특수관계인과 거래에 있어 정상가격보다 낮거나 높은 가격을 적용함으로써 과세소득이 감소되는 경우, 과세당국이 그 거래에 대하여 정상가격을 기준으로 과세소득금액을 재계산하여 조세를 부과하는 제도로 국내특수관계자와의 거래에 적용되는 부당행위계산부인규정과 유사하다.
 과세당국 뿐만 아니라 납세의무자도 이전가격 거래시에는 법령상의 정상가격 결정방법을 통하여 정상가격을 찾아 적용하여야 하며, 이러한 과정에 관한 자료를 구비하고 있어야 한다.
 납세의무자는 과세표준 신고시에 과세당국이 적용가격의 타당성을 개략적으로 검토하는데 기본 자료를 신고첨부자료로서 제출하여야 하며, 과세당국이 요구하는 경우에는 적용한 가격이 정상가격임을 입증할 수 있는 구체적인 자료를 제출하여야 한다.
 이러한 자료제출이 성실히 이행되지 않는 납세의무자는 과태료를 부과 받을 있어 세무대리인의 입장에서는 세무신고시 주의를 기우려야 한다.

제2절 이전가격세제 대상거래 및 제외거래

1. 대상거래(사업거래)

이전가격 과세대상이 되는 '국제거래'란 거래 당사자의 어느 한 쪽이나 양쪽이 비거주자·내국법인·외국법인(비거주자·내국법인·외국법인의 국내사업장 제외)인 아래 거래를 의미한다.(국조법 제2조 1항 1호)

> ① 유형자산 또는 무형자산의 매매(Transfer)
> ② 유형자산 또는 무형자산의 임대차(Lease or License)
> ③ 용역의 제공(Provision of services)
> ④ 금전의 대출 및 차용(Loans)
> ⑤ 기타 납세자의 손익에 영향을 미치는 모든 거래(원가분담약정, 파생상품 및 재보험)

2. 제외거래(증여거래)

아래 증여거래에 대해서는 법인세법 제52조 및 소득세법 제41조의 부당행위계산규정이 적용되며 이전가격세제대상이 아니다. 이들 거래는 증여거래 또는 자본거래에 해당하며 대가관계가 있는 사업거래는 아니다. 예를 들면, 업무무관비용에 대해서 법인세법의 규정을 적용한다. 내국법인의 주주 외국법인이 내국법인에 대한 대여금을 주식으로 전환하는 경우 이전가격세제대상이 아니다. 내국법인이 미국자회사에 대한 매출채권을 포기하면 법인세법에 따라 국내원천 기타소득으로 처분한다.

> ① 자산을 무상으로 이전(현저히 저렴한 대가로 이전하는 경우 제외)하거나 채무면제가 있는 경우
> ② 무수익 자산의 매입 또는 현물출자를 받았거나 그 자산에 대한 비용을 부담한 경우
> ③ 출연금을 대신 납부하는 경우
> ④ 그 밖의 자본거래로서 법인세법 시행령 제88조 1항 8호 각목의 어느 하나 또는 제8호

의 2에 해당하는 경우
i. 특수관계인인 법인 간의 합병·분할시 불공정합병한 경우
ii. 증자시 신주배정권의 포기나 신주를 시가보다 고가로 인수하는 경우
iii. 감자시 불균등하게 소각하는 경우
iv. 위 외의 경우로서 증자·감자, 합병(분할합병 포함)-분할, 상속-증여세법 제40조 제1항에 따른 전환사채 등에 의한 주식의 전환-인수-교환 등 법인의 자본을 증가시키거나 감소시키는 거래를 통하여 법인의 이익을 분여하였다고 인정되는 경우, 다만, 성과급으로 지급하는 주식매수선택권의 행사에 따라 주식을 발행하는 경우는 제외한다.

[관련 예규]

▶ 해외 완전자회사에 대한 출자전환으로 주식을 저가에 취득한 경우 국제조세조정에 관한 법률상 정상가격 과세조정 여부

내국법인이 해외 완전자회사에 대한 대여금 채권을 그 자회사 주식의 액면가액으로 출자 환함으로써 취득하는 주식의 시가가 그 대여금 채권가액에 미달하여 발생한 대여금채권가액과 취득하는 주식의 시가와의 차액은 그 자회사에 대한 채무의 면제에 해당하므로, 「국제조세조정에 관한 법률」제3조 제2항 및 동법 시행령 제3조의3 제1호에 라「법인세법」제52조(이하 부당행위계산의 부인)의 적용대상이 되는 것이며, 부당행위계산의 부인 여부는 과세관청이 사실판단할 사항임. 그 결과, 동 출자전환에 대하여 부당행위계산의 부인이 적용되는 경우에는 「법인세법」제52조 제1항에 따라 소득금액을 계산하는 것이며, 부당행위계산의 부인이 적용되지 않는 경우에는 「국제조세조정에 관한 법률」제3조 제1항을 적용하는 것임 [기획재정부 국제조세제도과-412, 2020.09.28]

▶ 국내 제3자를 거쳐 국외특수관계자와 거래한 경우 「국제조세조정에 관한 법률」제7조 적용 여부

「국제조세조정에 관한 법률」 제7조에 따라 거주자가 국외특수관계인이 아닌 자와 국제거래를 하는 경우 거주자와 국외특수관계인간에 해당 거래에 대한 사전계약이 있고 거래조건이 거주자와 국외특수관계인간에 실질적으로 결정된 경우에는 거주자가 국외특수관계인과 국제거래를 한 것으로 보아 같은 법 제4조 등에 따른 정상가격에 의한 세조정을 적용하는 것임 [법령해석과-3278, 2017.11.21]

국외특수관계인의 차입금에 대하여 수인이 연대보증한 경우 지급보증수수료 정상가격 산출방법
내국법인과 거주자 수인(數人)이 국외특수관계인인 해외관계회사의 차입금액에 대하여 연대보증(連帶保證)한 경우「국제조세조정에 관한 법률」제4조에 따른 지급보증 대가에 대한 정상가격은 차입금액 총액을 연대보증인 수로 안분한 금액을 기준으로 산정하는 것은 아닙니다. 다만, 이전가격세제의 목적상 수인의 연대보증이 용역의 공동수행으로 인정되는 경우 해당 거래에서 발생한 소득을 적정한 배부기준에 따라 보증인간 안분할 수 있는 것이나 이에 해당하는지 여부는 사실관계를 종합하여 판단하는 것입니다. [서면법규과-88, 2013.01.25]

국외특수관계인에 대한 이행보증 대가의 정상가격 산정 여부 및 산정방법
거주자의 국외특수관계인에 대한 이행보증은 국제거래로서「국제조세조정에 관한 법률」제4조에 따른 정상가격 과세조정대상에 해당하며, 정상가격을 산정할 때에는「국제조세조정에 관한 법률」제5조 및 같은 법 시행령 제4조 내지 제6조를 종합적으로 고려하여 가장 합리적인 방법으로 산정하여야 하는 것임 이때 이행보증 제공에 따른 대가는 법인세법 제40조에 따라 익금이 확정된 날이 속하는 사업연도의 익금으로 산입하는 것입니다. [국제세원-562, 2012.12.27]

정상가격을 기준으로 증액 및 감액경정(결정)
과세당국은 거래 당사자 일방이 국외특수관계자인 국제거래에 있어서 그 거래가격이 정상가격에 미달하거나 초과하는 경우에는「국제조세조정에 관한 법률」제4조에 따라 정상가격을 기준으로 증액경정(결정)뿐만 아니라 감액경정(결정)을 할 수 있는 것이고, 이러한 과세당국의 증액·감액경정(결정)은 국외특수관계자의 거주지국이 이에 대하여 대응조정을 하는지 여부에 관계없이 할 수 있습니다. [재국조-223, 2008.09.26]

실질과세
국제결제은행이 국내원천소득인 투자신탁의 이익을 수취하는 경우 당해 투자신탁의 이익에 대한 수익적 소유자(beneficial owner)가 따로 있는 때에는「국제조세조정에 관한 법률」제2조의 2 규정에 의하여 당해 수익적 소유자를 납세의무자로 하여 조세조약을 적용하는 것이며, 수익적 소유자인지 여부는 당해 이익에 대한 법적·경제적 위험부담, 소득의 처분권 및 소득발생 결정권을 실질적으로 보유하고 있는지 여부 등을 종합적으로 검토하여 사실판단할 사항입니다. [서면2팀-513, 2007.03.26]

국외특수관계법인에 대한 장기 매출대금 회수
국외특수관계법인에 대한 장기 매출대금회수는 국조법 제3조에 따라 정상가격에 의한 과세조정 규정이 적용되는 것이고 법인세법 제52조에 의한 부당행위계산의 부인은 적용되지 아니합니다. [서면2팀-258 2007.02.06]

> **정상가격에 의한 과세조정액의 범위**
> 국제조세조정에관한법률 제8조(상계거래의 인정)에 따르면 국제거래의 가격이 정상가격과 다른 경우에도 동일한 국외특수관계자와의 동일한 과세연도내의 다른 국제거래에 있어서 그 차액이 상계된다고 거주자가 입증하는 때에는 그 상계되는 모든 국제거래를 하나의 국제거래로 보아 동법 제4조(정상가격에 의한 과세조정)를 하는 것이며, 위에서 「그 차액이 상계된다고 거주자가 입증하는 때」라 함은 사전에 국외특수관계자와의 거주자간에 의도적으로 설정된 상계처리약정이 존재한다는 것과 그 약정에 따른 거래들이 전체적으로는 정상가격원칙에 부합된다는 것을 입증하는 경우를 말합니다. [국이 46500-27, 1998.1.19]

제3절 국외특수관계인의 정의

'국외특수관계인'이란 거주자·내국법인, 내국법인 또는 국내사업장과 특수관계에 있는 비거주자·내국법인·외국법인(비거주자·내국법인·외국법인의 국내사업장은 제외)을 말한다.(국조법 §2 ① 4호) 국외특수관계는 크게 두 가지로 나눈다.(국조법 §2 ① 3호)

┃ 국외특수관계의 유형 ┃

국외특수관계		일반적 요건
지분소유 관계	직간접 지분소유	한 쪽이 다른 쪽의 주식출자지분을 50% 이상 직간접으로 소유
	제삼자에 의한 지분 소유	제삼자가 한 쪽과 다른 쪽의 주식출자지분을 50% 이상 직간접으로 소유
실질지배 관계	직접 실질지배	① 한 쪽이 다른 쪽의 임원을 50% 이상 선임 ② 한 쪽이 신탁 등을 통해 50% 이상 주식 소유 ③ 한 쪽이 사업, 차입금, 지식재산권의 50% 이상을 다른 쪽에 의존
	제삼자에 의한 실질지배	① 제삼자가 어느 한 쪽과 다른 쪽을 지배 ② 같은 기업집단의 계열회사

1. 지분소유관계

A. 지분소유관계의 범위

i. 거래 당사자 중 어느 한쪽이 다른 쪽의 의결권 있는 주식의 50% 이상을 직접 또는 간접으로 소유하고 있는 경우 그 거래당사자 간의 관계(국조법 §2 ① 3호 가목)

① 거주자·내국법인 또는 국내사업장을 두고 있는 외국법인이 다른 외국법인의 의결권 있는 주식의 50% 이상을 직접 또는 간접으로 소유한 경우 그 거주자·내국법인 또는 국내사업장과 다른 외국법인의 관계(국조령 §2 ② 1호 가목)

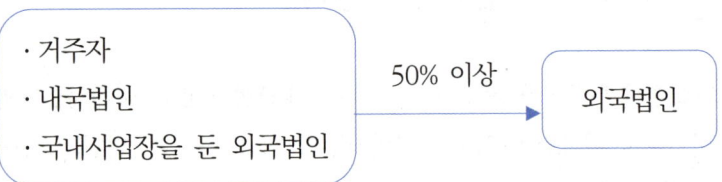

② 외국에 거주하거나 소재하는 자가 내국법인 또는 국내사업장을 두고 있는 외국 법인의 의결권 있는 주식의 50% 이상을 직접 또는 간접으로 소유한 경우 그 자와 내국법인 또는 국내사업장의 관계(국조령 §2 ② 1호 가목)

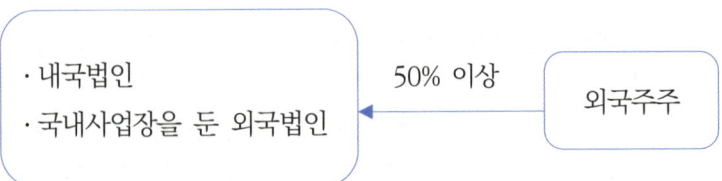

ii. 제3자와 그 친족 등이 거래 당사자 양쪽의 의결권 있는 주식의 50% 이상을 직·간접으로 각각 소유하고 있는 경우 그 거래 당사자 간의 관계(국조법 §2 ① 3호 나목) 이는 내국법인 또는 국내사업장을 두고 있는 외국법인의 의결권 있는 주식의 50% 이상을 직접 또는 간접으로 소유하고 있는 제3자와 그의 친족 등이 다른 외국법인 의 의결권 있는 주식의 50% 이상을 직접 또는 간접으로 소유한 경우 그 내국법인 또는 국내사업장과 다른 외국법인의 관계를 말한다.(국조령 §2 ② 3호) '친족 등'이란 6촌 이내의 혈족, 4촌 이내의 인척, 배우자(사실상의 혼인관계에 있는 자 포함), 친생자로서 다른 사람에게 친양자 입양된 자 및 그 배우자·직계비속을 말하다.(국조령 §2 ①)

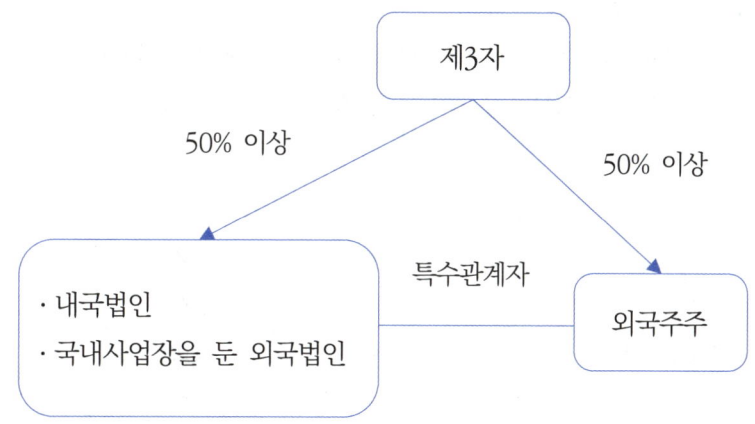

B. 지분비율의 계산방법

i. 간접소유비율의 계산

어느 한 쪽(거주자·내국법인, 내국법인, 비거주자·내국법인 또는 외국법인)의 다른 쪽(내국법인 또는 외국법인)에 대한 간접소유비율은 다음 방법으로 계산한 비율로 한다.

> 1. 어느 한 쪽이 다른 쪽의 주주인 '중간법인'의 의결권 있는 주식의 50% 이상을 소유하고 있는 경우: 중간법인이 소유하고 있는 다른 쪽의 의결권 있는 주식이 그 다른 쪽의 의결권 있는 주식에서 차지하는 '중간법인의 주식소유비율'
> 2. 어느 한 쪽이 중간법인의 의결권 있는 주식의 50% 미만을 소유하고 있는 경우: 그 소유비율에 중간법인의 주식소유비율을 곱한 비율
> 3. 위 1 및 2를 적용할 때 중간법인이 둘 이상인 경우: 중간법인별로 위 1 및 2에 따라 계산한 비율을 더한 비율
> 4. 어느 한 쪽과 중간법인, 그리고 이들 사이의 하나 이상의 법인이 주식소유관계를 통해 연결되어 있는 경우: 위 1부터 3까지의 계산방법을 준용하여 계산한 비율

ii. 지분비율 계산방법

지분은 직렬연결관계 및 병렬연결관계를 통해 소유된다. 병렬연결관계인 경우 이러한 지분율을 합하여 총지분율을 구한다.(국조통 2 - 2…3)

┃ 지분비율 계산방법 ┃

지배구조	중간법인	하위법인	소유비율
1. 직접소유	-	20%	20%
2. 간접소유(50% 이상)	60%	40%	40%
3. 간접소유(50% 미만)	30%	30%	9%
소유비율 합계			69%

ㄱ. 직렬연결관계

법인세법은 직렬연결관계를 통한 간접지배의 경우 2단계까지의 지배관계에 대해만 특수관계를 인정하나, 국조법에서는 이러한 제한이 없다. 따라서 수차례에 걸친 직렬관계를 형성하고, 이러한 관계를 통해 일방기업이 간접소유비율에 의해 타방기업을 간접적으로 50% 이상 소유하게 되는 경우 일방기업과 타방기업은 특수관계를 형성한다. 아래 예시에서 일방기업의 간접소유비율은 40%이다.

ㄴ. 병렬연결관계

각 중간법인별로 계산한 비율을 합계한 비율을 일방기업의 타방기업에 대한 간접소유 비율로 한다. 아래 예시에서 일방기업의 타방기업 간접소유 비율은 중간회사 A를 통한 비율 40%와 중간회사 B를 통한 비율 15% (30%×50%)를 합한 55%이다.

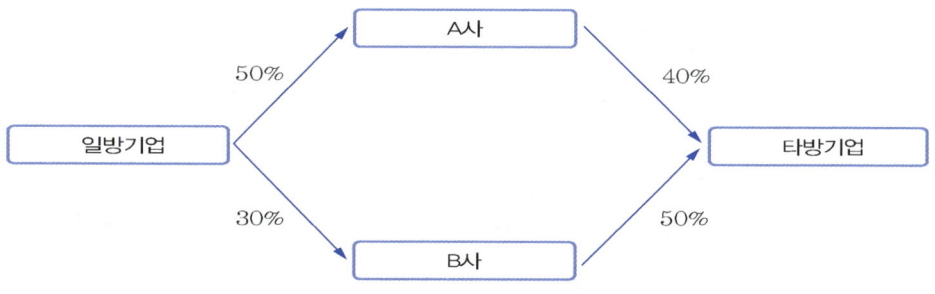

2. 실질지배관계

A. 실질지배관계의 요건

거래 당사자 간에 자본의 출자관계, 재화-용역의 거래관계, 금전의 대차관계 등에 따라 소득을 조정할 만한 공통의 이해관계가 있고, 거래 당사자가 거주자-내국법인 또는 국내사업장과 비거주자-내국법인-외국법인 또는 이들의 국외사업장이고, 거래 당사자 한 쪽이 다음 어느 하나의 방법으로 다른 쪽의 사업 방침 전부 또는 중요한 부분을 실질적으로 결정할 수 있는 경우 그 거래 당사자 간의 관계를 말한다.(국조법 §2 ① 3호 다목, 국조령 §2 ① 3호)

  i. 다른 쪽 법인의 대표임원이나 총 임원 수의 절반 이상에 해당하는 임원이 거래 당사자 한 쪽 법인의 임원 또는 종업원의 지위에 있거나 사업연도 종료일부터 소급하여 3년 이내에 거래 당사자 한 쪽 법인의 임원 또는 종업원의 지위에 있었을 것

ii. 거래 당사자 한 쪽이 조합이나 신탁을 통해 다른 쪽의 의결권 있는 주식의 50%이상을 소유할 것

iii. 다른 쪽이 사업활동의 50% 이상을 거래 당사자 한 쪽과의 거래에 의존할 것. 이는 다른 쪽이 매입거래의 전부를 어느 한 쪽에 의존하는 경우를 포함한다.(서이 - 273, 2005.2.11.)

iv. 다른 쪽이 사업활동에 필요한 자금의 50% 이상을 거래 당사자 한 쪽으로부터 차입하거나 거래 당사자 한 쪽에 의한 지급보증을 통해 조달할 것. 이 경우 자금은 총자본으로 자본금, 내부유보, 충당금 등의 자기자본과 차입금, 매입채무 등의 타인자본을 포함하는 개념이다.(국조통 2 - 2…3 ② 1호)

v. 다른 쪽이 사업활동의 50% 이상을 거래 당사자 한 쪽으로부터 제공되는 지식재산 권에 의존할 것. '50% 이상을 의존'하는 것은 특정 지식재산권의 사용대가가 전체 영업비용의 50% 이상을 차지하는 경우를 말한다.(국조통 2 - 2…3 ② 2호)

B. 실질지배관계 제외사유

실질지배관계로 열거된 사유에 해당하더라도 납세자가 '어느 한 쪽이 다른 쪽의 사업 방침의 전부 또는 중요한 부분을 실질적으로 결정할 수 있는 경우'가 아니거나 '공통의 이해관계'가 없다는 명백한 사유를 제시하는 경우에는 실질지배관계 및 '제삼자에 의한 실질지배관계'에 의한 특수관계인으로 보지 않는다.(국조법 §7 ③) 즉, 실질지배관계, 어느 한 쪽이 다른 쪽의 사업 방침의 전부 또는 중요한 부분을 실질적으로 결정할 수 있는 경우, 공통의 이해관계의 3가지 요건을 모두 충족하는 경우에만 실질지배관계에 의한 특수관계 인에 해당한다.(대법원 2008두14364, 2008.12.11.)

3. 제삼자를 통한 실질지배관계

거래 당사자 간에 자본의 출자관계, 재화-용역의 거래관계, 금전의 대차관계 등에 따라 소득을 조정할 만한 공통의 이해관계가 있고, 거래 당사자가 거주자-내국

법인 또는 국내사업장과 비거주자·내국법인·외국법인 또는 이들의 국외사업장이고, 제3자가 다음 어느 하나의 방법으로 거래 당사자 양쪽의 사업 방침을 실질적으로 결정할 수 있는 경우 그 거래 당사자 간의 관계를 말한다.(국조법 §2 ① 3호 라목, 국조령 §2 ① 4호) 다만, 실질지배관계가 없다면 특수관계인으로 보지 않는다.

A. 제3자가 거래 당사자 한 쪽의 의결권 있는 주식의 50% 이상을 직접 또는 간접으로 소유하고, 다른 쪽의 사업 방침 전부 또는 중요한 부분을 위 실질지배관계의 방법으로 실질적으로 결정할 수 있을 것

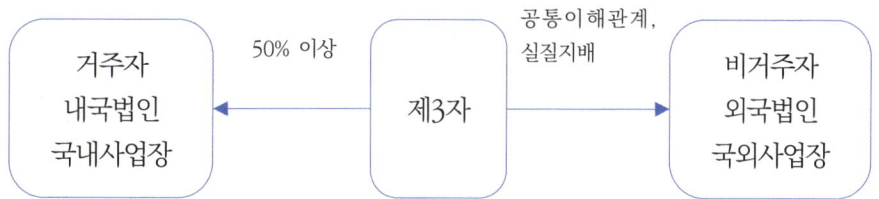

B. 제3자가 거래 당사자 양쪽의 사업 방침 전부 또는 중요한 부분을 위 실질지배관계의 방법으로 실질적으로 결정할 수 있을 것

C. 거래 당사자 한 쪽이 '독점규제 및 공정거래에 관한 법률 시행령' 제3조의 어느 하나에 해당하는 기업집단에 속하는 계열회사이고, 그 기업집단 소속의 다른 계열회사가 다른 쪽의 의결권 있는 주식의 50% 이상을 직접 또는 간접으로 소유할 것

[관련 예규]

▶ 국외특수관계자

내국법인과 비거주자의 관계가 국세조세조정에 관한 법률시행령 제2조 제1항에서 규정하는 어느 하나라도 해당하지 않는 경우 국외특수관계에 있지 아니하며, 국조법이 적용되지 아니합니다. [서면2팀-1144, 2008.06.05]

▶ 실질 지배력 기준에 의한 특수관계

타방이 매입거래의 전부를 일방과의 거래에 의존하는 경우 국제조세조정에 관한 법률 시행령 제2조 제1항 제4호의 특수관계에 해당되며, 국외특수관계자간 정상가격은 공급대가의 대금결제방법, 구매량, 부수용역의 제공 및 신용지급기간 등을 고려하여 동법 제 5조 및 동법 시행령 제4조의 규정에 따라 산정합니다. [서면2팀-273, 2005.02.11]

제2장 정상가격산출방법

제1절 최적방법원칙

1. 최적방법원칙

최적방법원칙(best methods rule)이란 여러 정상가격 산출방법 중에서 가장 합리적인 방법을 선택해야 한다는 것이다. 정상가격을 산출할 때에는 다음 기준을 고려하여 가장 합리적인 방법을 선택해야 한다.(국조령 §14)

1. 특수관계가 있는 자 간의 국제거래와 특수관계가 없는 자 간의 거래 사이에 비교가능성이 높을 것. 이 경우 비교가능성이 높다는 것은 다음에 해당하는 경우를 말한다.
   가. 비교되는 상황 간의 차이가 비교되는 거래의 가격이나 순이익에 중대한 영향을 주지 아니하는 경우
   나. 비교되는 상황 간의 차이가 비교되는 가격이나 순이익에 중대한 영향을 주는 경우에도 그 영향에 의한 차이를 제거할 수 있는 합리적 조정이 가능한 경우
2. 사용되는 자료의 확보·이용 가능성이 높을 것
3. 특수관계가 있는 자 간의 국제거래와 특수관계가 없는 자 간의 거래를 비교하기 위해 설정된 경제여건, 경영환경 등에 대한 가정이 현실에 부합하는 정도가 높을 것

4. 사용되는 자료 또는 설정된 가정의 결함이 산출된 정상가격에 미치는 영향이 적을 것
5. 특수관계가 있는 자 간의 거래와 이전가격방법과의 적합성이 높을 것

그러나 최적의 방법을 찾아낸다는 것은 거의 불가능하다. 따라서 경제학적 의미에서 일반적으로 차선(second‑best)의 방법을 찾는다. 이론적 연구보다 실제 응용측면이 강하게 나타나는 이전가격규정에 이러한 원리가 적용되는 것은 당연하다. 그렇다 하더라도 이전가격규정은 관계거래에 대해 진정한 귀속소득이 무엇인가를 규명하려는 노력이기 때문에 최적방법에 의해 정상가격이 도출되어야 한다. 그러나 실무적으로 최적방법을 발견하는 것이 어려우므로, 상대적인 적합성을 비교하여 사용된 방법이 최적이라는 것을 입증할 수밖에 없다. 즉 특정방법을 사용하여 산출한 정상가격이 다른 방법에 의해 산출된 정상가격보다 신뢰성이 떨어진다면 다른 방법을 사용해야 한다. 따라서 어떤 방법을 최적방법으로 간주하기 위해서는 가능한 모든 방법을 사용하여 비교해야 하나 실제적으로는 불가능한 경우가 대부분이므로 비교가능한 방법 중에서 상대적으로 신뢰성이 높고 또한 독립기업 결과에 근접하는 것으로 추정되면 충분하다. 이렇게 보았을 때 사실상 최적방법원칙이라고 말할 수는 없으며, 다만 차선의 방법원칙에 지나지 않는다고 볼 수도 있다. 최적방법원칙에서 가장 중요한 것은 비교가능성이다. 즉 분석대상인 관계거래에 가장 비교가능한 정상가격을 산출해 낼 수 있는 방법이 어떤 것인가를 찾아야 한다.(TP §2.8)

정상거래원칙을 적용하기 위한 모든 이전가격방법들은 독립기업들은 현실적으로 가능한 대안을 고려하며, 대안들을 비교할 때 거래가격에 상당한 영향을 주는 대안들 간의 차이를 고려한다는 개념과 관련이 있다. 예를 들면, 정해진 가격에 상품을 매입하기 전에 독립기업들은 보통 다른 사람으로부터 싸지만 비교가능한 조건으로 동질의 상품을 살 수 있는지 검토한다. 이에 따라 비교가능제삼자가격법(CUP)은 관계거래와 일치하는 시장에 직접 참여하여 당사자들이 합의하였을 가격을 직접 산출하는 비슷한 독립거래와 관계거래를 비교한다. 그렇지만, 독립기업들 사이에 상당한 영향을 미치는 독립거래의 특성들이 모두 비교가능하지 않다면 비교가능제삼자가격법은 정상거래에 대한 믿을만한 대안이 될 수 없다. 마찬가지로,

재판매가격법이나 원가가산법은 관계거래에서 달성한 총이익률(gross profit margin)을 비슷한 독립거래에서 달성한 총이익률과 비교한다. 이러한 비교로 당사자가 독립기업으로서 동일기능을 수행했다면 달성하였을 총이익률을 산정하고, 그에 따라 당사자가 그 기능을 수행하는 데 대해 정상적으로 요구할 수 있고 상대방이 기꺼이 지급하고자 하는 대가를 산정한다. 다른 방법들은 관계기업의 당사자가 독립기업들과 거래했다면 달성하였을 이익을 산정하는 수단으로 독립기업과 관계기업의 순이익지표(순이익률 등)를 비교대상으로 하며, 이에 따라 관계거래에서 자원을 사용하는 데 대해 정상대가로 요구할 가격을 산정한다. 실질적으로 비교에 영향을 미치는 비교상황들 간의 차이가 있는 경우 비교의 신뢰성을 높이기 위해 가능하면 비교가능성조정을 해야 한다. 그러므로 어떤 경우에도 조정되지 않은 산업평균수익률을 정상가격으로 보아서는 안 된다.(TP §1.40)

2. 정상가격산출방법의 적용순서

정상가격은 국외특수관계인이 아닌 자와의 통상적인 거래에서 적용되거나 적용될 것으로 판단되는 재화 또는 용역의 특성·기능 및 경제환경 등 거래조건을 고려하여 비교가능제삼자가격법, 재판매가격법, 원가가산법, 이익분할방법이나 거래순이익률법 중 가장 합리적인 방법으로 계산한 가격으로 한다.(국조법 §8 1항) 이전가격방법의 적합성이 높은지를 평가하는 경우에는 관계거래에서 가격·이윤 또는 거래순이익 중 어느 지표가 산출하기 쉬운지 여부, 관계거래를 구별 짓는 요소가 거래되는 재화나 용역인지 또는 수행되는 기능의 특성인지 여부, 거래순이익률법 적용 시 거래순이익률지표와 영업활동과의 상관관계 등을 분석해야 한다.(국조령 §14 ③)

전통적 거래방법 및 거래이익방법을 동일한 신뢰성을 가지고 적용할 수 있다면, 전통적 거래방법을 거래이익방법에 우선하여 적용할 수 있다. 또한, 비교가능제삼자가격법 및 기타 방법을 동일한 신뢰성을 가지고 적용할 수 있다면, 비교가능제삼자가격법을 기타 방법에 우선하여 적용하는 것이 적절하다.(TP §2.3)

3. 분석대상(Tested party)의 선택

분석대상의 선택은 거래의 기능분석에 맞게 이루어져야 한다. 일반원칙으로, 분석대상은 이전가격방법이 가장 믿을만한 방법으로 적용될 수 있고 믿을만한 비교대상을 찾을 수 있는 기업으로, 대부분의 경우 덜 복잡한 기능분석을 할 수 있는 기업이 된다.(TP §3.18)

가장 적합한 이전가격방법을 선택하고 적용하기 위해서, 분석대상 관계거래에 대한 비교가능성 요소에 대한 정보, 특히 국외특수관계인을 포함한 관계거래의 모든 당사자들에 대한 기능, 자산 및 위험에 대한 정보가 필요하다. 특히, 일방분석(원가가산법, 재판매가격법 및 거래순이익률법)에서 거래당사자의 어느 한 쪽(분석대상)에 대한 재무지표나 이익 수준지표가 필요하지만, 관계거래의 성격을 적절히 구분하고 가장 적합한 이전가격방법을 선택하기 위해 분석대상이 아닌 상대방의 비교가능성 요소에 대한 질적 정보, 특히 기능분석에 대한 정보가 또한 필요할 수 있다.(TP §3.20)

가장 적합한 이전가격방법이 일방분석인 경우 분석대상에 대한 재무정보가 필요한데, 분석대상이 내국기업이든 외국기업이든 상관없다. 그러므로 가장 적합한 방법이 원가가산법, 재판매가격법 및 거래순이익률법일 때 분석대상이 외국 거주자·내국법인이라면, 분석대상이 아닌 기업의 거주지국 과세당국 또한 국외특수관계인에 대한 이전가격방법의 적용을 검토하기 위한 충분한 정보를 받아야 한다. 한편, 일방분석 중 한 가지가 가장 적합한 방법으로 선택되고 분석대상이 국내 납세자라면 과세당국이 국외특수관계인의 재무자료를 추가적으로 요청할 이유는 없는 것이 보통이다.(TP §3.22)

4. 쌍방분석과 일방분석

비교가능제삼자가격법, 거래이익분할법 또는 원가분담에 따른 정상가격은 거래의 쌍방 모두에게 적용되는데, 이러한 의미에서 이들을 쌍방분석이라고 한다. 이에 비해 재판매가격법, 원가가산법 또는 거래순이익률법에 의해 결정된 정상가격은 거래의 일방에만 적용되며, 이러한 의미에서 이들을 일방분석이라 한다.

쌍방분석을 적용하면 일정가격을 기준으로 양당사자의 소득이 결정되므로 이중

과세나 이중비과세가 발생할 가능성이 적다. 일방분석을 적용하는 경우 한 국가에서 인정된 거래가격이 다른 국가에서 인정된 거래가격과 다르다면 이중과세뿐 아니라 이중비과세도 발생할 수 있다.

제2절 비교가능제삼자가격법(CUP method)

1. 적용 요건

비교가능제삼자가격법(comparable uncontrolled price method)은 정상가격 결정의 가장 원칙적 방법으로 거주자·내국법인과 국외특수관계인 간의 국제거래와 유사한 거래 상황에서 특수관계가 없는 독립된 사업자 간의 거래가격을 정상가격으로 보는 방법이다. '제삼자 간 거래'란 다음과 같은 특수관계가 없는 기업간 거래를 의미한다.(국조법 §8 1항 1호, TP §2.13)

> 1. 관계기업의 어느 한 쪽이 제삼자에게 판매하는 경우
> 2. 제삼자가 관계기업 어느 한 쪽에게 판매하는 경우
> 3. 관계기업과 관련이 없는 독립기업 간 거래의 경우

비교가능제삼자가격법에서는 제품의 유사성이 비교가능성에 가장 큰 영향을 미친다. 비교대상 제품 간에 상당한 차이가 있고 이러한 차이에 대한 조정이 이루어질 수 없으면 비교가능제삼자가격법을 적용해서는 안 된다. 자이를 유발할 수 있는 요인으로는 나음과 같은 것이 있다.(국조칙 §6 ② 1호, TP §2.14)

> 제품의 품질, 계약조건(보증범위 및 기간, 판매량 또는 매입량, 신용조건, 운반조건), 시장단계(도매, 소매 등), 거래가 발생한 시장의 지리적 차이, 거래시기, 판매와 관련된 무형자산, 환율변동위험, 구매자 또는 판매자에게 실제적으로 가능한 대안들

A. 시장 : 상품가격이 비교가능하기 위해서는 경제적으로 비슷한 시장에서 판매되는 상품이어야 한다.
B. 유통과정 : 상품가격을 비교하려면 생산자로부터 소비자에 이르는 유통과정 가운데 동일한 단계에서 판매되는 상품끼리 비교해야 하는데 거래단계, 거래수량, 거래 시기, 인도조건, 지불조건, 거래시장, 지리적 조건 등과 같이 가격결정에 영향을 미 칠 수 있는 조건들에 차이가 있는지 검토해야 한다.
C. 상품 : 물리적으로 비슷한 동질성을 가진 상품을 서로 비교해야 한다. 상품이 자연적인 생산물이거나 대량생산물인 경우에는 경쟁시장가격을 쉽게 찾을 수 있으나, 표준화가 덜 된 상품일수록 정상가격을 찾아내기가 어렵다. 비교되는 상품 간에 약간의 차이가 있을 경우에는 그 차이점을 조정하여 정상가격을 산출해야 한다.
D. 부수적 서비스와 지식재산권 : 부수적인 서비스제공 여부와 특허권, 노하우, 영업권, 상표권과 같은 지식재산권이 상품판매와 동시에 이전되었는지 판단하여 동시에 이전된 경우에는 지식재산권 등의 대가를 고려하여 상품의 정상가격을 결정해야 한다.

비교되는 거래 간 또는 거래에 참여한 기업 간의 어떠한 차이도 공개시장의 가격에 실질적인 영향을 미치지 못하는 경우, 또는 합리적 조정으로 그러한 차이의 실제적 효과를 제거할 수 있는 경우 비교가능제삼자가격법을 적용할 수 있다.(TP §2.15) 관계거래와 충분히 비슷하면서 가격에 실질적 영향을 미치지 않을 만큼 특별한 차이가 없는 독립기업거래를 찾는 것은 어렵다. 비록 동일한 이익을 가져올 만큼 사업활동의 성격이 충분히 유사하다 하더라도 관계거래에서 이전된 재화와 독립기업거래에서 이전된 재화의 사소한 차이는 가격에 중대한 영향을 미칠 수 있다. 이 경우 조정이 필요하지만, 조정의 범위와 신뢰성은 비교가능제삼자가격법에서 분석의 상대적인 신뢰성에 영향을 미친다.(TP §2.16) 비교가능성을 검토할 때 단지 제품의 비교가능성이 아닌, 넓은 관점에서 사업기능이 가격에 미치는 효과에 대해 주의를 기울여야 한다. 관계거래와 독립기업거래 간 또는 거래당사자들 간에 차이가 있다면 가격에 미치는 효과를 제거하기 위한 합리적 조정이 어려울 수 있다. 합리적 조정이 어렵다고 하여 비교가능제삼자가격법이 당연히 배제되는 것은

아니다.(TP §2.17)

일반적으로 비교가능제삼자가격법이 관계기업들 간 상품거래에 대한 정상가격을 산출하기 위한 가장 합리적 방법이다. 상품(commodities)이란 산업 내에서 독립기업들이 거래가격을 정하기 위해 공개시장 거래가격을 사용하는 실체가 있는 제품을 포괄하는 개념이다. '공개시장 거래가격(quoted price)'이란 해당기간에 국외 또는 국내 상품시장에서 찾은 상품가격을 의미한다. 이러한 맥락에서, 투명하고 공인된 가격조사기관, 통계청 또는 정부의 가격설정기관으로부터 입수한 가격지표들을 독립기업거래가격을 정할 때 사용하는 경우 공개시장 거래가격으로 볼 수 있다.(TP §2.18)

비교가능제삼자가격법에서 상품거래의 정상가격을 독립거래 및 공개시장 거래가격에서 나타나는 비교가능제삼자의 계약에 따라 산정할 수 있다. 일반적으로, 상품의 공개시장 거래가격은 특정시점에 시장에서 구체적 조건에 따라 거래되는 상품의 구체적 유형 및 수량에 대해 독립된 구매자와 판매자가 체결한 계약에 나타난다. 특정상품에 대한 공개시장 거래가격을 사용하는 것이 적합한지를 판단할 때 해당산업의 일반상황에서 관계거래와 비교가능한 독립거래 가격협상에서 공개시장 거래가격이 얼마나 폭넓고 일상적으로 사용되는지가 관건이다. 그러므로 공개시장 거래가격이 관계회사들 간 상품거래가격을 결정하는데 참고가 된다.(TP §2.19) 비교가능제삼자가격법을 상품거래에 믿을만하게 적용하려면 관계거래의 경제적 특성과 제삼자거래 또는 공개시장 거래가격으로 나타나는 제삼자계약의 경제적 특성을 비교해야 한다. 상품거래와 관련한 경제적 특성에는 특히 (i) 상품의 물리적 특성 및 품질, (ii) 관계인들 사이에 체결된 거래량, 계약기간, 운송시점 및 운송조건, 운송수단, 보험, 외환조건 등의 계약조건을 포함한다. 일부상품의 경우 특별한 경제적 특성(신속운송)으로 인해 가산금(premium)이나 할인이 있을 수 있다. 공개시장 거래가격을 참고할 경우, 시장에서 상품이 거래되는 기준 및 상품의 공개시장 거래가격을 형성하는 기준을 명시한 표준계약서가 중요하다. 관계거래의 조건과 제삼자거래의 조건 또는 상품의 공개시장 거래가격을 결정하는 조건 사이에 상품거래가격에 상당한 영향을 미치는 차이가 있는 경우, 해당거래들 사이의 경제적 특성을 비교할 수 있도록 합리적으로 정확한 조정을 해야 한다. 공급사슬(supply chain)에서 다른 기업들이 수행기능, 사용자산 및 부담위험의 형태로 수행한 기여분에 대해 이전가격지침의 원칙에 따라 보상을 해야 한다.(TP §2.20) 납세자는 믿을만한 증거를 제출해야 하며, 이전가격보고서의 일부로 (i) 상품거래가격 결정정책, (ii) 독립거래 또는 공개시장 거래가격으로 나타나는 비교가능 제삼자계약을 근거로 거래가격을 조정하였음을 소명하는 정보, (iii) 가격산정공식, 제삼자 실수요자와의 계약서, 가산금이나 할인의 적용 여부, 가격결정일, 공급사슬의 정보, 세무 이외의 목적으로 준비된 정보 등을 문서로 준비해야 한다.(TP §2.21)

 공개시장 거래가격을 참조하여 가격을 결정하는 상품거래에서 특히 중요한 요소는 가격결정일(pricing date)인데, 이는 상품거래가격을 결정하기 위해 당사자들이 선택한 특정 시간, 일자 또는 기간(평균가격이 결정되는 구체적 날짜의 범위)을 말한다. 납세자가 관계 상품거래에서 거래발생시점에 관계회사들과 합의한 가격결정일에 대한 믿을만한 입증자료(제안 및 수락, 계약서, 계약조건을 제시하는 자료)를 제출하고 이것이 당사자들의 실제행위 또는 기타사실관계와 일치하는 경우, 과세당국은 관계인들 사이에 합의된 가격결정일을 참조하여 상품거래가격을 결정해야 한다. 관계인들 사이의 서면계약에 명시된 가격결정일이 당사자들의 실제행위 또는 기타사실관계와 일치하지 않는 경우, 과세 당국은 기타사실관계와 일치하며 독립기업이 비슷한 상황에서(산업관행을 고려하여) 합의하였을 다른 가격결정일을 확인해야 한다. 납세자가 관계거래에서 관계회사들 사이에 합의된 가격결정일에 대한 믿을만한 증거를 제출하지 않고 과세당국이 다른 가격결정일을 확인할 수 없는 경우, 과세당국은 가능한 증거를 바탕으로 상품거래가격 결정일을 추정할 수 있는데, 이에는 선하증권이나 선하증권에 준하는 문서에 명시된 선적일자가 있다. 이는 가능한 정보에 기초하여 적절하게 비교가능성 차이조정을 할 수 없다면, 선적일자의 공개시장 거래가격의 평균을 기준으로 거래상품의 가격을 결정할 수 있다는 의미이다.(TP §2.22)

2. 비교가능제삼자가격법의 예시

아래 두 비교대상거래중에 내부비교대상은 조정해야 할 차이가 적으므로 외부비교대상보다 우선 적용된다.

┃ 내부비교대상 거래의 예시 ┃

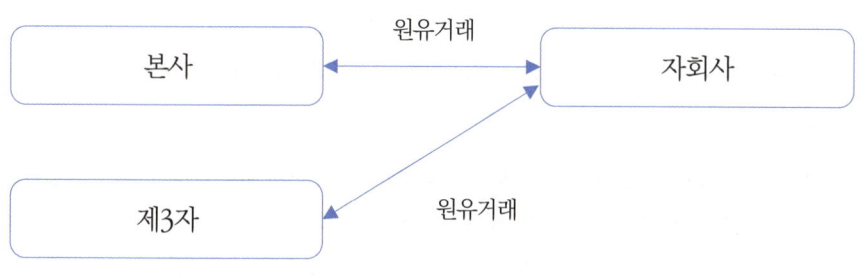

┃ 외부비교대상 거래의 예시 ┃

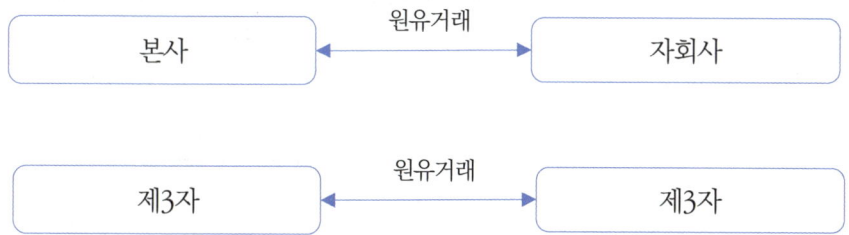

3. 비교가능제삼자가격법의 특징

독점제품 또는 세분화된 제품을 판매하는 경우에는 공개경쟁가격을 수집하기 어려울 뿐 아니라 경제사회적 관습, 지리적 위치 및 소비자의 행태에 따라 동일제품에 대해도 공급과 수요가 다르기 때문에 비슷한 시장을 찾기가 매우 어렵다. 또한 관계기업 간에 독립기업들이 수행할 수 없는 거래를 행할 경우에는 이 방법을 적용할 수 없다.

> **사례** 비교가능제삼자가격법의 특징

1. 독립기업과 동일한 제품을 판매하는 경우 : 독립기업이 관계기업 간에 판매되는 것과 비슷한 상표없는 콜롬비아 커피콩을 판매한다. 활용가능한 단 하나의 독립거래가 브라질 커피콩이라면, 실질적으로 커피콩의 평가에 차이가 있는지 확인해야 한다. 예를 들면 커피콩의 원산지가 공개시장에서 더 나은 평가를 받는지 또는 할인요인이 되는지 검토해야 한다. 이러한 정보는 상품시장에서 얻거나 딜러가격으로부터 추정할 수 있다. 만약 이런 차이가 가격에 실질적 영향을 미친다면 조정이 필요하다. 합리적 조정이 이루어질 수 없다면 비교가능 제삼자가격법은 사용될 수 없다.(TP § 2.24)

2. 운송조건의 차이 : 관계거래가격은 운송료 포함가격이며 독립거래가격은 운송료 제외가격이라는 사실을 제외하고는 관계거래와 독립거래의 상황이 모두 동일하다. 일반적으로 운송료와 보험료의 차이는 가격에 대해 식별할 수 있는 영향을 미친다. 그러므로 독립거래가격을 결정하기 위해서는 운송조건의 차이를 조정해야 한다.(TP § 2.25)

3. 거래량의 차이 : 어떤 납세자가 관계기업에게 톤당 80불로 1,000톤을 판매하고 동시에 독립 기업에게 톤당 100불로 500톤을 판매한다. 이 경우 거래량의 차이로 인해 가격이 변동되는지 평가해야 한다. 판매량할인(volume discount)이 있는 경우 일반적으로 그 정도가 어떤지를 결정하기 위해서는 비교가능시장의 유사재화의 거래를 분석해야 한다.(TP § 2.26)

제3절 재판매가격법(resale price method)

1. 적용요건

재판매가격법은 거주자·내국법인과 국외특수관계인 간의 국제거래에서 거래 당사자 중 어느 한쪽인 구매자가 특수관계가 없는 자에 대한 판매자가 되는 경우 그 판매가격에서 그 구매자가 판매자로서 얻는 통상의 이윤으로 볼 수 있는 금액을 뺀 가격을 정상가격으로 보는 방법이다. 이 방법은 해외에서 상품을 수입하여 국내에서 판매하는 경우 가장 효과적으로 적용할 수 있다.(국조법 §8 ⓒ 2호, TP

§2.27) 재판매가격법이 적합한지를 평가할 때, 분석대상 당사자가 중요한 가공기능 또는 제조기능 없이 판매 등을 하는지 여부를 분석해야 한다. 이 경우 거래되는 재화나 용역의 특성보다는 분석대상 당사자와 비교가능대상 사이의 기능상의 동질성 여부를 우선적으로 고려해야 하며, 고유한 무형자산(상표권이나 고유한 마케팅 조직 등)의 사용 등에 따른 차이는 합리적으로 조정될 수 있어야 한다.(국조칙 §6 ② 2호)

2. 재판매가격법의 예시

재판매가격법에서 정상가격의 산정은 제삼자에게 재판매되는 가격에서 출발한다. 재판매가격에서 매출총이익에 해당하는 통상이윤을 차감한다. 통상이윤을 차감한 금액에서 물품매입과 관련한 다른 원가(관세 등)를 조정한 후의 가격이 정상가격이다. 재판매가격법에서 가장 주요한 개념은 통상이윤인데, 통상이윤은 아래와 같이 계산한다.(국조령 §6 1항)

> 통상이윤 = 제삼자 판매가 × 판매기준 통상이익률(비교거래와 수행기능, 사용자산, 부담위험의 정도가 비슷한 독립거래의 매출총이익률)

❙ 재판매가격방법 특수관계거래 ❙

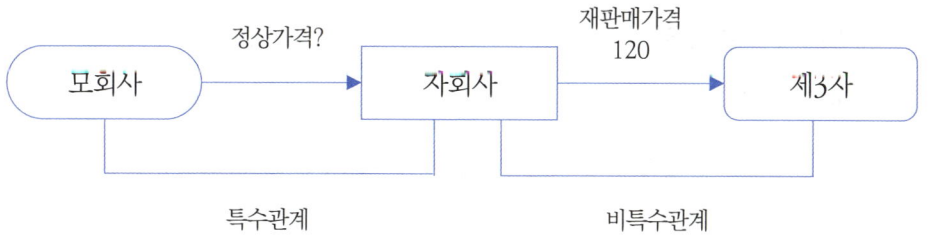

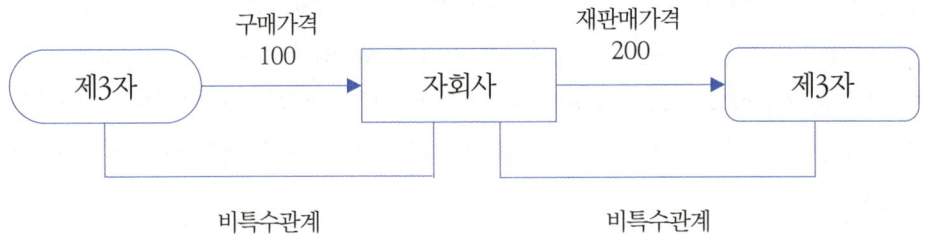

* 자회사의 매출총이익율 : (200-100)/ 200 = 0.5
* 정상가격 : 120(특수관계거래 재판매가격) - 120 *0.5 = 60

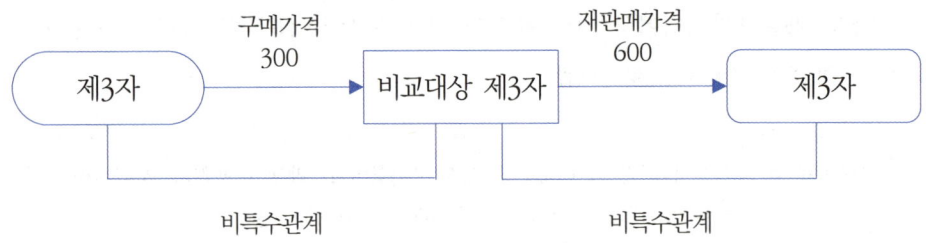

* 비교대상 제3자의 매출총이익율 : (600-300)/ 600 = 0.5
* 정상가격 : 120(특수관계거래 재판매가격) - 120 *0.5 = 60

3. 재판매가격법의 특징

A. 제품의 유사성

　재판매가격법을 적용할 때는 비교가능제삼자가격법에 비해 제품차이에 대한 조정이 적게 요구된다. 이는 제품차이가 가격에 미치는 영향보다는 이익에 미치는 영향이 작기 때문이다.(TP §2.29) 재판매가격법에서 광범위한 제품차이가 허용되긴 하지만, 제품차이가 너무 크면 관계거래와 독립거래에서 양 당사자 간에 수행되는 기능차이에 큰 영향을 미칠 가능성이 있다. 재판매가격법을 적용하면 상대적으로 제품이 덜 비슷해도 되지만 제품이 비슷할수록 나은 결과가 나오는 것이 일반적이다. 높은 가치가 있거나 상대적으로 독특한 무형자산이 거래에 관련된 경우, 제품의 유사성이 상당히 중요하므로 비교가능성을 유지하기 위해서는 특별한 주의를 기울여야 한다.(TP §2.31)

순이익률이 이전되는 물품과는 2차적으로 관련될 뿐이고, 물품 이외의 특성에 주로 관련되는 경우에는 비교가능성의 다른 특성들(수행기능, 경제적 여건 등)에 중점을 두는 것이 타당하다. 이런 예는 이전되는 물품에 상당한 가치를 더하기 위해 상대적으로 독특한 자산(상당히 가치 있는 무형자산)을 사용하지 않는 관계기업에 대한 이익을 결정할 때에 나타난다. 관계거래와 독립거래 간에 물품 그 자체를 제외한 모든 특성들이 비교가능할 경우, 이전되는 물품의 차이에 대한 합리적 조정을 할 수 없다면 재판매가격법은 정상거래조건을 측정하는 데 비교가능제삼자가격법보다 믿을 만한 수단이다.(TP §2.32)

B. 기능의 유사성

시장경제에서 비슷한 기능을 수행하는 데 따른 대가는 사업내용이 틀리더라도 같아지는 경향이 있다. 반면, 종류가 다른 제품들의 가격은 그 제품들이 서로 대체재가 되는 범위 내에서만 같아진다. 매출총이익은 총보상(gross compensation)을 나타내므로 수행기능에 대한 매출원가(cost of sales)를 공제하고 난 후에 제품차이는 중요성이 다소 떨어진다. 예를 들어, 유통회사는 빵 굽는 기계를 팔 때나 커피혼합기를 팔 때 사실상 비슷한 기능을 수행한다. 따라서 시장경제에서 두 활동에 대해 비슷한 수준의 보상이 주어진다.

그러나 소비자는 빵 굽는 기계와 커피혼합기를 특별히 가까운 대체재로 생각하지 않으므로 그 가격들이 같아지지는 않는다.(TP §2.30)

관계거래와 독립거래 사이에 중요한 차이가 존재하고, 또한 이들 차이가 매출총이익률에 영향을 미친다면 이들 차이에 대한 조정이 이루어져야 한다. 이 경우 수행기능과 부담위험과 관련하여 발생한 영업비용에 대한 검토가 필요하다. 수행기능의 차이는 종종 영업비용에 반영되기 때문이다. 그러나 수행기능의 차이가 있는 경우에도 기능차이로 인한 영업비용의 차이만큼 반드시 매출총이익의 차이가 있는 것은 아니다. 기능차이 또는 위험차이를 유발하는 요인에는 다음과 같은 것이 있다. (TP §2.40)

> 재고수준, 재고회전율, 위험수준, 제조자에 의한 반품프로그램(buy back programs), 계약조건(보증범위 및 조건 · 판매 또는 매입량 · 신용조건 · 운송조건), 판매 · 마케팅 · 광고프로그램 및 용역 (판매선전 · 리베이트 · 공동광고), 시장수준(도매 또는 소매), 외환변동위험

C. 재판매자의 활동수준

재판매이익률은 재판매자의 활동수준에 의해 영향을 받는다. 활동수준은 재판매자가 대리인으로서 최소한 서비스를 제공하는 경우로부터 재판매자가 소유에 따르는 위험을 전부 부담하고 광고, 마케팅, 유통, 제품보증, 재고유지, 자금조달, 기타 관련서비스 등에 따르는 위험에 대한 완전한 책임을 지는 경우에 이르기까지 아주 다양하다. 재판매자가 실질적인 영업활동을 하지 않고 단지 제품을 제삼자에게 이전하는 경우라면 수행기능이 적으므로 재판매이익률은 아주 적어야 한다. 재판매자가 제품의 마케팅에 특별한 기술이 있거나, 사실상 특별한 위험을 부담하거나, 제품과 관련된 무형자산의 개발 · 유지에 실질적으로 기여하는 경우에는 재판매이익률은 더 높아진다. 주의할 점은 재판매자 활동을 다른 측면에서 분석해야 하는 경우이다. 예를 들면 판매촉진비(promotional expense)의 일부 또는 대부분이 상표의 법적소유권자, 즉 제품 생산자에 대한 용역제공 차원에서 발생하는 것이 명백하다면 원가가산법에 의해 제공용역을 평가해야 한다.(TP §2.37)

제2장 정상가격산출방법

> **사례** 재판매자의 활동수준

1. 중개업자의 중개수수료 : 재판매자가 일반적인 중개업자로 활동하는 경우에는 재판매이익은 중개수수료를 의미하는데, 중개수수료는 보통 판매된 물품의 판매가격의 일정비율로 계산된다. 그러므로 재판매이익을 결정할 때에는 중개업자가 대리인 자격으로 활동하는지 또는 당사자 (principal) 자격으로 활동하는지 고려해야 한다.(TP § 2.28)

2. 보증의 차이 : 동일시장내에 동일한 상표로 동일한 제품을 판매하는 유통업자 A 및 B가 있다. 유통업자 A는 제품보증(warranty)을 하고, 유통업자 B는 제품보증을 하지 않는다. 유통업자 A는 제품보증을 가격전략에 포함하여 높은 가격으로 판매하며, 낮은 가격(제품보증비용 제외)으로 판매하는 B보다 높은 매출총이익을 실현한다. 이 경우, 제품보증비용에 대한 차이를 조정하지 않으면 두 기업의 매출총이익은 비교될 수 없다.(TP § 2.36)

3. 보증비용을 보상받는 경우: 모든 제품에 대해 제품보증이 이루어지며 가격기반은 동일하다. 유통업자 A는 제품보증기능을 수행하나 사실상 공급자로부터 제품을 낮은 가격으로 매입하여 보상을 받는다. 유통업자 B는 제품보증기능을 수행하지 않고 공급자가 그 기능을 수행한다.(제품은 공장으로 반품됨) B의 공급자는 유통업자 A가 지불하는 가격보다 높은 가격을 B에게 청구한다. 만약 A가 제품보증비용을 매출원가로 처리한다면 기능차이로 인한 매출총이익의 조정은 자동적으로 이루어진다. 그러나 제품보증비용을 영업비용으로 처리한다면 매출총이익은 조정되지 않는다. 이 때, B가 제품보증기능을 수행하면 B의 공급자는 공급가격을 낮출 것이며 B의 매출총이익은 증가할 것이다.(TP § 2.43)

4. 기술지원을 하는 경우 : 어떤 기업이 자회사가 없는 5개 국가에 독립된 판매업자를 통해 제품을 판매한다. 판매업자들은 단순히 판매만 하며 그 외의 추가적 활동은 하지 않는다. 어느 한 국가에 그 기업이 자회사를 설립한다. 그 국가의 시장은 전략적 중요성이 있기 때문에 그 기업은 자회사로 하여금 그 기업제품만을 판매하고 고객에 대한 기술지원을 하도록 요구한다. 다른 여건들은 비슷하지만, 자회사와 달리 독점판매약정도 없고 기술지원기능도 수행하지 않는 독립기업의 이익률을 자회사에 적용하기 위해서는 비교가능성을 확보하기 위한 조정을 하는 것이 적 절하다.(TP § 2.44)

D. 재판매자가 상당한 영업활동을 수행하는 경우

재판매자가 상당한 영업활동을 수행한다면, 상당한 정도의 재판매이익률이 기대된다. 만약 재판매자가 그 활동에 가치 있고 독특한 자산, 즉 마케팅조직과 같은 자신만의 무형자산을 사용한다면, 이와 비슷한 자산을 사용하지 않은 독립기업의 매출총이익률을 사용해서 관계거래의 정상가격을 평가하는 것은 부적절하다. 재판매자가 가치 있는 마케팅 관련 무형자산을 소유한다면 독립기업의 매출총이익률보다 높은 매출총이익률을 계상해야 한다.(TP §2.32)

E. 추가가공을 하거나, 상표권이 개입된 경우

재판매 전에 제품을 추가가공하거나, 여러 부품들을 결합하여 완제품 또는 반제품을 만드는 경우에는 재판매가격법을 적용하기 힘들다. 또한, 다른 관계기업이 소유한 제품과 관련된 상표권의 창출 또는 유지에 재판매자가 실질적으로 기여하는 경우 최종제품의 가치창출에 대한 통상이윤을 평가할 수 없다.(TP §2.35) 특히, 특수관계인 해외생산업자로부터 구매하는 재판매자의 경우 과다한 광고선전비를 검토해야 한다. 광고선전비는 재판매자의 매출총이익에 영향을 미치지 않으므로 외면적으로는 정상적인 매출총이익 범위에 드는 것처럼 보이지만, 재판매자가 상표를 소유하는 해외 생산업자에 혜택을 주는 대규모의 광고를 행하는 경우가 있다. 이러한 상황을 방지하기 위해 매출총이익을 분석하는 때에도 일정수준 이상의 광고선전비는 매출총이익에서 차감조정할 필요가 있다. 또한 이 경우 거래순이익률법을 사용하여 매출총이익 범위와 함께 영업이익 범위를 함께 검토하기도 한다.

F. 재판매시기

재판매자가 제품을 매입한 후 즉시 판매하는 경우 정상가격을 결정하기가 가장 쉽다. 당초매입과 재판매사이에 보다 많은 시간이 경과할수록 비교시에 환율, 비용의 변화 등 다른 요인이 고려되어야 한다.(TP §2.36)

G. 중간회사를 통해 상품거래가 이루어지는 경우

중간회사를 통해 연쇄적으로 상품유통이 이루어지는 경우 중간회사(intermediate company)로부터 매입한 상품의 재판매가격뿐 아니라 중간회사가 원공급자로부터 매입하는 가격과 중간회사의 수행기능도 같이 검토해야 한다. 그러나 이러한 정보를 얻는 데 어려움이 있으므로 중간회사의 기능을 결정하기 어려울 수 있다. 중간회사가 실질적 위험을 부담하지 않거나 제품가치를 증진시키는 경제적 기능을 수행하지 않는다면, 중간회사가 계상한 이익을 적절히 분해하여 다른 기업에 귀속시켜야 한다.(TP §2.33)

H. 재판매자의 독점판매권

독점판매권은 독립거래에서도 찾아볼 수 있으며 이익에 영향을 미친다. 독점판매권에 귀속될 이익은 지리적 판매범위와 대체재의 존재, 대체재간의 상대적 경쟁성에 따라 다르다. 독점판매권은 재판매자로 하여금 공급자의 특별한 상품을 판매하려는 노력을 하게 하며, 한편으로는 재판매자가 별다른 노력없이 큰 매출을 실현할 수 있게 한다.(TP §2.34)

A는 자회사가 없는 5개 국가에 독립된 유통업자를 통해 제품을 판매한다. 유통업자들은 단순한 판매만 하며 그 이외 추가적 활동은 하지 않는다. 다른 국가에 A가 자회사를 설립한다. 그 국가의 시장은 전략적 중요성을 가지기 때문에 A는 자회사로 하여금 A제품만을 판매하고 고객에 대한 기술지원을 하도록 요구한다. 다른 여건은 유사하지만 독점판매약정도 없고 기술적 지원 기능도 수행하지 않는 독립 유통업자들을 비교대상으로 사용하는 경우 비교가능성을 확보하기 위한 조정이 이루어져야 한다.(TP 2.42)

제4절 원가가산법(Cost plus method)

1. 적용요건

원가가산법이란 거주자·내국법인과 국외특수관계인 간의 국제거래에서 거래 당사자 중 어느 한쪽이 자산을 제조·판매하거나 용역을 제공하는 경우 자산의 제조·판매나 용역의 제공 과정에서 발생한 원가에 자산 판매자나 용역 제공자의 통상의 이윤으로 볼 수 있는 금액을 더한 가격을 정상가격으로 보는 방법이다. 이 방법은 국내의 제조업체가 해외 관계기업 및 제삼자에게 제품을 판매하는 경우 주로 적용되는 방법이다.(국조법 §8 ① 3호) 원가가산법이 적합한지를 평가할 때, 특수관계인 사이에 반제품 등의 중간재가 거래되거나 용역이 제공되는지 여부를 분석해야 한다. 이 경우 분석대상 당사자와 비교가능대상 사이의 기능상의 동질성 여부를 우선적으로 고려하되, 분석대상 당사자와 비교가능대상 사이에서 비교되는 총이익은 원가와의 관련성이 높고 동일한 회계기준에 따라 측정될 수 있어야 한다.(국조칙 §6 ② 3호)

원가가산법은 관계기업들이 반제품 또는 용역을 거래하거나, 공동설비계약(joint facility agreements) 또는 장기구매공급약정(long term buy and supply arrangements)을 맺는 경우 아주 유용하다.(TP §2.45)

관계거래와 독립거래 간 차이가 존재하는 경우 매출총이익률은 영향을 받는다. 이 경우 독립거래에서 도출된 매출총이익의 조정이 필요하다. 이 때에는 수행기능 및 부담위험과 관련한 영업비용을 고려해야 한다. 영업비용에는 이러한 기능차이가 반영되기 때문이다. 수행기능의 차이로 인해 매출총이익에 미치는 영향이 반드시 관련 영업비용의 영향과 동일하지는 않다. 원가가산법을 사용하는 경우에는 제조 또는 조립의 복잡성, 제조·생산·공정기술, 원자재 매입·재고관리, 검사기능, 판매관리비, 환율변동위험, 계약조건(보증범위 및 조건, 판매 또는 매입량, 신용조건, 운송조건)의 차이가 조정되어야 한다.

2. 원가가산법의 예시

원가가산법의 적용에 있어 통상의 이윤은 발생원가 × 통상이익률(자산을 정상가격으로 매입·건설·제조하는데 필요한 원가 또는 용역을 제공하는 과정에서 정상가격에 의해 발생한 원가에 대한 총이익률)과 같이 계산한다.(국조령 7조 1항)

▌ 원가가산법 특수관계거래 ▌

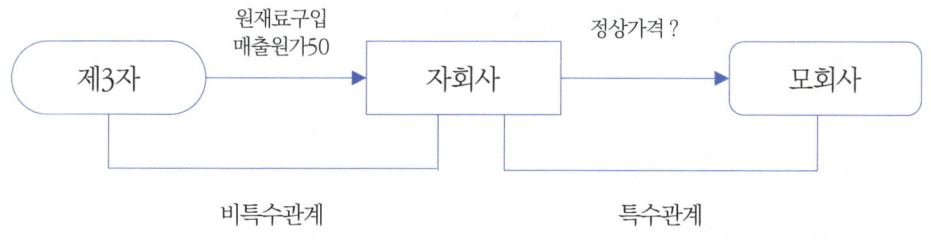

▌ 원가가산법 내부비교대상거래 1 ▌

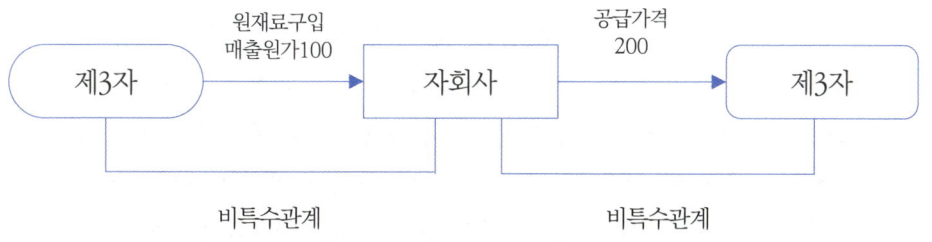

* 자회사의 원가가산율 : (200-100)/ 100 = 1
* 정상가격 : 50(특관거래 매출원가) + 50 * 1 = 100

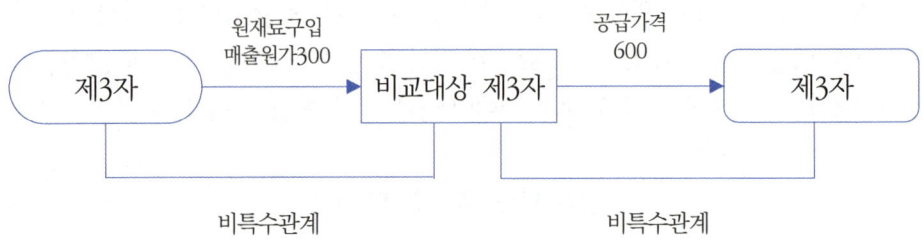

* 비교대상 제3자의 원가가산율 :(600-300)/ 300 = 1
* 정상가격 : 50(특수관계거래 매출원가) + 50 * 1 = 100

3. 원가가산법의 특징

A. 원가의 개념

일반적으로 기업의 원가와 비용은 세 가지 범주로 나눈다. 첫째, 원재료와 같이 제품이나 서비스를 생산하는데 드는 직접원가가 있다. 둘째, 생산과정과 밀접한 관계가 있지만 여러 제품과 용역에 공통으로 소요되는 간접원가가 있다. 셋째, 판매·일반관리비와 같은 기업 전체적인 영업비용이 있다.(TP §2.53) 일반적으로, 원가가산법을 포함한 매출총이익 분석은 직접원가 및 간접원가를 공제한 후의 이익을 사용하는 데 비해 영업이익 분석은 영업비용까지 공제한 후의 이익을 사용한다. 그러나 기업에 따라서는 매출원가와 영업비용의 구분이 다르다.(TP §2.54) 원가가산법은 역사적 원가에 기초한다. 여러 제품의 생산에 공통적인 원가 또는 특정생산라인 전체에 연관된 원가의 경우에는 평균원가를 계산하는 것이 적절하다. 또, 여러 제품의 생산 또는 처리가 동시에 이루어지고 생산 활동 수준에 등락이 있는(fluctuate) 경우 고정자산과 관련하여 평균원가를 적용하는 것이 적절하다. 대체원가(replacement costs)와 한계원가(marginal costs)를 측정할 수 있는 경우, 이들 원가를 이용하여 적정이익률을 보다 정확히 측정할 수 있다.(TP §2.55)

공급자(주로 자회사)에게 혜택을 주기 위해 간접비와 기타 원가를 공급자에게 적절히 배분하지 않고 구매자(주로 모회사)가 부담하는 경우가 있다. 원가배분은 각 당사자들의 수행기능을 바탕으로 하여 이루어져야 한다. 특히, 간접원가는 매출액, 근로자수 또는 고용원가(cost of employees) 등에 따라 배분되어야 한다.(TP §2.56)

B. 제조능률차이

적정 원가가산이익률을 결정할 때 공급단가 차이가 큰 여러 납품업체가 제품을 공급하는지 검토해야 한다. 특수관계인들은 정해진 '원가가산율'(cost plus basis)에 따라 거래 가격을 계산한다. 그렇지만, 독립기업들은 상대방의 비능률로 인해 높은 가격을 지불해야 한다면 거래를 하지 않을 것이다. 한편, 상대방이 정상조건에서 기대하는 것보다 더 능률적이라면 상대방이 그로 인한 이익을 취하는 것은 당연하다.(TP §2.58)

회사 A는 특수관계 유통업자에게 제빵기계를 판매하고 회사 B는 제삼자인 유통업자에게 다리미를 판매한다. 소형가전 제품시장에서는 제빵기계와 다리미 제조이익률은 대체적으로 동일하다. 원가가산법이 적용된다면 관계거래와 독립거래의 비교이익은 제조자의 유통업자에 대한 판매가격과 제품 제조원가와의 차이이다. 그러나 회사 A는 회사 B에 비해 제조효율이 우수할 수 있으며, 이 경우 회사 A는 더 낮은 원가를 계상한다. 결론적으로, 회사 A가 제빵기계 대신 다리미를 만들어 회사 B와 동일한 가격을 책정한다 하더라도 회사 A의 이익률은 회사 B보다 높다. 이러한 제조효율의 차이가 이익률에 미치는 영향에 대한 조정이 가능하지 않다면 원가가산법은 신뢰할 수 없다. (TP §2.48)

C. 원가구성내용에 대한 차이조정

기업이 일정기간에 걸쳐 들인 비용은 회수(cover)되어야 하지만, 특정연도에 귀속되지 않고 이연되거나 조기 인식되기도 한다. 또한, 기업들은 경쟁에 의해 가격 인하를 단행할 때 재화의 제조비용 또는 용역의 제공비용을 참고하지만, 어떤 경우에는 발생비용과 시장가격 사이에 특별한 관계가 없을 수도 있다. 예를 들면 매우 가치 있는 발견을 하였지만 아주 적은 개발비용을 들인 경우가 있다.(TP §2.49) 그리고 원가가산법 적용시에는 원가구성 내용이 비교가능해야 한다. 예를 들면, 비교대상은 임대자산을 사용하고 특수 관계인은 자기자산을 사용한다면 조정

없이는 원가를 비교할 수 없다.(TP §2.50) 원가구성내용의 차이에는 다음과 같은 것들이 있다.(TP §2.51)

> 1. 원가차이가 기능차이(사용자산과 부담위험)에 의한 경우 : 원가가산이익률의 조정이 필요하다.
> 2. 원가가 원가가산법에 의해 검증되는 활동들과는 구별되는 추가적 기능수행에 따른 비용인 경우
>   : 그 기능에 대한 별도보상(separate compensation)이 필요하다. 이 경우, 그 기능수행을 적정한 대가가 지급되어야 할 용역공급으로 볼 수 있다. 또한 관계거래 약정을 통해 비정상적 자본구조 (과소자본 등)로 인해 발생하는 비용은 별도 조정을 해야 한다.
> 3. 원가차이가 감독비용, 일반관리비처럼 단순히 기업의 능률 또는 비능률을 반영하는 경우 : 원가가산이익률에 대한 조정은 적절하지 않다.

사례 │ 원가가산법 적용사례

1. 원가의 구성내용(TP § 2.60) : B국가 소재 회사 B는 Y국가 소재 회사 Y의 100% 출자기업이다. 국가 Y와 비교할 때 국가 B의 임금수준은 매우 낮다. 회사 Y의 비용과 위험부담으로 회사 B가 TV를 조립한다. 모든 필요부품과 노하우 등은 회사 Y가 제공한다. 조립된 제품이 기준미달인 경우에도 회사 Y가 전량매입한다. 품질검사 후 TV는 회사 Y의 비용 및 위험부담으로 여러 국가에 소재하는 Y의 판매센터로 보내진다. 회사 B의 기능은 순수 제조이다. 회사 B는 합의된 양과 질에서 차이가 나는 경우에 대해서만 책임을 진다. 이 경우, 원가가산법 적용을 위한 원가는 조립활동과 관련된 원가로 구성된다.

2. 연구용역(TP § 2.61) : 다국적기업 회사 A는 같은 그룹 내의 회사 B를 위해 연구용역을 제공하기로 합의한다. 연구실패의 모든 위험은 회사 B가 부담한다. 회사 B는 연구결과로 얻어지는 모든 무형자산을 소유하며 연구결과에서 얻어지는 모든 이익을 향유한다. 이 경우는 원가가산법을 적용할 수 있는 전형적인 경우이다. 양 당사자가 합의한 모든 연구원가는 보상되어야 한다. 추가적으로 지급해야 할 원가가산이익은 연구의 혁신성과 복잡성에 달려 있다.

제5절 거래이익분할법(Profit split method)

1. 이익분할법의 개요

거래이익분할법은 거주자·내국법인과 국외특수관계인 간의 국제거래에서 거래당사자 양쪽이 함께 실현한 거래순이익을 합리적인 배부기준에 따라 측정된 거래당사자들간의 상대적 공헌도에 따라 배부하고, 이와 같이 배부된 이익을 기초로 산출한 거래가격을 정상가격으로 보는 방법이다. 이 경우 상대적 공헌도는 비슷한 상황에서 특수관계가 없는 독립된 사업자 간의 거래시 일반적으로 행하여지는 공헌도에 의해 측정한다. 이익에 적용되는 논리는 마찬가지로 손실에도 적용된다.(국조법 §8 ① 5호, TP §2.114)

거래이익분할법의 적합성을 평가할 때, 특수관계인 쌍방이 특수한 무형자산 형성에 관여하는 등 고도로 통합된 기능을 수행하는 경우에 특수관계가 없는 독립된 당사자 사이에서도 각자의 기여에 비례하여 그 이익을 분할하는 것이 합리적으로 기대되는지 여부를 분석해야 한다.(국조칙 §6 ② 5호)

2. 거래이익분할법의 장점

거래이익분할법의 주된 장점은 거래의 양 당사자가 독특하고 가치있는 자산을 기여하는 경우(예 독특하고 가치있는 무형자산)에 해결책을 제공할 수 있다는 것이다. 이 경우에 독립당사자들은 각자의 공헌도에 비례하여 이익의 몫을 나누기를 원할 것이므로 이러한 상황에서 쌍방적 분석방법(two sided method)이 더 적합하다. 더 나아가, 그러한 기여가 독특하고 가치있다면 다른 방법을 적용하여 거래 전체를 믿을만한 방식으로 가격산정하는데 사용할 수 있는 믿을만한 비교가능정보는 없을 것이다. 이 경우, 거래이익분할법에 따른 이익배분은 각자의 기능, 자산 및 위험의 상대적 가치를 기준으로 관계기업들의 기여에 따라 이루어진다.(TP §2.119) 거래이익분할법은 일방적 분석방법이 적절하지 않은 고도로 통합된 거래에 대한 해결책을 제시한다.(TP §2.120)

거래이익분할법의 또 다른 장점은 독립기업들 간에 존재하지 않는 관계기업들의 특별하고 독특한 사실과 상황을 감안할 수 있는 유연성을 보여준다는 것이다. 더 나아가, 거래와 관련하여 각 당사자의 불확실성이 높은 경우, 예를 들어 모든 당사자가 경제적으로 중요한 위험을 공유(또는 밀접하게 관련된 경제적으로 중요한 위험의 개별 부담)하는 거래에서 거래이익분할법의 유연성으로 거래 관련된 위험의 실제결과에 따라 달라지는 각 당사자의 정상이익을 결정할 수 있다.(TP §2.121)

거래이익분할법의 또 다른 장점은 거래가격결정의 일환으로 모든 거래관련 당사자들이 직접 평가된다는 것인데, 이는 거래관련 각 당사자의 정상대가를 결정하기 위해 거래 에 대한 각 당사자의 기여를 특별히 식별하고 상대적 가치를 측정한다는 말이다.(TP§2.122)

3. 거래이익분할법의 단점

거래이익분할법의 단점은 적용상의 어려움과 관련된다. 어떻게 보면, 거래이익분할법은 정상거래에 대한 정보의존성이 떨어지므로 납세자와 세무당국 모두로부터 호응을 받을 것처럼 보인다. 그러나 관계기업과 세무당국 모두 국외 관계기업에 대한 정보접근에 어려움을 겪을 수 있다. 또한, 관계거래에 참여한 모든 관계기업들의 결합 이익과 비용을 측정하는 일은 어려운데, 이를 위해서는 공통기준에 따라 장부와 증빙을 작성하고 회계 실무 및 통화에 대한 조정을 해야 한다. 더 나아가, 거래이익분할법이 영업이익에 적용되는 경우, 거래와 관련된 적정 영업비용을 확정하고 간접비용을 그 거래와 관계기업들의 다른 거래 간에 배분하는 것은 쉽지 않다. 적절한 이익분할요소를 식별하는 것 또한 어렵다. 거래이익분할법의 적용 매개변수들을 각각 결정할 때 판단이 필요하다는 점을 고려할 때 그 방법을 어떻게 적용했는지를 문서화하는 것이 특히 중요한데, 이에는 분할이익의 결정과 이익분할요소를 어떻게 찾았는지 등이 포함된다.(TP §2.123)

거래이익분할법은 독립기업들간에 거의 사용되지 않으므로, 관계거래에 적용되는 경우도 없어야 한다는 주장이 가끔 있다. 이 방법이 최적방법이라고 판단되는 경우, 이전가격방법이 반드시 독립당사자들 간의 행동을 복제하기 위한 것이 아니라 관계거래에 대해 정상거래결과를 수립하고 검증하는 수단으로 기능하기 때문에, 제삼자들간에 적용하지 않는다는 것은 판단요소가 될 수 없다. 또한, 비교가능 거래에서 독립당사자들이 이익분할방법을 적용한다는 증거가 있는 경우, 거래이익

분할법이 관계거래에서 최적방법인지 판단하는데 그러한 증거를 고려해야 해야 한다. (TP §2.124)

 이익분할법의 이익분할요소로 거래순이익률법에서 사용하는 요소를 적용할 수 있다. 그런데 제삼자의 자산영업이익률(연결영업이익/연결자산)이 특수관계인 간의 자산영업이익률과 현저한 차이를 보이는 경우에는 이익분할법을 사용하기 어렵다. 즉, 비교가능성이 높다 하더라도 자산영업이익률이 현저하게 다르다면 이익분할법을 사용해서는 안 된다. 예를 들면, 특수관계인 A와 B의 자산영업이익률이 5%이고 제삼자 갑과 을의 자산영업이익률이 20%로 현저한 차이를 보인다면 갑과 을의 영업이익 분할비율은 비교가능성이 없다. 그 이유는 결합영업손익을 창출하는 자산의 효율성이 현저하게 다르므로 비교 가능성을 상실하기 때문이다.

4. 정확하게 기술된 거래의 성격

 실제거래의 정확한 기술은 거래이익분할을 적용할 수 있는지 판단하는 데 중요하다. 이 과정은 각 거래 당사자가 무엇을 하는지에 대한 분석을 포함하여, 관계기업들 간의 상업적, 재정적 관계와 관계거래가 발생하는 맥락을 고려해야 한다. 즉, 어떤 이전가격방법이 궁극적으로 최적인지에 관계없이, 거래를 정확하게 기술하기 위해 쌍방적 분석(또는 필요한 경우 둘 이상의 관계기업들의 기여에 대한 다자적 분석)이 필요하다.(TP §2.125)

 관계거래에 대한 각 당사자의 독특하고 가치있는 기여가 있다는 것은 거래이익분할이 적절하다는 가장 명확한 지표이다. 거래가 발생하는 산업과 그 분야의 사업성과에 영향을 미치는 요소를 포함하는 거래의 맥락은 당사자들의 기여와 그 기여가 독특하고 가치 있는지 평가하는데 특히 관련된다. 사안의 사실에 따라, 거래이익분할이 최적방법이 되는 다른 지표는 거래관련 사업활동의 높은 수준의 통합 및 경제적으로 중요한 위험의 공유(또는 밀접하게 관련된 경제적으로 중요한 위험의 개별적 부담)를 포함한다. 주의할 점은 지표들이 상호 배타적이지 않으며 오히려 단일사안에서 함께 발견되는 경우가 많다는 것이다.(TP §2.126)

 이와 반대로, 거래의 정확한 기술에 따라, 거래의 일방이 단순기능만 수행하고 거래와 관련된 경제적으로 중요한 위험을 부담하지 않으며 독특하고 가치있는 기여를 하지 않는다고 판단되면, 보통 거래이익분할은 적절하지 않은데, (경제적으로 중요한 위험에서 벗어남으로써 영향을 받을 수 있는) 이익의 몫이 그러한 기여나 위험부담에 대한 정상거래 결과를 보여줄 가능성이 낮기 때문이다.(TP §2.127)

덜 복잡한 기능을 수행하는 당사자에 대한 정상수익률을 찾는데 사용되는 비교가능 제삼자거래가 부족하기 때문에, 거래이익분할이 최적방법이라고 결론내서는 안 된다. 사안의 사실에 따라, 충분히 비교가능하지만 관계거래와 동일하지 않은 제삼자거래를 사용하는 방법이 거래이익분할법을 부적절하게 사용하는 것보다 더 신뢰성이 있다.(TP§2.128)

또한, 산업실무를 고려하는 것도 관련이 있다. 예를 들어, 독립당사자들이 비슷한 상황에서 이익분할방법을 일반적으로 사용한다는 정보를 알 수 있다면, 거래이익분할법이 관계거래에 최적방법인지 신중히 고려해야 한다. 그러한 산업실무는 각 당사자가 독특하고 가치있는 기여를 하고, 당사자들이 매우 상호의존적이라는 사실에 대한 표현일 수 있다. 이와 반대로 유사거래를 하는 독립당사자들이 다른 이전가격방법을 사용하는 것으로 밝혀진다면, 최적방법을 결정할 때 이 또한 고려해야 한다.(TP §2.129)

A. 거래 당사자의 독특하고 가치있는 기여

(ⅰ) 비교가능 상황에서 독립당사자들의 기여와 비교할 수 없고, (ⅱ) 사업활동에서 기여가 실질적 또는 잠재적 경제효익의 주요원천에 해당하는 경우, 그 기여(예. 수행기능 또는 사용·기여자산)는 "독특하고 가치있는" 기여이다. 이 2가지 요소들은 서로 연결되는데; 경제적 효익의 주요 원인이 그 기여이기 때문에, 그 기여에 대한 비교대상을 거의 찾을 수 없을 것이다. 이러한 상황에서 각각의 독특하고 가치있는 기여와 관련된 위험을 다른 당사자가 통제할 수 없는 경우가 있다. 이는 실제거래의 정확한 기술에서 위험부담에 영향을 준다. 예를 들어, 제품의 핵심요소의 개발자와 제조자는 그 핵심요소와 함께 판매가능제품을 구성하는 다른 핵심요소의 개발자와 제조자와 함께 경제적 효익의 핵심원천을 나타내는 기능과 무형자산의 관점에서 독특하고 가치있는 기여를 공동으로 하는 경우가 있다. 실무적으로

이들 모두 제품 전체에 대해 개발위험을 통제할 수 없지만, 대신에 함께 개발위험을 통제하고 각각의 기여로 인한 이익을 공유한다.(TP §2.130)

거래의 각 당사자가 거래와 관련된 독특하고 가치있는 무형자산을 법적으로 소유하는 경우 거래의 정확한 기술에 따라, 그들이 각각 그 무형자산과 관련된 경제적으로 중요한 위험을 부담하는지 판단해야 하는데 위험은 개발, 진부화, 침해, 제품책임 및 무단사용과 관련한 위험을 말한다.(TP §2.131)

믿을만한 비교가능 제삼자거래를 식별할 수 없는 경우 완전히 개발된 무형자산(무형자산 사용권 포함)의 이전에 대해 거래이익분할법이 최적방법이다. 거래이익분할법은 부분적으로 개발된 무형자산의 이전에도 적합하다. 이전된 무형자산이 평가곤란 무형자산에 해당하는 경우 평가곤란 무형자산의 지침을 고려해야 한다.(TP §2.132)

사례 이익분할법을 적용하는 사례(TP 2장 부록 2)

사례 1 A사는 제약분야의 다국적기업그룹 모회사이다. A사는 신약제재의 특허를 소유하고 있다. A사는 임상시험을 설계하고 제품개발 초기 연구개발기능을 수행해 특허권을 부여받았다. A사는 생산예정 의약품에 대한 특허권을 자회사 S사에 허여하는 계약을 체결한다. 계약에 따라 S사는 제품의 후속개발을 수행하고 중요한 기능강화업무를 수행한다. S사는 관련 규제기관으로부터 승인을 받는다. 그 제품의 개발은 성공적이고 전세계 다양한 시장에서 판매된다. 거래의 정확한 기술에 따르면, A사와 S사 모두의 기여가 의약품개발에 독특하고 가치있는 것으로 나타난다. 이러한 상황에서, A사가 S사에 허여한 특허권 대가를 결정하는 최적방법은 거래이익분할법이다.

사례 2 T그룹의 일원 A사는 A국에 설립된 회사로, 주요활동은 차의 재배와 가공이다. A사는 차를 재배하기에 매우 좋은 토양을 가진 땅을 확인하고 취득하며 경작한다. A사는 재배방법을 통해 차의 바람직한 품질을 극대화하는 것을 포함하여 차재배에 대한 광범위한 노하우를 개발했다. 경작방법과 토양의 특성으로 인해 A사의 차는 매우 선호되는 풍미를 제공한다. 회사는 고객의 주문사양에 따라 찻잎 분류, 등급부여, 전체 또는 부분 발효, 수출을 위한 블렌딩 및 포장 등의 작업을 수행하여 차를 처리한다. 블렌딩에서 T그룹 고객들이 인정하는 독특한 맛과 어우러지기 위해 다양한 차를 섞는 광범위한 독점 노하우를 활용한다. A사가 생산하는 차는 독특한 맛과 향으로 국제적인 찬사를 받았다. A사는 B국에 소재하는 모회사 B사에 차를 판매한다. 그 다음 B사는 목표시장에서 판매하기위해 차를 다시 포장하고 상표를 붙인다. B사는 독특하고 가치있는 상표명과 상표를 소유하며, 이를 자체적 노력으로 개발했다. 하지만 상표는 차의 기원과 A사가 개발한 독특한 블렌딩을 특징으로 한다. B사는 전파매체, 인터넷, 무역박람회 및 산업잡지 출판물을 통해 광범위한 광고캠페인을 실시하여 제품군이 여러 지역시장에서 선두주자가 되었다. T그룹이 판매하는 차는 프리미엄가격이 책정된다. 이 사안에서 거래의 정확한 기술을 통해 A사와 B사가 독특하고 가치있는 기여를 한다고 판단되며 가장 적절한 이전가격방법은 거래이익분할법이다.

사례 3 A사와 B사는 전자제품을 판매하는 다국적기업그룹의 구성원이다. 새로운 제품군의 출시를 위해 A사는 설계, 개발, 제조를 책임지는 반면 B사는 제품의 마케팅기능과 글로벌 유통을 담당한다. 특히, A사는 연구개발기능을 수행하고 연구진 및 일정 등을 결정한다. A사는 새로운 제품군의 생산을 위해 생산수준을 결정하고 품질관리를 수행한다. 이를 위해 A사는 가전제품의 제조에 관한 귀중한 노하우와 전문지식을 활용한다. 제품이 생산되면 B사에 판매되며 B사는 새로운 제품군과 관련된 최첨단 글로벌마케팅 활동을 전개하고 시행한다. 특히 B사는 마케팅전략을 설계하고 제품이 출시될 각 지역의 마케팅비용 지출수준을 결정하며 월단위로 마케팅캠페인의 영향을 검증하는 업무를 담당한다. B사가 수행하는 마케팅활동은 새로운 제품군이 시장에서 경쟁사 대체품에 비해 우월하게 차별화되는 가치있는 상표권과 관련 영업권으로 귀결된다. B사는 제품의 글로벌유통에도 책임이 있다. B사가 수행하는 유통활동은 경쟁사에 비해 경제적 우위가 있는 핵심 원천활동이다. B사는 제품성능에 대한 고객들의 반응을 얻기 위해 연구개발활동을 수행하고 정교한 독점 알고리즘개발과 관련된 위험을 부담한다. 이 정보는 고객이 48시간 이내에 주문품을 받을 수 있도록 수요를 정확하게 예측하고 재고 및 유통물류를 관리하는데 가치가 높다. 거래의 정확한 기술에서, A사와 B사의 기여가 신제품군의 잠재적 성공에 독특하고 가치있다는 점이 나타난다. 이러한 상황에서, 거래당사자 A가 B사에게 판매한 제품에 대한 보상을 결정하는 최적방법이 거래이익분할법이 될 수 있는데, 양 당사자들이 거래에 독특하고 가치있는 기여를 하기 때문이다.

사례 4 이 사례의 사실은 B사가 수행하는 마케팅활동이 더 제한적이고 상표와 관련된 영업권이나 명성을 중요하게 향상시키지 않는다는 것을 제외하고는 사례 3과 같다. B사는 판매하는 제품에 대한 고객의견을 A사에게 전달하는 체계를 갖추고 있지만, 이는 비교적 간단한 과정이며 독특하고 가치있는 기여에 해당하지 않는다. 요약하면, 유통활동은 해당산업에서 특별한 경쟁우위의 원천은 아니다. 특히, 새로운 제품군의 잠재적인 성공은 기술사양, 디자인 및 최종고객에게 제품을 판매하는 가격에 크게 좌우된다. 기능분석에서 A사는 제품의 설계, 개발 및 제조와 관련된 위험을 B사는 마케팅 및 유통과 관련된 위험을 부담한다고 결론짓는다. B사가 부담하는 마케팅 및 유통 위험은 A사의 궁극적인 수익성에 영향을 미칠 수 있다. 그러나 기능분석에 따르면 B사가 부담하는 위험은 사업활동에 경제적으로 중요하지 않으며 B사는 관계거래에서 독특하고 가치있는 기여를 하지 않는다고 판단된다. 이러한 상황에서 B사의 기여에 대한 정상대가는 비교가능 독립거래를 기준으로 일방적 이전가격방법을 적용하여 신뢰성 있게 측정될 수 있으므로 거래이익분할법이 최적방법이 아니다.

사례 5 WebCo는 사업자 고객을 위한 IT솔루션을 개발하는 다국적기업그룹의 구성원이다. 최근 WebCo는 인터넷사이트로부터 가격데이터를 수집하기 위한 검색구조(웹크롤러)를 설계했다. WebCo는 이 프로그램코드를 작성하여 시장에서 이용할 수 있는 다른 유사 검색엔진보다 더 효율적이고 빠른 방법으로 웹페이지를 체계적으로 검색할 수 있다. 이 단계에서 WebCo는 동일한 다국적기업그룹에 속한 회사 ScaleCo에 프로그램을 허여한다. ScaleCo는 웹크롤러를 확장하고 검색전략을 결정하는 역할을 한다. ScaleCo는 웹크롤러를 위한 추가기능을 설계하고 시장격차를 해소하기 위해 제품을 맞춤화하는 전문가이다. 이러한 기여가 없다면 시스템은 잠재적 고객의 요구를 충족시킬 수 없을 것이다. 허여조항에 따라 WebCo는 기본기술을 계속 개발하고 ScaleCo는 이러한 개발을 사용하여 웹크롤러를 확장한다. 기능분석 결과 거래와 관련하여 경제적으로 중요한 위험은 개발위험, 즉 웹크롤러가 개발되지 않는 위험이라고 결론짓는다. 위험분석체계에 따라 WebCo와 ScaleCo가 소프트웨어 개발위험을 부담한다고 판단된다. 거래에 대한 정확한 기술에서 WebCo와 ScaleCo의 기여가 웹크롤러의 생성과 예상되는 성공에 독특하고 가치있다는 것이 밝혀진다. 이러한 상황에서 거래이익분할법이 WebCo와 ScaleCo 사이의 권리허여에 대한 정상대가를 결정하는 최적방법이다.

B. 고도로 통합된 사업활동(highly integrated business operations)

대부분 다국적기업그룹은 어느 정도 통합되어 있지만, 일정 사업활동에서 특히 높은 수준으로 통합되어 있다면 이는 거래이익분할법을 고려할 수 있는 지표가 된다. 높은 수준의 통합이란 거래의 일방이 기능을 수행하고 자산을 사용하며 위험을 부담하는 방식이 거래의 상대방이 기능을 수행하고 자산을 사용하며 위험을 부담하는 방식과 상호연관되어 있어, 이를 별개로 신뢰성있게 평가할 수 없는 경우를 말한다. 이와 반대로, 다국적기업그룹 내의 많은 통합사례에서 비교가능 제삼자 거래를 기준으로 거래 당사자의 기여를 신뢰성있게 평가할 수 있는 상황이 있다.

예를 들어, 기업들이 보완적이지만 구별되는 활동을 수행하는 경우 믿을만한 비교대상을 찾을 수 있는 때가 있는데 각 단계에 포함된 기능, 자산 및 위험을 제삼자 계약의 그것들과 비교할 수 있기 때문이다. 특정사안에서 어떤 이전가격방법이 최적인지 판단할 때 이를 염두에 두어야 있다.(TP §2.133)

어떤 경우에는 일방의 기여를 상대방의 기여와 분리하여 평가할 수 없을 정도로 당사자들이 기능을 공동으로 수행하거나 자산을 공동으로 사용하거나 위험을 공동으로 부담하기도 한다. 예를 들면, 관계기업들의 금융상품 국제거래에 거래이익분할법을 적용할 수 있다.(TP §2.134)

또 다른 사례는 당사자들 간의 통합이 고도의 상호의존 형태를 띠는 경우이다. 예를 들어, 당사자의 가치가 계약의 상대방에 좌우되는 중요한 기여(예: 자산)를 각 당사자가 하는 장기약정을 체결하는 독립기업들은 이익분할법을 사용한다. 이러한 종류의 사안에서, 각 당사자가 그러한 기여를 하고 다른 당사자에 종속되는 경우(또는 한 당사자의 기여 가치가 다른 당사자의 기여에 상당히 좌우되는 경우), 상대방에 대한 의존으로 인해 발생하는 각 당사자가 부담하는 위험의 결과를 고려하여 그에 따라 달라지는 유연한 가격책정 형 태를 볼 수 있다.(TP §2.135)

사업활동이 고도로 통합된 경우, 당사자들이 경제적으로 중요한 동일위험을 공동으로 부담하거나 밀접하게 관련된 경제적으로 중요한 위험을 개별적으로 부담하는 정도는 최적방법의 선택에 영향을 미치며, 거래이익분할법이 최적방법으로 고려되는 경우 어떻게 적용해야 할지, 특히 실제이익 또는 기대이익의 분할을 적용해야 할지가 관건이 된다. (TP §2.136)

일방이 경제적으로 중요한 위험의 통제에 기여하지만 그 위험을 거래상대방이 부담하는 경우, 일방이 지배력에 비례하여 그 위험에 대해 가능한 수익증감을 공유하는 것이 적절하다. 그러나 기업이 위험과 관련된 통제기능을 수행한다는 사실만으로 반드시 거래 이익분할이 최적방법이라고 결론지어서는 안된다.(TP §2.137)

기여들의 상호관련성이나 상호의존도가 높은 경우 당사자들 각각의 기여들을 전체적으로 평가할 필요가 있다. 즉, 고도의 통합은 기업들의 기여들을 독특하고 가치있는 것으로 볼지 여부에 영향을 미친다. 예를 들어, 일방의 독특한 기여는 상대방의 독특한 기여와 결합되어 고려될 때 중요한 큰 가치를 가질 수 있다.(TP §2.138)

사례 : 고도로 통합된 사업활동(TP 2장 부록 2 사례)

사례 6 AS사는 특수관계자에게 자산관리용역을 제공하는 다국적기업그룹의 모회사이다. 이 회사는 2개의 자회사를 두는데, A국의 A사 및 B국에 B사이다. F사는 독립 자산관리회사로 A국과 B국의 개인투자자에게 집합투자기구를 제공한다. F사가 출시한 투자기구는 A국과 B국의 주식을 보유하고 있는 미러펀드(mirror funds)이다. F사는 펀드에 대한 자산관리용역을 제공하기 위해 AS사를 고용한다. F사는 A국 및 B국의 개인투자자에게 판매된 펀드의 관리대상 결합자산에 기초하여 AS사에 수수료를 지불한다. AS사는 A사 및 B사와 자산관리용역을 제공하기로 계약을 체결한다. A사는 A국 주식에 특화된 자산관리인을 고용하고, B사는 B국 주식에 특화된 자산관리인을 고용한다. AS사는 A사와 B사의 대리인으로 활동한다. F사는 계약과 관련하여 어떠한 기능도 수행하지 않으며, 어떠한 자산이나 위험도 인수하지 않았다. A사와 B사의 동일한 수의 자산관리인으로 구성된 투자운용위원회가 펀드운용을 결정한다. 이 위원회는 정기적으로 회의를 열고 펀드구성을 결정한다. A국과 B국의 주식 간 펀드구성은 위원회의 결정에 따라 달라진다. 기능분석에서, 특히 실적악화로 인해 개인투자자가 F사의 미러펀드에서 자금을 회수하는 것과 관련하여 경제적으로 중요한 위험이 있다고 결론짓는다. 위험분석체계에 따라, A사와 B사는 펀드운용과 관련된 위험을 공동부담하고 고도로 통합된 방식으로 자산관리용역을 수행한다고 판단된다. A사와 B사는 가치있는 용역을 제공하지만, 자산관리용역에 대한 활발한 경쟁시장은 그 용역이 독특하지 않다는 점을 보여준다. 그러한 자산관리용역(즉, A사와 B사가 함께 수행하는 용역)에 대한 비교대상이 있지만, A사와 B사 간의 정상수수료 분할방법에 대한 정보는 없다. 이러한 상황에서, A사와 B사의 영업이 고도로 통합되고 상호의존적이어서, 각자의 기여에 대한 정상대가를 결정하는데 일방적 방법을 사용할 수 없기 때문에, 거래이익분할법은 A사와 B사의 보상을 결정하는데 최적방법이다. AS사가 F사로부터 받은 정상수수료는 A사와 B사가 분할하는 소득에 해당하는 수입금액이 된다. AS사에 대한 정상대가는 영이 된다.

사례 7 L국에 거주하는 L사와 M국에 거주하는 M사는 다국적기업그룹 LM의 일원이다. L사와 M사는 제삼자 고객에게 국제무역촉진, 화물운송, 세관중개 용역을 제공한다. L사와 M사는 함께 고객에게 수출국에서의 상품수취, 수출국에서의 통관, 컨테이너 화물상적, 선박에 컨테이너 선적 및 하적, 컨테이너화물 하적, 수입국에서 통관 및 목적지 상품배송을 포함한 용역을 제공한다. 고객은 수입업자 또는 수출업자이며 L사와 M사는 양국에서 수출입을 촉진한다. 고객은 일반적으로 이러한 용역에 대해 재화의 부피와 무게의 조합에 따라 대가를 지불한다. 거래의 정확한 기술에 따라, L사와 M사는 동일한 무역촉진, 화물출고 및 세관중개 용역을 고도로 통합된 방식으로 공동으로 수행한다고 판단된다. L사와 M사는 고객과의 거래를 성공적으로 완료하기 위해 서로에 대한 의존도가 매우 높다. L사와 M사는 또한 고객의 소재지에 맞추어 유사한 마케팅 및 고객관리 기능을 수행한다. L사와 M사는 통합상품추적 IT시스템을 공동으로 사용한다. 이 시스템은 처음에 L사와 M사가 공동으로 제삼자 공급업체로부터 구매했다. L사와 M사는 가능한 경우 각자가 시스템을 점진적으로 개선한다. LM그룹이 고객에게 제공하는 가치제안은 효율성 및 규모의 경제, 국경을 넘는 완벽한 통합에 의해 가능한 경쟁력 있는 가격책정에 있다. L사와 M사는 동일한 핵심 부가가치기능을 공동으로 수행하고 다국적기업그룹의 가장 중요한 자산을 공동으로 사용하고 그에 기여하고 있다. 비록 그들의 공동활동에 대한 정상가격을 쉽게 구할 수 있지만, 그들의 영업은 고도로 통합되고 상호의존적이어서 각자의 기여 중 하나에 대한 정상가격의 결정을 위해 일방적 방법을 사용할 수 없다. 따라서 이 경우 L사와 M사에 대한 정상대가의 결정에는 거래이익분할이 최적방법이다. L사와 M사가 거래와 관련된 경제적으로 중요한 위험을 공동부담한다면 실제이익의 분배가 적절하다.

사례 8 A사는 전자기기 제조 및 유통에 종사하는 다국적기업그룹 M의 모회사이다. A사는 모든 지역에서 그 기기를 판매할 독점권을 가지고 있다. A사는 전자제품의 제조를 M그룹의 다른 구성원 B사에 하청을 준다. 계약조건에 따라 B사는 A사의 지시에 따라 기기를 생산한다. B사는 최종제품의 여러 부분을 만드는데 필요한 자재를 구매하고 공급한다. 제조공정의 주요부품은 A사에서 조달된다. B사는 완제품을 A사에게 판매하고, A사는 제삼자고객에게 제품을 마케팅하고 판매한다. B사는 제조활동을 수행하기 위해 M그룹에서 판매하는 전자기기 생산에 특화된 기계 및 연장에 투자했다. B사는 A사 이외에 다른 고객이 없기 때문에 제품전량을 A사가 취득한다. 정확하게 기술된 거래에 따라, B사가 M그룹의 관계거래 및 사업과 관련하여 독특하고 가치있는 기여를 하지 않음을 알 수 있다. 더욱이 B사가 부담하는 위험은 그룹의 사업활동에 경제적으로 중요하지 않다. B사의 영업이 A사의 영업과 어느 정도 통합되어 A사에 의존적이고, B사의 기여에 대한 정상대가는 비교가능 독립거래를 기준으로 일방적 방법을 적용하여 신뢰성 있게 추정할 수 있다. 이러한 상황에서 거래이익분할법은 최적방법이 될 수 없다.

사례 9 A국 거주 A사와 B국 거주 B사는 다국적기업그룹 AB의 구성원이다. A사는 화합물 A에 대한 전세계특허를 소유하고 B사는 효소 B에 대한 전세계특허를 소유한다. 화합물 A와 효소 B는 둘 다 독특하다. A사와 B사는 각각 다른 목적으로 자체적 노력으로 화합물 또는 효소를 개발했지만, 이들을 원래 의도한 대로 사용할 수 없다는 것을 발견했다. 그 결과, 화

> 합물 A와 효소 B 모두 현재 중요한 가치는 없다. 그런데, A사와 B사의 기술자들은 화합물 A와 효소 B의 조합이 특정질병을 치료하는데 매우 효과적이고 가치가 높은 독특하고 가치 있는 약물을 만든다고 결론지었다. A사는 B사에 복합물 A의 사용권을 부여하는 계약을 체결했다. B사는 신약을 개발하기 위해 두 성분을 결합하고 시판할 것이다. 이러한 상황에서, A사와 B사 기여들의 높은 통합과 상호의존성은 기여의 가치에 영향을 미치며, 각 기여가 다른 기여와 결합하여 고려될 때 독특하고 가치있다. 결과적으로 A사에 의해 복합체 A의 사용권이 B사에 이전되는 보상을 결정하는데 거래이익분할법이 최적방법이 된다.

C. 경제적으로 중요한 위험의 공동부담, 밀접하게 관련되는 위험의 개별부담

정확하게 기술된 거래에 따라, 관계거래의 각 당사자가 해당 거래와 관련하여 경제적으로 중요한 위험들 중 하나 이상을 공동부담하는 경우, 거래이익분할이 최적방법일 수 있다.(TP §2.139)

정확하게 기술된 거래에 따라, 거래와 관련하여 경제적으로 중요한 다양한 위험들을 당사자들이 개별적으로 부담하지만 그 위험들이 매우 밀접하게 상호관련되거나 상호연관되어 각 당사자의 위험을 신뢰성있게 구분할 수 없는 경우, 거래이익분할이 최적방법이다.(TP §2.140)

거래이익분할법에 대한 지표로서 이 요소의 적합성은 각 당사자에게 해당이익의 몫을 좌우할 정도로 관련 위험이 경제적으로 중요한지 여부에 크게 의존한다. 위험의 경제적 중요성은 그 사업활동이 해당이익에 포섭되는 범위를 넘어서는 관계기업 일방에 대한 중요성이 아니라 관계거래의 실제 또는 기대 해당이익에 대한 중요성과 관련하여 분석되어야 한다.(TP §2.141)

각 당사자가 경제적으로 중요한 위험을 공동부담하거나 상호관련된 경제적으로 중요한 위험을 개별부담하고 거래이익분할이 최적방법이라고 판단되는 경우, 분할되는 실제 해당이익은 각 당사자의 위험을 반영하기 때문에 기대이익보다는 실제이익의 분할이 적절하다. 반대로, 기대이익의 이익분할은 경제적으로 중요한 위험을 일방에 집중하여 반영하는 경향이 있다. 요컨대, 이전가격의 결과(실제이익 또는 기대이익의 공유)는 거래의 정확한 기술과 일치해야 한다.(TP §2.142)

> **사례** 경제적으로 중요한 위험의 공동부담(TP 2장 부록 2 사례 10)
>
> A사는 첨단 산업제품군을 설계, 개발 및 생산한다. 새로운 제품군에는 A사의 관계기업 B사가 개발하여 만든 핵심부품이 장착된다. 이 핵심부품은 매우 혁신적이며, 독특하고 가치있는 무형자산을 포함한다. 이러한 혁신은 신제품의 차이를 나타내는 핵심요소이다. 신제품의 성공은 B사가 만든 핵심부품의 성능에 크게 좌우된다. 핵심부품은 신제품에 맞게 특별히 제작되어 다른 제품에는 사용할 수 없다. 핵심부품은 전적으로 B사에 의해 개발되었다. 거래의 정확한 기술에 따라 B사가 A사의 관여없이 부품개발과 관련된 모든 통제기능을 수행하고 모든 위험을 부담한다고 판단된다. 또한 거래의 정확한 기술에 따라, A사는 신제품의 전반적인 생산과 판매와 관련하여 모든 통제기능을 수행하고 모든 위험을 부담한다는 것을 알 수 있다. A사는 핵심부품의 성과와 관련된 위험을 통제할 수 없으므로 이를 부담하지 않는다. 이 사례에서 A사와 B사는 경제적으로 중요한 위험을 각각 부담하지만, 그 위험은 상호의존성이 매우 높다고 판단된다. 결론적으로 거래이익분할법이 최적방법이다. 이 사례에서 거래이익분할법을 적용하는 가장 적절한 방법이 A사의 신제품 판매수익 또는 총이익을 분할하는 것이라고 밝혀지면, 각 당사자는 자신의 영업원가와 관련된 위험을 부담하는 결과가 된다.

5. 신뢰할 만한 정보의 확보가능성

일반적으로 거래이익분할이 최적방법임을 알려주는 요인의 존재는 비교대상에 전적으로 의존하는 다른 이전가격방법이 최적방법임을 알려주는 요인의 부존재에 해당하는 경우가 많다. 다시 말해, 믿을만한 비교가능 제삼자거래에 대한 정보로 거래전체의 가격을 매길 수 있다면 거래이익분할법이 최적방법이 될 가능성은 낮다. 그렇지만 비교대상이 없다는 이유만으로 거래이익분할의 사용을 정당화할 수는 없다. (TP §2.143)

제삼자 비교대상이 없는 경우 거래이익분할법을 적용할 수 있지만, 독립 당사자들 간 거래 정보는, 예를 들어 해당이익의 분할을 예시하거나 잔여이익분할법을 적용하는 경우 여전히 이익분할법 적용에 필요하다.(TP §2.144)

6. 결합이익의 결정

A. 결합이익과 분할기준

결합이익 및 분할기준은 아래와 같이 이루어져야 한다.(TPG 2.147, 2.148)

- 분석대상 관계거래의 기능분석에 따라 이루어져야 하며, 특히 당사자 간의 위험배분을 반영해야 한다.
- 독립 당사자 간에 합의되었을 분할대상 결합이익의 결정방법 및 분할기준과 일치해야 한다.
- 공헌도분석법, 잔여이익분석법, 소급법(ex ante) 또는 미래법(ex post) 등 여러 이익분할방법의 유형에 대한 고려가 있어야 한다.
- 합리적으로 믿을만한 방법으로 측정될 수 있어야 한다.
- 거래이익분할법을 사용하는 경우(소급법), 거래 전에 요건이나 배부기준을 합의하는 것이 합리적이다.
- 납세자나 과세당국은 방법의 적절성 및 적용방식의 적절성을 입증해야 하고, 특히 결합이익을 분할하는데 사용하는 요건이나 배부기준의 적절성을 입증해야 한다.
- 정상거래의 독립당사자들이 달리 합의하거나 다른 요건이나 배부기준을 명시적으로 만들거나 또는 특별한 상황으로 독립당사자들이 정당하게 재협상하기 전에는 분할되는 결합이익의 결정 및 분할요소의 결정은 해당거래의 존속기간 동안 계속적으로 적용되어야 하며, 이는 손실기간 동안에도 마찬가지이다.

B. 이익분할의 방법 : 공헌도 분석(Contribution analysis)

독립기업이 기대했을 기대이익 또는 실제실현이익을 기초로 하여 이익분할을 추정하는 여러 방법이 있다. 위에서 설명한 것처럼, 그 방법들은 비교가능상황에서 독립기업들간에 달성될 수 있는 결과를 추정하기 위해 경제적으로 유효한 기준에 따라 관계거래에서 발생하는 해당이익을 분할하기 위한 것이다. 이는 각 당사자의 상대적 공헌도를 고려함으로써 이루어질 수 있다(공헌도 분석).(TP §2.149)

공헌도분석에서 결합이익은 분석대상 관계거래의 모든 이익을 말하며, 비교대상거래에 개입된 독립기업들이 실현했을 것으로 예상되는 이익분할을 합리적으로 추정하여 관계거래에 참가한 각 관계기업들의 수행기능의 상대적 가치를 기준으로 관계기업들 간에 분할된다. 이익분할을 할 때 합리적으로 믿을만한 비교대상자료를 사용해야 한다. 비교 대상자료가 없다면, 사용자산 및 부담위험을 감안하여 관계거래에 참여한 각 관계기업이 수행한 기능의 상대적 가치에 근거해 이익을 분할하는 것이 일반적이다. 공헌도의 상대적 가치를 직접 측정할 수 있는 경우에는 각 참여자의 공헌도의 실제 시장가치를 측정할 필요는 없다.(TP §2.150) 공헌도 결정은 각 당사자의 다양한 형태의 기여(용역제공, 부담한 개발비용, 투자자본 등)의 성격과 정도를 비교하고, 그 상대적 비교결과와 외부시장자료를 참고하여 비율을 최종 결정한다.(TP §2.151)

C. 결합이익의 결합

ㄱ. 결합이익의 측정

결합이익은 거래 양쪽이 함께 실현한 거래순이익으로 제3자와의 거래에서 실현한 매출액에서 매출원가 및 영업비용(판매비와 일반관리비)을 차감한 금액으로 한다.(국조령 §9 ① 1호)

거래이익분할법에 따라 분할되는 관련이익은 검토대상 관계거래의 결과로 발생하는 관계기업들의 이익이다. 통합수준을 식별하는 것이 필수적이다. 따라서 관련이익을 결정할 때, 먼저 거래이익분할법을 적용할 거래를 식별하고 정확하게 기술하며, 이를 통해 해당거래와 관련된 각 당사자의 관련 소득과 비용 금액을 식별해야 한다.(TP §2.154)

분할되는 관련이익이 둘 이상의 관계기업들의 이익으로 구성되는 경우, 거래이익분할이 적용되는 거래당사자들의 관련 재무자료를 동일기준의 회계관행 및 통화로 결합해야 한다. 회계기준은 분할되는 이익의 결정에 중요한 영향을 미칠 수 있기 때문에, 납세자가 거래이익분할법을 사용하기로 한 경우 그 방법을 적용하기 전에 회계기준을 선택하여 해당기간에 걸쳐 일관되게 적용해야 한다. 회계기준의 차이는 이익계산을 위한 비용처리 뿐만 아니라 수익인식 시점에도 영향을 미친다. 당사자들이 사용하는 회계기준 간의 중요한 차이를 식별하고 일치시켜야 한다.(TP §2.155)

제2장 정상가격산출방법

사례 결합이익의 결정 (TP 2장 부록 2 사례 12)

A국에 거주하는 A사, B국에 거주하는 B사 및 C국에 거주하는 C사는 다국적기업그룹의 구성원들이다. A사와 B사는 제품의 설계와 제조를 담당하며, 이와 관련된 활동은 고도로 통합되어 있다. 또한 A사와 B사는 각각 A국과 B국의 제삼자고객에게 제품을 마케팅하고 판매할 책임이 있다. C사는 A사와 B사에서 매입한 제품을 C국의 제삼자고객에게 마케팅하고 판매할 책임이 있다. A사와 B사는 서로 다른 모델의 제품을 제조하기 위해 부품, 주형 및 구성품을 구매하고 판매하기로 계약을 체결한다. 이러한 거래에는 또한 고객의 요구를 적시에 효과적으로 충족시키기 위해 반제품도 포함될 수 있다. A사와 B사는 이 분야에 대한 폭넓은 경험을 바탕으로 각자 설계 및 제조공정에서 각각 독특하고 가치있는 노하우와 기타무형자산을 개발했다. 이와 반대로 거래의 정확한 기술에 따라, C사는 독특하고 가치있는 기여를 하지 않는다는 것을 알 수 있다.

대신 C사는 비교대상을 찾을 수 있는 마케팅 및 판매 기능을 수행한다.

설계 및 제조는 다국적기업그룹의 핵심가치 요인으로 식별되며, 기능분석에서 경제적으로 중요한 위험은 설계 및 제조 기능과 관련된 전략 및 운영 위험이라는 사실을 알 수 있다. A사와 B사는 서로 다른 부품과 기여를 제공할 수 있는 상대방 역량에 따라 회사의 성과가 크게 좌우되는 복잡한 그룹내 거래망에 관여하고 있다. A사와 B사의 제조활동과 설계활동은 상호의 존도가 매우 높으며 이들 모두 경제적으로 중요한 위험에 대한 통제기능을 수행한다. 지침 I장 D.1.2.1에 기술된 위험분석체계에 따라, A사와 B사는 설계 및 제조와 관련된 위험을 공동부담한다고 판단된다. A사와 B사는 제조 및 설계 과정에 독특하고 가치있는 기여를 하고 있다.

이러한 상황에서, A사와 B사의 그룹내 거래와 관련하여 A사와 B사의 보상을 결정하는 최적방법이 거래이익분할법이다. 그러나 C사의 정상대가를 결정하려면 재판매가격법이나 거래순이익률법 같은 일방적 방법이 가장 적합하다. 거래이익분할법을 적용하는 경우, A국, B국, C국의 제품판매는 분배될 이익을 결정할 때 고려되어야 한다. C국의 경우, C사의 기여에 대한 정상대가(위에 언급한 것처럼)를 차감하고 C사의 매출수익을 참조하여 이익을 계산한다.

잔여이익접근법에 따르면, 첫째 단계에서 각 당사자들(즉, A사와 B사)의 덜 복잡하고 비교대상을 찾을 수 있는 기여에 대한 정상이익을 결정한다. 이 금액을 해당이익의 종액에서 차감하여 분할할 잔여이익을 산출한다. 둘째 단계에서 잔여이익에 대한 상대적 공헌도에 근거해 A사와 B사가 잔여이익을 분할한다.

ㄴ. 회계실무의 일치

　재무회계는 받아들여질 수 있는 세무회계기준이 없는 경우 분할대상 이익을 결정하기 위한 출발점이 된다. 원가회계의 사용은 그러한 회계처리가 존재하고, 믿을만하며, 검증가능하고 충분히 거래를 반영하는 경우 인정된다. 이러한 맥락에서, 생산라인별 손익계산서나 부문회계를 유용한 회계증빙으로 인정할 수도 있다.(TP §2.156)

　그러나, 당사자들 각각의 총활동이 이익분할대상이 되는 상황을 제외하고, 당사자들이 수행한 결합기여와 관련된 이익을 식별하기 위해, 재무자료를 분리하여 정확히 기술한 거래에 따라 배분할 필요가 있다. 예를 들어, 유럽의 마케팅과 유통에 종사하는 관계기업과 이익분할을 하는 제품공급자는 유럽시장을 위한 재화의 생산에서 발생하는 이익을 식별해야 하고, 다른 시장을 위한 재화의 생산에서 발생하는 이익은 제외해야 한다. 동일 재화가 모든 시장에 공급된다면 이 계산은 비교적 간단하지만, 예를 들어 생산원가가 다르거나 내재기술이 다른 재화가 다른 시장에 공급된다면 복잡해지게 된다. 마찬가지로, 유럽 마케팅과 판매에 종사하는 관계기업이 다른 출처의 제품을 매입하는 경우, 이익분할에서 관련제품 공급업체로부터 매입한 상품과 관련된 수익, 비용 및 이익을 반영하는 방식으로 재무자료를 분리할 필요가 있다. 경험에 따르면, 이익분할을 하는 이러한 최초 단계는 어떤 상황에서는 매우 복잡하므로 거래관련 이익을 식별하는 방법과 그 과정에서 이루어진 가정을 문서화해야 한다.(TP §2.157)

ㄷ. 실제이익 또는 기대이익의 분할

　그 이익이 실제이익인지, 기대이익인지 또는 이들의 조합인지를 포함하여 분할대상이익의 결정은 정확하게 기술된 거래와 일치해야 한다. 2장 부록 2 사례 13은 이 절의원칙을 설명한다.(TP §2.158)

　거래이익분할법이 최적이라고 판단되는 경우, 실제이익의 분할, 즉 경제적으로 중요한 위험에 노출되어 영향받은 이익의 분할은, 거래의 정확한 기술에서, 당사자들이 사업기회와 관련된 경제적으로 중요한 위험을 공동 부담하거나 개별적으로 부담하여, 결과적으로 발생하는 손익을 공유해야 한다는 것을 보여주는 경우에만 적절하다. 이러한 유형의 위험부담은 사업활동이 고도로 통합되거나 각 당사자가 독특하고 가치있는 기여를 하는 상황에서 발생한다.(TP §2.159)

다른 경우, 거래이익분할법이 최적방법으로 밝혀지지만(예: 거래당사자 중 한 명이 독특하고 가치있는 기여를 하기 때문) 거래 후에 발생하는 경제적으로 중요한 위험을 공동부담하지 않는 경우, 기대이익의 분할이 더 적절하다.(TP §2.160)

거래이익분할을 적용할 때 소급적용하지 않도록 주의해야 한다. 즉, 기대이익 또는 실제이익을 분할했는지 여부에 상관없이, 독립당사자들 간에 생겼으면 재협상을 초래했을 예상치 못한 중요사건이 없다면, 이익분할요소, 관련이익 계산방법, 조정이나 부수조건을 포함하여, 관계기업들 간 분할기준은 거래발생 당시에 당사자들에게 알려지거나 합리적으로 예상되는 정보에 기초하여 결정되어야 한다. 대부분의 경우 실제계산은 그 이후에 행해질 수밖에 없는데, 예를 들면 처음에 정한 이익분할요소를 실제이익에 적용하는 경우이다. 또한, 거래를 정확하게 기술하는 출발점은 일반적으로 계약이 체결된 시점에 당사자들의 의도를 반영할 수 있는 서면계약이다.(TP §2.161)

ㄹ. 이익측정의 차이

가장 일반적으로, 거래이익분할법에 따라 분할되는 관련이익은 영업이익이다. 이런 방식으로 거래이익분할법을 적용하면 다국적기업그룹의 수익과 비용을 관계기업에 일관된 기준으로 귀속시킬 수 있다. 다만 거래의 정확한 기술에 따라 총이익 같은 다른 측정치를 분할한 다음 관련 기업별로 발생하거나 귀속되는 비용(이미 고려한 비용 제외)을 차감하는 것이 적절할 수 있다. 그러한 경우, 각 기업에 발생하거나 귀속되는 비용이 거래 특히 각 당사자가 수행하는 활동과 위험의 정확한 기술과 일치하고 또한 이익배분이 당사자들의 기여와 일치되도록 주의해야 한다.(TP §2.162)

말하자면, 분할이익의 측정은 거래의 정확한 기술에 따라 달라진다. 예를 들어, 거래를 정확하게 기술하여 판매량과 가격에 영향을 미치는 시장

위험뿐만 아니라 총이익수준에 영향을 미치는 재화나 용역의 생산 또는 취득과 관련된 위험도 당사자들이 함께 부담한다고 판단된다면, 분할기준으로 총이익을 사용하는 것이 적절하다. 이러한 상황에서, 당사자들은 재화와 용역의 생산이나 취득과 관련된 기능과 자산을 통합하거나 연계시킬 수 있다. 거래를 정확하게 기술하여 시장위험과 생산위험에 더하여 무형자산 투자를 포함하는 영업비용 수준에 영향을 미치는 추가 위험 범위를 당사자들이 공동부담한다고 판단된다면, 분할기준으로 영업이익을 사용하는 것이 적절하다. 이 경우, 당사자들은 전체 가치사슬과 관련된 통합기능이나 연계기능을 수행한다.(TP §2.163)

예를 들면, 각자가 제조전문성과 독특하고 가치있는 무형자산을 보유한 두 개의 관계 기업들이 혁신적이고 복잡한 제품을 생산하기 위해 무형자산을 기여하기로 합의한다. 이 사례에서 거래의 정확한 기술로, 기업들이 시장에서 제품성공이나 그 밖의 것들과 관련된 위험을 공동부담한다고 판단된다. 그런데, 이들은 대부분 통합되지 않은 판매 및 기타 비용과 관련된 위험에 대해서는 공동부담하지 않는다. 양 당사자의 모든 비용을 뺀 후의 결합영업이익에 기초하여 이익분할을 적용하면 당사자 중 한쪽만 부담하는 위험의 결과를 공유하는 결과가 된다. 이 경우, 총이익분할은 당사자들이 관련위험을 공동부담하는 판매와 생산 활동의 결과를 포착하기 때문에 더 적절하고 믿을 수 있다. 마찬가지로, 고도로 통합된 국제무역활동을 하는 관계기업들의 경우, 실제거래의 정확한 기술에 따라 위험의 공동부담과 통합수준이 영업비용으로 확장되지 않는 것으로 판단되면 각 거래활동의 총수익을 분할한 후 각 기업에 배분된 총수익의 해당몫에서 각 기업의 영업비용을 차감하는 것이 적절하다.(TP §2.164)

7. 이익분할

이익은 거래에 대한 당사자들의 상대적 기여를 반영하여 경제적으로 유효한 기준으로 나누어져야 하며, 이에 따라 정상적으로 얻을 수 있는 이익분할에 근접해야 한다. 비교가능 제삼자거래 또는 내부자료의 참조가능성과 이익의 정상적 분할을 달성하기 위해 사용되는 기준은 사안의 사실관계에 따라 달라진다. 그러므로,

일의적 기준이나 이익분할요소의 목록을 정하는 것은 바람직하지 않다. 이에 더하여, 이익분할에 사용되는 기준이나 분할요소는 다음과 같아야 한다.(TP §2.166)

- 이전가격정책 수립과 무관해야 함. 즉, 관련거래의 대가와 관련된 자료(예: 관계 기업에 대한 판매)가 아닌 객관적 자료(예: 독립당사자에 대한 판매)에 근거해야 함.
- 비교가능자료, 내부자료 또는 이 둘 모두에 의해 보완되어야 함.

가능한한 한 가지 방법은 비교가능 독립거래에서 실제로 일어난 이익분할에 근거해 결합이익을 배분하는 것이다. 사실과 상황에 따라 다르지만, 이익분할기준의 유요한 자료가 될 수 있는 독립거래에 대한 가능한 정보원천으로는 석유 및 가스 산업의 개발사업, 제약산업 협력, 공동마케팅, 공동사업개발계약 등의 이익을 공유하는 독립당사자들 간의 조인트벤처 계약 및 독립된 음악레코드상표와 음악가 감의 사용계약 및 금융용역분야의 제3자간 계약 등이 있다.(TP §2.167)

그러나 이러한 방식으로 사용할 수 있는 신뢰할 수 있는 비교자료를 찾는 것은 어렵다. 그럼에도 불구하고, 외부시장자료는 각 관계기업이 거래에 기여하는 가치를 평가하기 위해 이익분할분석에 사용될 수 있다. 실제로, 가정은 독립당사자들이 거래이익창출에 대한 각자의 기여가치에 비례하여 관련이익을 배분했을 것이라는 것이다. 이에 따라 비교가능상황에서 독립당사자들이 비교가능거래에서 어떻게 이익배분할지에 대한 직접증거가 없다면, 이익배분을 수행기능, 사용자산 및 부담위험에 따라 측정되는 당사자들의 상대적 기여에 근거한다.(TP §2.168)

이익분할요소(국조령 제9조)로는 사용된 자료 및 부담한 위험을 고려하여 평가된 거래당사자가 수행한 기능의 상대적 가치, 영업자산과 유무형 자산 또는 사용된 자본, 연구개발과 설계 및 마케팅 등 핵심분야에 지출 또는 투자된 비용과 그 밖에 판매증가량이나 핵심분야의 종업원 또는 노동투입시간이나 매장규모 등 거래순이익의 실현과 관련하여 합리적으로 측정가능한 배부기준이 있다.

제6절 거래순이익률법(Transactional net margin method)

1. 적용요건

거래순이익률법(transactional net margin method)은 거주자·내국법인과 국외특수관계 인간의 국제거래와 유사한 거래 중 거주자·내국법인과 특수관계가 없는 자 간의 거래에서 실현된 통상의 거래순이익률을 기초로 산출한 거래가격을 정상가격으로 보는 방법 이다.(국조법 §8 ① 4호)

거래순이익률법의 적합성을 평가할 때 거래순이익률지표와 영업활동과의 상관관계가 높은지 여부를 분석해야 한다. 이 경우 다른 이전가격방법보다 더 엄격하게 관계거래와 비교가능거래와의 유사성이 확보될 수 있거나 비교되는 상황간의 차이가 합리적으로 조정될 수 있어야 한다.(국조칙 §6 ② 4호) 전통적 거래방법을 적용하기 위해 수립된 안전 장치가 거래순이익률법 적용시에 간과될 수 있다. 그러므로 비교되는 기업들의 특성차이가 순이익률에 실질적 영향을 미친다면 그런 차이에 대한 적절한 조정없이 거래순이익률법을 적용하는 것은 적절하지 않다.(TP §2.153)

거래순이익률법은 원가가산법이나 재판매가격법과 비슷한 방법으로 적용된다. 이러한 유사성은 거래순이익률법을 믿을만하게 적용하기 위해서는 원가가산법이나 재판매가격법을 적용하는 방식과 동일한 방식으로 적용해야 한다는 의미이다.(TP §2.64) 거주자·내국법인(내국법인과 국내사업장 포함)가 거주자·내국법인과 국외특수관계인 간의 국제거래와 비슷한 거래를 특수관계가 없는 자와는 한 적이 없는 경우에는 국외특수관계인과 특수관계가 없는 자 간의 거래, 특수관계가 없는 제3자 간의 거래 중 해당 거래의 조건과 상황이 비슷한 거래의 거래순이익률을 사용할 수 있다.(국조령 §4 ③ 2호)

거래 당사자들이 독특한 무형자산을 제공하는 경우에는 거래순이익률법은 신뢰성이 없다. 이 경우, 거래이익분할법 같은 쌍방분석(two sided method)이 일반적으로 적합하다.

전통적 거래방법이나 거래순이익률법 같은 일방분석(one sided method)은 거래의 어느 한 쪽이 전적으로 독특한 무형자산을 제공하고 반면에 다른 당사자는 특별한 기여를 하지 않는 경우에 적용할 수 있다. 이 경우, 분석대상은 무형자산을 제공하지 않는 당사자로 한정된다.(TP §2.65) 거래의 어느 한 쪽이 통상적인 공헌을 하는 경우는 상당히 많은데, 즉 특별하지 않은 사업과정이나 특별하지 않은 시장지식 등과 같은 특별하지 않은 무형자산을 사용하는 경우이다. 이 경우, 비교대상 또한 여러 가지 통상적인 공헌을 할 것이므로 전통적 거래방법이나 거래순이익률법을 적용하는 데 있어 비교가능성 요건을 충족한다.(TP §2.66)

사례   거래순이익률을 비교해야 하는 상황

> **사례 1** 총이익률을 파악할 수 없는 경우 : 원가가산법의 신뢰성 있는 적용을 위해서는 총이익률의 조정이 필요하지만, 조정에 필요한 원가의 파악이 불가능한 경우라도 거래에서 발생하는 순이익을 파악할 수 있는 경우에는 거래순이익률법을 적용할 수 있다. 예를 들어 실제 정상거래인 X, Y, Z의 매출원가로 계상된 일반관리비를 구분할 수 없고 다른 신뢰성 있는 비교가 불가능한 상황이라면 순이익률을 검토해야 한다.(TP § 2.111)
>
> **사례 2** 개별원가를 파악하지 못하는 경우 : A기업이 자회사가 없는 5개 국가에 독립된 유통업자를 통해 제품을 판매한다. 유통업자들은 판매와 동시에 고객에 대한 기술지원을 한다. 다른 국가에 A가 자회사를 설립한다. A는 자회사로 하여금 A제품을 판매하도록 한다. 기술지원비용은 매출원가에는 포함되지만 별개로 파악할 수 없다. 기능차이로 인한 이전가격의 차이를 평가하기 위해서는 순이익률을 검증하는 것이 신빙성이 있다.(TP § 2.112)
>
> **사례 3** 보증비용을 구분하지 못하는 경우 : 모든 제품에 대해 제품보증이 이루어지며 가격기반은 동일하다. 유통업자 A는 제품보증기능을 수행한다. 유통업자 B는 제품보증기능을 수행하지 않고 공급사가 그 기능을 수행한다.(세품은 공장으로 반품됨) 유통업자 A에 의해 발생된 제품보증비용을 구분하기 어려워 B와 비교가능하도록 매출총이익률을 적절히 조정하기가 불가능하다. 만약, A와 B사이에 다른 실질적인 기능상의 차이가 없고 A의 매출대비 순이익률이 알려져 있다면, A의 매출대비 순이익률과 이와 똑같은 방법으로 계산한 B의 매출대비 순이익률을 비교함으로써 거래순이익률법을 적용하는 것이 가능하다.(TP § 2.113)

| 거래순이익률방법의 특수관계거래 |

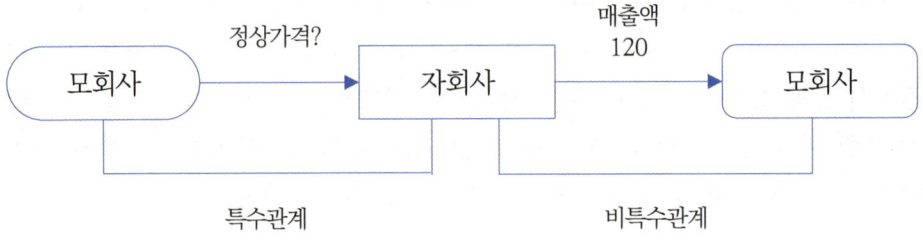

| 거래순이익률방법의 내부비교대상거래 1 |

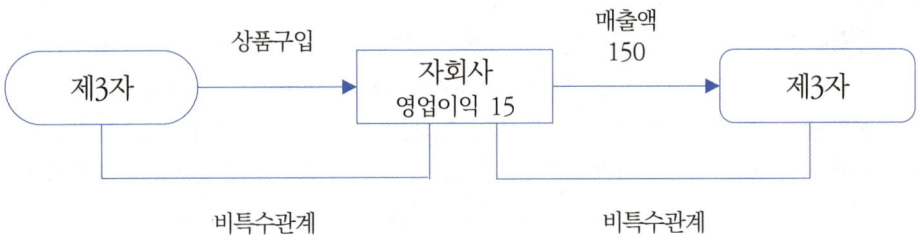

* 자회사의 영업이익률 : 15 / 150 = 0.1
* 정상 영업이익 : 120(매출액) + 0.1 = 12

| 거래순이익률방법의 외부비교대상거래 2 |

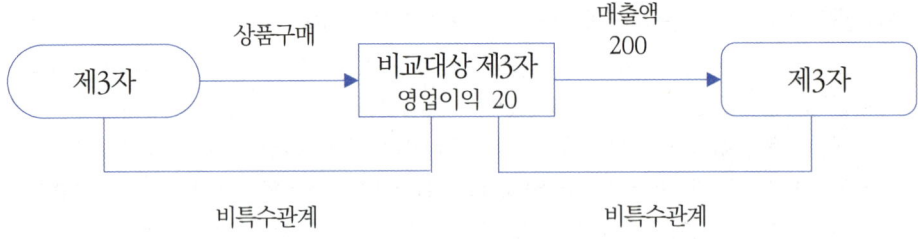

* 비교대상제3자의 영업이익률 : 20 / 200 = 0.1
* 정상 영업이익 : 120(매출액) + 0.1 = 12

2. 거래순이익률법의 장점

거래순이익률법의 순이익률지표는 가격(price)에 비해 거래차이로 인한 영향을 적게 받는다. 순이익률지표는 또한 매출총이익률에 비해 관계거래와 독립거래 간의 기능차이에 의한 영향을 적게 받는다. 수행기능의 차이는 영업비용의 차이로 나타난다. 이로 인해 기능이 비슷하다면, 기업들의 매출총이익률은 상당히 다를 수 있지만 순이익률은 상당히 비슷한 수준이 된다. 또한, 매출총이익이나 영업이익을 결정하기 위한 비용의 구분과 관련하여 공개된 자료의 투명성에 문제가 있는 국가에서 매출총이익 수준의 비교가능성을 평가하기는 어려우며, 이러한 문제는 영업이익 수준을 비교함으로써 회피된다.(TP §2.68) 거래순이익률법은 일방분석이므로 관계기업의 어느 한 쪽(분석대상)에 대한 재무지표만을 검토하면 된다. 또한, 거래이익분할법에서처럼 당사자들의 사업활동에 대한 장부와 증빙에 동일한 회계기준이 적용되도록 하거나 관련당사자들에게 원가배분을 하지 않아도 된다. 이것은 거래 당사자 중 하나가 복잡한 거래를 하고, 여러 가지 상호관련활동을 하거나 한 당사자에 대한 믿을만한 정보를 얻기 어려울 때에 실질적으로 도움이 된다.(TP §2.69)

3. 거래순이익률법의 단점

이전가격과 관계없는 많은 요인들이 순이익에 영향을 미치고 거래순이익률법의 신뢰성을 떨어뜨린다. 다국적기업의 전체이익을 관계거래를 행하는 분석대상에 부적절하게 배분하는 것을 막기 위해 거래이익분할법과 함께 거래순이익률법의 결론을 함께 확인하는 것이 유용하지만, 이것이 그룹의 전체적인 수익성에 따라 통상적인 기능에 대해 다르게 보상해야 한다는 의미는 아니다.(TP §2.72)

거래순이익률법은 대응조정에 심각한 어려움을 발생시키는데, 특히 순이익률로부터 '이전가격을 역산(work back to a transfer price)'하는 것이 가능하지 않는 경우가 있다. 예를 들어 납세자가 여러 관계기업과 구매·판매 양면에 걸쳐 거래를 하는 경우, 거래순이익률을 적용하여 납세자의 이익이 상향조정된다면 관계기업 중 어느 기업의 이익이 줄어들어야 하는지가 불확실할 수 있다.(TP §2.73)

영업이익수준을 분석하면 이전가격의 결정에 상당한 변동성이 초래될 수 있다.

기업간에 영업비용의 차이가 있는 경우 매출총이익이나 가격에 중요하지 않거나 직접적 영향을 주지 않는 요소들에 의해 영업이익이 영향을 받는데, 영업이익은 감가상각자산의 내용연수 차이, 영업활동주기 차이(시작단계 또는 성숙단계), 경영효율 차이(판매관리비 등)에 의해 영향을 받는다. 거래순이익률법에서는 재판매가격법이나 원가가산법처럼 단순히 두 기업의 기능이 유사하다고 해서 신뢰할 만한 비교가 되지는 않는다. 비교기업이 다른 경제분야 또는 이익수준이 다른 시장에서 비슷한 기능을 수행한다면 그러한 기능과 관련된 이익률을 무조건 비교할 수는 없다. 순이익률에 심각한 영향을 주는 요소로는 제품과 기능, 새로운 진입가능성(제품차별성, 자본요구정도, 정부보조금, 규제), 경쟁정도, 경영능률, 개별전략, 대체재 출현가능성, 변동비구조(공장설비와 기계장치의 사용연수에 반영되는), 자본비용 차이(자기자본 또는 차입), 사업경험정도(그 사업이 창업단계에 있는지 아니면 성숙단계에 있는지)가 있다.(TP §2.75)

영업이익은 경쟁 여부와 같은 가격이나 매출총이익에 영향을 미치는 일부 요소들에 의해 마찬가지로 영향을 받는데 이들의 영향을 전부 제거하지 못한다. 전통적 거래방법 에서는 제품 및 기능의 유사성을 강화함으로써 이러한 요소의 영향을 자연스럽게 제거한다. 비교대상의 원가구조 및 수익구조에 대한 기능의 차이에 따라 다르지만, 영업이익 (net profit margin)은 매출총이익(gross margin)에 비해 기능의 정도와 복잡성의 차이 및 위험수준의 차이(계약상 위험배분이 정상적이라고 가정할 때)에 대해 덜 민감하다. 한편, 고정원가 및 변동원가의 비율에 따라 다르지만, 거래순이익률법은 원가가산법이나 재판매 가격법에 비해 공장가동률(capacity utilization)의 차이에 민감한데, 고정제조간접비나 고정판매관리비 등의 간접고정원가 배부수준의 차이는 영업이익에는 영향을 미치지만 이를 가격차이에 반영하지 않는 한 매출총이익이나 원가 대비 총수익에는 영향을 미치지 않는다. (TP §2.76)

사례　순이익에 영향을 미치는 경우(TPG 2.78)

> 납세자가 관계기업에 최고급 VCR(video cassette recorder)을 판매하는데, 비교가능 독립기업의 수집가능한 정보로는 중급의 VCR 판매에 대한 정보뿐이다. 최고급 VCR 시장은 규모가 커지고 있으며, 진입장벽이 높고, 경쟁자가 적으며, 제품차별화 가능성이 크다. 이런 모든 차이는 분석대상활동과 비교대상활동의 수익성에 실질적인 영향을 미치며 그러한 경우에는 조정이 필요하다. 다른 방법에서처럼 필요한 조정의 신뢰성은 분석의 신뢰성에 영향을 미친다. 두 기업이 똑같은 산업에 속한다 하더라도 수익성은 시장 점유율이나 경쟁정도 등에 따라 달라진다.

4. 순이익률지표의 선택

거래순이익률법을 적용할 때 가장 적합한 순이익률지표(net profit margin indicators)를 선택해야 한다.(TP §2.82)

A. 순이익의 결정

영업활동항목이 아닌 소득세 등은 순이익률지표를 결정하는 데서 제외된다. 비일상적인 성격의 예외적이고 특별한 항목들은 일반적으로 제외된다. 그러나 언제나 이러한 항목을 제외하는 것은 아니며, 이들을 포함하는 것이 적절한 경우도 있다. 또한, 순이익률의 결정에 이들 항목을 제외하는 경우에도 이들을 검토할 필요가 있는데 분석대상이 일정한 위험을 부담한다는 사실 등 중요한 정보를 알 수 있다.(TP §2.86)

신용조건(credit terms)과 판매가격간에 상관관계가 있으면, 순이익률을 계산할 때 단기운용자본(working capital)에 대한 이자소득을 반영하는 자산집중도조정을 한다. 예를 들면, 대규모 도매업자가 공급업자와는 장기신용조건으로 거래하고 고객과는 단기신용 조건으로 거래하여 이익을 취하는 경우 추가적으로 현금을 융통할 수 있으므로 그에 따라 이러한 신용조건으로 거래하지 않을 때에 비해 고객에게 낮은 가격으로 판매할 수 있다.(TP §2.87)

외환 차익이나 차손을 순이익률의 결정에 포함할지 또는 제외할지는 이들이 위험회피 되지 않는 거래 채권 및 채무에 대한 차손익인지 및 분석대상이 이에 대한 책임이 있는지에 따라 다르다. 결론적으로, 분석대상이 외환위험을 부담하는 거래에 거래순이익률법을 적용하는 경우, 순이익률지표의 계산에 포함하거나 아니면 제외하여 외환손익을 일관성 있게 처리해야 한다.(TP §2.88)

이자가 사업소득에 해당하는 금융활동의 경우, 자본구조가 가격에 상당한 영향을 미치는 다른 상황과 마찬가지로 거래순이익률을 결정함에 있어 이자의 영향을 고려하는 것이 일반적으로 적절하다.(TP §2.89)

독립 비교대상의 일부 항목에 대한 회계처리가 불분명하거나 회계자료를 믿을 수 있게 측정하거나 조정할 수 없는 경우 비교가능성에 문제가 생긴다. 특히, 감가상각, 감모상각, 주식선택권(stock option) 및 연금비용(pension cost)의 경우 이러한 문제가 발생한다. 순이익의 결정에 이러한 항목들을 포함할 것인지는 종합적으로 판단해야 한다.(TP §2.90)

개업비용(startup costs) 및 폐업비용(termination costs)을 순이익의 산정에 포함해야 하는지는 사실관계 및 비교되는 상황에 따라 다른데, 정상거래를 하는 독립당사자들은 해당기능을 수행하는 당사자가 개업비용이나 폐업비용을 부담하거나, 이러한 비용의 일부 또는 전부를 이익가산없이 거래상대방이나 고객에게 배분하거나, 이러한 비용의 일부 또는 전부를 이익을 가산하는데, 즉 해당기능을 수행하는 당사자의 수익률지표의 계산에 이 비용을 포함한다.(TP §2.91)

B. 순이익률의 측정(weighting the net margin) 및 분모의 선택

순이익률지표의 분모(denominator) 선택은 비교가능성분석과 일관성이 있어야 하며 특히 당사자 간의 위험배분을 반영해야 한다. 운영위험(시장위험이나 재고위험 등)이 제한적인 경우에도 일부 제조활동과 같은 자본집약적 활동(capital intensive activities)에는 투자의 중요성 때문에 상당한 위험이 내재되어 있다. 이러한 사안에서 순이익률지표가 투자수익률(return on Investment), 즉 사용자본에 대한 수익 또는 자산에 대한 수익이라면 투자관련 위험이 반영된 것이다. 어떤 거래 당사자가 이러한 위험을 부담하느냐에 따라 또는 관계거래 및 비교대상거래에 나타나는 위험의 정도에 따라 이러한 지표를 조정해야 한다.(TP §2.92)

분모는 분석대상 거래의 당사자가 수행하는 기능의 가치와 관련된 지표와 상관성이 있어야 한다. 대부분의 경우 판매 및 유통의 영업비용은 도매활동에 대한 적절한 기준이 되고, 전부원가 또는 영업비용은 용역이나 제조 활동에 대한 적절한 기준이 되며, 영업자산은 일정한 제조활동이나 제조시설과 같은 자본집약적 활동(capital intensive activities)에 대한 적절한 기준이 된다.(TP §2.93)

비교대상과 분석대상의 순이익률지표 분모에는 관계거래의 자료를 쓰지 않는다. 의미 있는 일차함수가 되기 위해서는 하나 이상의 상수가 있어야 하는데, 관계거래 자료를 분모로 취하면 모든 항목이 변수가 되어 일정한 궤적을 가져야 하는 함수로서의 의미를 상실하기 때문이다. 예를 들면, 판매자가 제삼자 고객에게 재판매하기 위해 특수관계인으로부터 재화를 매입하는 거래를 분석할 때 매출원가에 대한 순이익률을 측정하면 안 되는데, 이 경우 매출원가는 평가되어야 하는 대상이기 때문이다. 마찬가지로, 특수관계인에게 용역을 제공하는 관계거래에 대해 용역매출에 대한 순이익률을 측정하면 안 되는데, 이는 특수관계 매출이기 때문이다. 분모가 분석대상이 아닌 특수관계인 간 비용에 실질적인 영향을 받는다면(특수관계인에게 지급하는 본사비용, 임대료 및 사용료 등), 이러한 특수관계인 간 비용이 실질적으로 분석결과를 왜곡시키지 않도록 주의해야 한다.(TP§2.94)

순이익률지표에는 아래와 같은 것이 있다. 선택된 거래순이익률지표는 분석대상 당사자와 독립된 제3자 사이에서 같은 기준으로 측정하고, 관계거래와의 직접적·간접적 관련성 및 영업활동과의 관련성 등을 고려하여 합리적인 수준까지 전체기업의 재무정보를 세분화하여 측정해야 한다.(국조칙 §6 ③)

| 순이익률 시표 |

순이익률지표	설명
영업이익률 → 국조령 §8 ① 1호	• 영업이익 (매출총이익 – 판매관리비)/매출 • 특수관계인으로부터 구매한 제품을 독립된 제3자에게 재 판매하는 경우에 사용. 이 경우 분석대상과 비교대상의 판매장려금, 매출할인, 외환손익에 대해 동일한 회계기준을 적용(국조칙 §6 ③ 1호)
자산수익률	• 영업이익/사업용 자산(보통 유형자산)

순이익률지표	설명
→ 국조령 §8 ① 2호	• 유형자산의 집약적인 제조활동, 자본집약적인 재무활동 등과 같이 분석대상 당사자가 창출한 거래순이익과 자산의 관련성이 큰 경우에 사용. 이 경우 자산의 범위에는 토지·건물·설비·장비 등 유형의 영업자산과, 특허권·노하우 등과 같이 영업활동에 사용되는 무형의 영업자산 및 재고 자산·매출채권(매입채무는 차감) 등과 같은 운전자본이 포함됨. 다만, 투자자산 및 현금은 금융산업인 경우에만 영업자산으로 인정(국조칙 §6 ③ 2호) • 자본수익률 또는 투자수익률로도 부르며, 일반적으로 영업자산에서 무형자산을 제외하며 영업이익에서도 무형자산 감가상각비를 제외
총원가가산율 → 국조령 §8 ① 3호	• 영업이익/총원가(매출원가+판매관리비) • 제삼자에게서 구매하여 관계기업에 판매하는 제조자에게 적용. 이 경우 매출원가 및 영업비용은 분석대상이 사용한 자산, 부담한 위험, 수행한 기능 및 영업활동과의 관련성을 고려하여 측정(국조칙 §6 ③ 3호) • 총원가는 전부원가(fully loaded cost)로도 부름.
베리비율 → 국조령 §8 ① 4호	• 매출총이익/판매관리비 • 판매자 및 제조자 모두에게 적용. 분석대상이 재고에 대한 부담 없이 단순 판매활동을 수행하는 경우(특수관계인으로부터 재화를 매입하여 또 다른 특수관계인에게 판매하는 단순 중개활동을 수행하는 경우)에 사용(국조칙 §6 ③ 4호)
기타 합리적 비율(국조령 §8 ① 5호) • 투자자본수익률 • 매출총이익률 • 매출원가가산율	• 영업이익/[사업용 자산(보통 유형자산) - 무이자채무(매입 채무)] • 매출총이익/매출액. 관계기업에서 구매하여 제삼자에게 판매하는 판매자에게 적용 • 영업이익/매출원가. 제삼자에게서 구매하여 관계기업에 판매하는 제조자에게 적용

C. 매출기준 순이익률지표

매출기준 순이익률지표 또는 영업이익기준 순이익률지표는 제삼자 고객에게 재판매하기 위해 특수관계인으로부터 매입하는 상품의 정상가격을 결정하기 위해 자주 사용된다. 이 경우, 분모의 매출액은 관계거래에서 매입된 품목의 재판매액이어야 한다. 제삼자 매입거래(제삼자에게 재판매하기 위해 제삼자로부터 매입)로 인한 매출은 관계거래의 대가를 결정하거나 검토하는데 포함되어서는 안 되며, 다만 관계거래와 독립거래가 너무 밀접하게 연결되어 구분하여 평가하기에 적절치 않은 경우에는 예외이다. 이러한 사례는 제삼자 고객에게 도매업자가 제공하는 판매 후 용역(after sales services)이나 부품판매와 관련하여 가끔 발생하는데, 이들 거래는 동일한 제삼자 고객에게 재판매하는 도매업자가 행하는 특수관계 매입거래와 밀접히 관련된다.(TP §2.96) 납세자나 비교대상이 고객에게 지급하는 리베이트(rebates)나 할인(discounts)을 어떻게 처리할 것인지가 문제가 된다. 회계기준에 따라, 리베이트나 할인은 수입금액의 차감 또는 비용으로 처리된다. 비슷한 문제가 외환 차익이나 차손과 관련하여 발생한다. 이러한 항목들이 실질적으로 비교가능성에 영향을 미치는 경우, 동일하게 놓고 비교하는 것이 중요하며 납세자와 비교대상에 동일한 회계기준을 적용해야 한다.(TP §2.97)

D. 원가기준 순이익률지표

원가기준의 순이익률지표는 원가가 분석대상의 수행기능, 사용자산 및 부담위험의 가치와 관련되는 경우에만 사용된다. 또한, 어떤 원가들을 대상원가에 포함할지는 사실관계를 면밀히 검토한 후에 결정해야 한다. 순이익률지표가 원가기준으로 측정되는 경우, 분석대상 관계거래와 직간접적으로 관련된 원가들만을 포함해야 한다. 따라서 다른 활동이나 거래와 관련된 원가를 분모에서 제거하기 위해 납세자의 회계를 적절한 수준으로 구분할 필요가 있다. 또한, 영업비 성격의 원가들은 분모에 포함되어야 한다.(TP §2.98) 대부분의 경우 전부원가를 사용하는데, 활동이나 거래에 배분되는 모든 직·간접 원가를 포함하며 사업의 간접관리비(overheads)도 적절히 배분해야 한다. 문제는, 정상거래 관점에서 납세자 원가의 상당부분을 이익과 관련없는 원가(순이익률지표의 분모에서 제외되어야 할 원가)

로 보는 경우 이를 인정할 것인지와 어느 정도 인정할 것인지이다. 정상거래를 하는 독립 당사자가 발생비용의 일부에 대해 대가를 지급하지 않을 것이라면, 이러한 비용은 제외하는 것이 적절하다. 이러한 판단은 내부(internal) 또는 외부(external) 원가인지의 구분에 따라 이루어지는 것이 아니라 비교가능성분석에 따라 이루어져야 한다.(TP §2.99)

정상거래관점에서 비용을 무시해야 하는 경우, 두 번째 문제는 이로 인해 비교가능성 및 정상가격범위에 미치는 결과이다. 동일하게 놓고 비교해야 하므로 납세자의 순이익률 지표 분모에서 상관없는 비용을 제외하는 경우, 비교대상의 해당비용 또한 비교대상의 순이익률지표 분모에서 제외되어야 한다. 비교대상의 비용구분에 대한 자세한 정보가 없는 경우, 이로 인해 실무적으로 비교가능성에 문제를 일으킬 수 있다.(TP §2.100)

상황에 따라, 실제원가(actual costs), 표준원가(standard costs) 및 예산원가(budgeted costs)를 원가기준으로 사용한다. 실제원가를 사용하면 분석대상이 원가를 세심하게 관리하는 경우 누려야 할 이익을 반영하지 못하므로 문제가 있다. 독립당사자 간의 계약에서 원가절감목표를 대가지급조건으로 하는 경우가 드물지 않다. 또한, 독립당사자간의 제조계약에서 표준원가기준으로 가격을 정하고 표준원가에 대비한 실제원가의 가감액을 제조자에게 배부하기도 한다. 이러한 거래들이 독립당사자 간에 정상적으로 이루어지는 계약을 반영하는 경우, 원가기준 거래순이익률법을 적용할 때 비슷한 방식을 사용할 수 있다.(TP §2.101) 또한, 예산원가(budgeted costs)를 사용하면 실제원가와 예산원가에 차이가 많을 경우 문제를 일으킨다. 독립당사자들이라면 예산을 책정할 때 어떤 요소를 감안할 것인지 사전에 합의하지 않거나 과거연도에 예산원가와 실제원가를 어떻게 다른 지를 검토하지 않은 경우, 예상치 못한 상황에 어떻게 대처할 것인지 정하지 않은 채 예산원가를 기준으로 가격을 책정하지는 않는다.(TP §2.102)

E. 재무상태표 기준 순이익률지표

1. 유형영업자산이 수익성(profitability)과 밀접한 관련이 있는 경우 신뢰성이 높다. 예를 들면, 유형고정자산(property, plant, equipment : PPE) 등의 제조자 영업자산은 판매자의 유형고정자산에 비해 수익성과 더 밀접한 관련이 있다. 판매자의 주된 부가가치는 판매자가 제공하는 용역으로 인한 것으로 영업자산과는 큰 관련이 없기 때문이다.
2. 분석대상의 자산구성내용이 비교대상과 다른 경우 신뢰성이 떨어진다. 자산이 다르다면 수익률도 다를 수 있기 때문이다. 예를 들면 고정자산은 가변성이 떨어져 유동자산보다 위험에 더 노출되므로 고정자산의 비율이 크다면 더 높은 수익률이 기대된다.
3. 비교대상과 분석대상의 유형자산과 무형자산의 상대적 비율이 다른 경우 신뢰성은 떨어진다. 무형자산을 자산에서 배제한다 해도 무형자산이 수익성에 기여한 부분을 제거할 수 없기 때문이다. 따라서 무형자산비율이 다른 경우 비교대상에서 제외해야 한다.
4. 자산을 계상하는 방법, 즉 장부가로 할 것인지 시장가로 할 것인지가 문제가 된다. 장부가를 사용하면 비교가 왜곡될 가능성이 있는데, 자산을 모두 감가상각한 기업과 최근에 자산을 취득하여 감가상각이 진행중인 기업간에 왜곡이 있을 수 있고 또한 매입한 무형자산을 사용하는 기업과 자체 개발한 무형자산을 사용하는 기업 간에 왜곡이 있을 수 있다. 시장가격을 사용하면 이러한 문제를 해소할 수 있지만, 자산의 평가가 불확실한 경우 신뢰성의 문제가 있으며, 또한 자산평가는 매우 어렵고 돈이 많이 드는데 특히 무형자산일 경우 그렇다. 가장 믿을만한 방법을 찾기 위한 노력의 일환으로 장부가치, 조정된 장부가치, 시장가치 및 기타 가능한 대안을 선택할 수 있다.(TP 2.104)

자산수익률(ROA)과 투자자본수익률(ROIC)은 재무상태표 항목을 분모로 사용한다. 지표가 자산에 대한 순이익인 경우, 투자자산 및 현금시재액을 제외한 영업자산(operating assets)이 사용된다. 영업자산은 토지 및 건물, 공장 및 설비 등의 유형영업고정자산(tangible operating fixed assets), 특허 및 노하우 등의 사업에 사용되는 영업무형자산(operating intangible assets) 및 재고 및 매출채권(매입채무차감) 등의 영업자본자산(working capital assets)을 포함한다. 투자자산이나 현금자산은 일반적으로 비금융분야에서는 영업자산에 해당하지 않는다.(TP 2.103)

F. 베리비율(Berry ratio)

베리비율은 듀퐁사례(dupont case, 1979)를 분석한 Berry교수의 이름을 딴 것이다. 베리비율은 손익계산서항목을 이용하는 순이익률지표의 일종으로 매출총이익을 판매관리비 (operating expense)로 나눈 비율이다. 판매관리비는 감가상각비를 포함한 판매비 및 일반 관리비 등을 의미한다. 매출총이익은 영업이익과 판매관리비를 합한 금액이므로 베리비율은 1+(영업이익/판매관리비)와 같으며 이익이 있는 기업의 베리비율은 1보다 크다. 베리비율은 사실상 원가가산법(cost plus method)의 변형에 해당한다. 제조자의 경우 제조원가에 일정한 이익을 가산한 가격을 정상가격으로 보는 것과 같이, 판매자의 용역원가, 즉 일반관리비에 일정한 수익을 가산한 가격을 정상가격으로 보기 때문이다.(TPH §20.3)

베리비율이 이전가격방법으로 인정되는 이유는 일반적으로 매출총이익은 기업이 용역을 수행한 데 대해서 받는 보상이라고 할 수 있으며, 수행기능은 영업비용 수준에 의해 측정된다고 보기 때문이다. 여기서 영업비용이란 이자비용·소득세를 제외한 모든 비용으로서 매출원가에 포함되지 않은 비용으로 합리적인 범위 내의 판촉비, 광고선전비, 감가상각비 등 판매비와 일반관리비를 의미한다.(국조통 5-4…1, TP §2.106) 이전가격방법으로 베리비율을 적용하는 것은 비교적 간편하나 다음과 같은 사항에 유의해야 한다.

가. 베리비율이 유용한 상황은 납세자가 특수관계인으로부터 재화를 매입하고 다른 특수관계인에게 그 재화를 즉시 판매하는 중개인 역할을 하는 경우이다. 이 경우, 제삼자에 대한 매출이 없으므로 재판매가격법은 적용할 수 없으며, 또한 판매재화의 원가에 대한 가산을 규정하는 원가가산법은 매출원가가 특수관계인 매입에 해당하므로 적절치 않다. 반면, 중개인(intermediary)의 경우 영업비용은 이전가격거래와는 특별하게 관련되지 않으므로 일반적인 상황에서 베리비율이 적절한 지표가 될 수 있으며, 다만 관계회사에 지급하는 본사비용, 임대료나 사용료 등의 관계회사비용에 의해 실질적으로 영향을 받는 경우가 있다.(TP 2.108) 제조업의 경우에는 생산량이나 자동화 정도에 따라 매출총이익과 영업비용이 반드시 비례한다고 볼 수 없다.

나. 베리비율은 영업비용과 수행용역이 상당한 상관관계가 있어야 한다. 베리비율은 영업비용 및 기타비용 등의 원가구분에 매우 민감하다. 판매제품의 가치가 관계거래에서 수행하는 기능(사용자산 및 부담위험을 감안하여)의 가치에 실질적으로 영향을 미치지 않는다. 즉, 기능의 가치가 매출에 비례하지 않는다. 관계거래에서 납세자는 다른 이전가격방법이나 재무지표를 사용하여 보상받아야 하는 다른 중요한 기능(제조기능 등)을 수행하지 않는다.(TP §2.107)

다. 영업비용 증가에 대응하여 매출총이익이 증가해야 한다. 매출에 비해 낮은 영업비용(10~15% 이하)을 계상하는 도매업자(wholesale distributor)는 매출대비 높은 영업비용을 계상하는 다른 회사에 비해 높은 베리비율을 나타낸다. 따라서 매출대비 낮은 영업비용의 회사를 매출대비 높은 영업비용의 회사와 비교하기 위해 베리비율을 쓰는데 주의를 기울여야 한다. 이는 판매시장 수준에 따라 베리비율이 달라질 수 있음을 의미한다. 그러나 판매량의 변화가 기능이나 위험의 변화를 초래하지 않는 경우 영업이익률보다는 베리비율이 더 신뢰성이 있다.

라. 비교대상과 회계처리방식이 다른 경우에는 동일한 회계처리 방식하에서 비교가 될 수 있도록 조정해야 한다.

[관련 예규]

▶ 코스닥상장 내국법인의 주식을 국외특수관계자에 현물출자

국외특수관계자에 해당하는 법인에 현물출자하는 코스닥상장 내국법인의 주식의 정상가격은 거래일 당일의 한국증권선물거래소의 최종시세가액으로 할 수 있으나, 그 가액보다 비교가능성이 더 높은 거래가액이 존재하는 경우에는 그 거래가액으로 합니다. [서면2팀-1977, 2007.11.01]

▶ 정상가격의 산출방법

내국법인이 국제조세조정에관한법률 제2조 제1항 제9호의 국외특수관계자에게 제품을 판매함에 있어, 판매가격이 동 국외특수관계자와 비특수관계에 있는 제3자에 대한 판매가격이 확정된 후 그 가격에서 국외특수관계자에 대한 일정률의 수수료를 차감한 금액으로 결정되는 경우, 이에 따라 내국법인이 국외특수관계자에게 재판매하는 가격에 대하여 국제조세조정에관한법률 제5조의 규정에 따른 정상가격을 산출함에 있어, 정상가격이 내국법인과 국외특수관계자가 특수관계거래로 인하여 함께 실현한 거래순이익의 합계액(결합이익)을 거래당사자(내국법인과 국외특수관계자) 각각의 상대적 공헌도에 따라 배부한 결과를 토대로 산정되었다면 동 정상가격은 같은 법률시행령 제4조 제1호의 이익분할법에 의하여 산출된 가격으로 볼 수 있는 것입니다. [서이 46017-10171, 2001.9.14]

금전차용에 따른 정상가격 이자율
외국인투자기업이 국외특수관계자로부터 금전을 차용하고 이에 따라 적용되는 이자율은 정상가격 관련 규정에 따라 산정된 이자율을 말합니다. [서이 46017-12539, 2001.08.04]

해외특수관계자에 대한 미수금의 과세 및 그 처분방법
내국법인이 해외특수관계자와의 거래에 따라 지급받기로 한 금액을 특수관계없는 사인간의 거래나 건전한 사회통념 내지 상관행상 통용될 수 있는 특별한 사유없이 장기간 지급받지 아니하고 그 대가를 미수금으로 처리했을 때 동 거래는 조세를 부당하게 감소시킨 경우에 해당하며 동 미수금은 해외특수관계자에 대한 대여금으로 보아야 하며, 이 경우 적용되는 대여금에 대한 이자율, 익금가산금액 및 익금가산된 금액의 소득처분방법 등은 국제조세조정에관한법률 시행 이전의 경우 구 법인세법시행령 제47조, 동법시행령 제94조의 2 제1항 제1호 마목의 규정에 따라 처리하며, 국제조세 조정에 관한법률 시행이후의 경우 국제조세조정에관한법률 제2조 제10호, 제5호 및 동법시행령 제15조 제3호의 규정에 따라 각각 처리하는 것입니다. [국이 46522-550, 1999.8.13]

제3장

비교가능성 분석

제1절 비교가능성 분석목적과 분석절차

1. 비교가능성 분석목적

비교가능성 분석은 정상거래원칙을 적용하기 위한 핵심이다. 당사자들이 독립적인 비교가능상황에서 비교가능거래를 수행하는 경우 이루어졌을 조건과 관계거래의 조건을 비교하여 이를 기초로 정상거래원칙을 적용한다. 이러한 분석에는 2가지 중요한 관점이 있는데, 첫째로 관계거래를 정확히 기술하기 위해 관계기업들의 상업재정관계를 식별하고 그 관계를 둘러싼 조건과 관련 경제상황을 인식하며, 둘째로 정확히 기술된 관계거래의 조건과 관련 경제상황을 독립기업의 조건 및 관련 경제상황과 비교한다.(TP §1.33)

관계기업들 간의 상업재정관계와 그러한 관계에 내포된 조건 및 관련 경제상황을 식별하는 과정에서 다국적기업그룹이 영업을 하는 산업분야(광업, 제약, 사치품)와 해당 산업분야의 사업수행에 영향을 주는 요소들에 대한 넓은 이해가 필요하다. 해당 산업분야의 사업수행에 영향을 주는 요소들에 다국적기업그룹이 어떻게 대응하는지 전반적으로 보여주는 그룹의 사업개황에서 이해를 넓힐 수 있는데, 그러한 요소들에는 사업전략, 시장, 상품, 공급사슬, 수행되는 주요기능, 사용되는 유형자산, 부담하는 주요위험이 있다. 이러한 정보는 납세자의 기본파일(master file)의 일부로 포함되는데, 다국적기업그룹 구성원들 간의 상업재정관계를 파악할 수 있는 유용한 자료이다.(TP §1.34) 그 다음에 어떻게 다국적기업그룹의 기업이 활동하는지 식별하고 기업이 무엇을 하는지(제조회사, 판매회사)를 분석하며, 관계거래에서 기술된 상업·재정관계를 식별한다. 관계기업들의 실제 거래의 정확한 기술에는 거래의 경제적 관련 특성의 분석이 필요하다. 경제적 관련 특성이란 거래조건과 거래가 이루어지는 관련 경제상황을 말한다. 정상거래원칙의 적용은 독립당사자들이 비교가능상황에서 비교가능거래에 합의하였을 조건을 판단하는 문제이다. 그러므로 독립거래와 비교하기 전에 관계거래에서 나타나는 상업재정관계의 경제적 관련 특성을 식별하는 것이 필수적이다.(TP §1.35)

경제적 관련특성 또는 비교가능성요소들은 이전가격분석의 2가지 단계에서 사용된다. 첫째 단계는 관계거래의 정확한 기술과정과 관련되며 관계기업이 수행하는 거래의 특성과 조건, 수행기능, 사용자산, 부담위험을 확인하고, 거래상품이나 제공용역의 성격, 관계기업의 상황을 위 유형에 따라 정의하는 과정이다.(TP §1.37) 독립기업들은 거래조건을 정할 때 그 거래를 현실적으로 가능한 다른 대안에 비교하여 사업목표를 달성하기 위한 더 좋은 기회를 제공하는 다른 대안이 없는 경우에만 그 거래를 한다. 다른 말로 하면, 독립기업들은 최선의 대안보다 나쁘지 않은 거래가 아닌 경우에만 그 거래를 한다. 예를 들면, 어떤 기업이 다른 잠재고객이 비슷한 상황에서 자기상품을 더 비싸게 사거나 같은 가격에 더 좋은 조건을 제시할 것을 안다면 또 다른 독립기업이 제시하는 가격을 받아들이지 않을 것이다. 독립기업들은 대안을 검토할 때 일반적으로 현실적으로 가능한 대안들 사이의 경제적으로 관련된 차이(위험수준의 차이 등)를 고려한다. 그러므로 거래의 경제적 관련특성을 식별하는 것은 관계거래를 정확히 기술하고, 선택된 거래가 현실적으로 가능한 다른 대안보다 사업목적에 맞는 명백히 더 좋은 기회를 제공한다는 결론에 도달하기 위해 거래당사자들이 고려해야 하는 일련의 특성들을 드러내는 데 있어 중요하다. 이러한 평가를 함에 있어, 여러 거래를 합하여 거래를 평가하는 것이 필요하고 유용한데, 제삼자에게 현실적으로 가능한 대안의 평가는 단일거래로 국한되는 것이 아니라 경제적으로 관련된 일련의 거래를 고려해야 하기 때문이다.(TP §1.38)

둘째 단계는 관계거래의 정상가격을 결정하기 위해 관계거래와 독립거래를 비교하는 절차와 관련된다. 이러한 비교를 위해, 납세자와 과세당국은 우선 관계거래의 경제적 관련 특성을 파악해야 한다. 비교되는 상황들 간에 비교가능성이 있는지 그리고 비교가능성을 확보하기 위해 어떤 조정이 필요한지를 판단하기 위해 관계거래와 독립거래의 경제적 관련 특성의 차이를 고려해야 한다.(TP §1.39)

2. 비교가능성 분석절차

비교는 말 그대로 두 가지 상황, 즉 관계거래 및 독립거래를 비교한다는 의미이다. 비교대상 탐색은 비교가능성분석의 일부분이다. 비교대상 탐색을 비교가능성분석과 혼동하거나 구분해서는 안 된다. 잠정적인 비교대상후보에 대한 정보탐색과 비교대상의 식별과정은 납세자의 관계거래 및 그로부터 추출한 비교가능성 요소의 사전분석을 바탕으로 이루어진다.(TP §3.1) '합리적으로 믿을만한 비교대상(reasonably reliable comparables)'은 주어진 사안의 상황에서 가장 믿을만한 비교대상을 의미 한다.(TP §3.2) 분석과정의 투명성을 높이기 위해서, 이전가격을 입증하기 위해 비교대상을 사용하는 납세자나 이전가격규정을 입증하기 위해 비교대상을 사용하는 과세당국 모두 사용되는 비교대상의 신뢰성을 평가할 수 있는 적절한 입증서류를 관련 당사자(세무조사관, 납세자 및 외국 과세당국)에게 제공할 준비가 되어 있어야 한다.(TP §3.3)

비교가능성 분석은 납세자의 사업환경 및 관계거래 분석, 내부 및 외부 비교가능거래에 대한 자료수집, 이전가격방법의 선택 및 가격·이윤 또는 거래순이익 산출, 비교가능거래 선정 및 합리적인 차이 조정 등의 분석절차를 통해 이루어진다.(국조령 §15)

▎비교가능성 분석절차(국조령 7조, TPG 3.4)▎

순서	설명
1단계	분석대상 사업연도의 선정
2단계	사업환경 분석 : 산업, 경쟁, 규제 요소 등 거래와 관련된 납세자 사업환경의 전반적인 분석(broad analysis)
3단계	관계거래 분석 : 국내외 분석대상 당사자, 적합한 이전가격방법의 선택, 핵심적인 비교가능성분석요소의 식별 등을 위한 분석

순서	설명
4단계	내부 비교가능거래에 대한 자료수집과 검토 : 분석대상 당사자가 특수관계 없는 독립된 사업자와 한 거래에 대한 자료의 수집과 이에 대한 분석
5단계	외부 비교가능거래에 대한 자료수집과 검토 : 특수관계 없는 제3자 간의 거래를 파악하기 위한 상업용 데이터베이스 등 이용 가능한 자료의 수집 및 관계거래와의 관련성 분석
6단계	가장 합리적인 이전가격방법의 선택 및 선택된 산출방법에 따라 요구되는 재무지표(거래순이익률 지표를 포함한다)의 선정 정의)
7단계	비교가능거래의 선정 : 비교가능성분석요소를 바탕으로 독립된 제3자 거래가 비교가능 거래로 선정되기 위해 갖추어야 할 특성을 검토하여 선정
8단계	합리적인 차이 조정 : 회계기준, 재무정보, 수행한 기능-사용된 자산-부담한 위험 등 관계거래와 독립된 제3자 거래 간의 가격 및 이윤 등에 실질적인 차이를 유발하는 요인들에 대한 합리적인 조정
9단계	수집된 자료를 해석하고 사용하여 정상가격을 결정

실무적으로, 이러한 분석과정이 순차적으로 일어나는 것은 아니다. 특히 5단계부터 7 단계는 만족할 만한 결과를 얻을 때까지, 즉 최적방법이 선택될 때까지 반복해서 행해지는데, 이는 가능한 정보자료의 검토가 이전가격방법의 선택에 영향을 미치는 사례가 자주 발생하기 때문이다. 예를 들면, 비교가능거래에 대한 정보를 찾을 수 없는 경우(7단계) 또는 합리적으로 정확한 조정을 할 수 없는 경우(8단계), 납세자는 다른 이전가격방법을 선택하거나 4단계부터 과정을 다시 반복해야 한다.(TP §3.6)

제2절 재화와 용역의 특성

공개시장에서 재화나 용역의 가치의 차이는 재화나 용역의 특성(characteristics of property or services)의 차이 때문에 나타나는 것이 보통이다. 그러므로 이러한 특성의 비교는 거래를 기술하고 관계거래와 독립거래의 비교가능성을 판단하는 데 도움이 된다. 검토해야 할 중요 특성에는 다음과 같은 것들이 있다.(TP §1.127)

｜재화와 용역의 특성(국조칙 5조 1항)｜

거래의 구분	구분되는 특성
유형자산	재화의 물리적 특성, 품질 및 신뢰도, 공급물량·시기 등 공급여건
용역	제공되는 용역의 특성 및 범위
무형자산	거래유형(사용허여 또는 판매 등), 자산의 형태(특허권, 상표권, 노하우 등), 보호기간과 보호정도, 자산사용으로 인한 기대이익

이전가격방법에 따라, 이러한 특성은 중요하거나 중요하지 않을 수 있다. 비교가능제삼자가격법에서는 재화나 용역의 비교가능성 요건이 가장 엄격하다. 비교가능제삼자가격법에서는 재화나 용역의 중요한 차이는 가격에 영향을 미칠 수 있으며 적절한 조정을 해야 한다. 재판매가격법이나 원가가산법에서 재화나 용역의 약간의 차이는 총이익률이나 원가가산율에 중요한 영향을 미치지 않는다. 재화나 용역의 특성의 차이는 또한 전통적거래방법의 경우에 비해 거래이익방법의 경우에 덜 민감하다. 그렇지만 이는 재화나 용역의 특성에 있어 비교가능성의 문제가 거래이익방법을 적용하는 경우 무시될 수 있다는 의미는 아닌데, 제품차이는 검토대상기업의 수행기능, 사용자산 및 부담위험의 차이를 내포할 수 있기 때문이다.(TP §1.128)

실무적으로, 총이익이나 순이익 지표를 기반으로 한 방법에 대한 비교가능성분석은 보통 제품유사성보다는 기능유사성을 더 강조한다. 비슷한 기능이 수행되는 경우 다른 제품을 포함하는 독립거래를 포함하도록 비교가능성분석의 범위를 넓히기도 한다. 그렇지만, 이러한 방법을 허용할지는 제품차이가 비교의 신뢰성에 미치는 영향과 더 믿을 만한 자료를 입수할 수 있는지 여부에 달려 있다. 비슷한 수행기능을 기준으로 많은 비교 대상후보를 포함하도록 탐색범위를 넓히기 전에, 이러한 거래들이 관계거래에 대한 믿을 만한 비교대상이 될 수 있는지 먼저 생각해야 한다.(TP §1.129)

제3절 기능(Functions)

거래 당사자가 수행한 기능은 거래 당사자뿐만 아니라 거래 당사자와 특수관계가 있는 자 모두를 고려하여 전체적으로 사업활동이 수행되고 있는 방식, 거래 상황 및 관행을 종합적으로 고려해야 한다.

두 독립기업들의 거래에서 대가는 보통 각 기업의 사용자산 및 부담위험을 고려한 수행기능을 반영한다. 그러므로 관계거래를 기술하고 관계거래와 독립거래 사이의 비교가능성을 판단할 때, 기능분석이 필요하다. 이러한 기능분석은 경제적으로 거래당사자가 수행한 중요한 활동과 책임, 사용되거나 기여된 자산, 부담한 위험을 식별하기 위한 것이다. 분석은 당사자가 실제로 수행한 활동과 그 능력에 초점을 둔다. 이러한 활동과 능력에는 사업전략과 위험에 대한 결정과 같은 의사결정이 포함된다. 이를 위해, 다국적기업그룹의 구조와 조직을 이해하고, 이들이 다국적기업의 활동에 어떠한 영향을 주는지 이해하는 것이 도움이 된다. 특히, 그룹 전체적으로 가치가 어떻게 창출되는지, 관계기업들이 그룹의 다른 기업들과 함께 수행하는 기능의 상호의존, 관계기업들의 가치창출에 대한 기여를 이해하는 것이 중요하다. 또한 기능을 수행하는데 있어 각 당사자의 법적 권리와 의무를 판단하는 것도 관련이 있다. 한 당사자가 거래에서 다른 당사자에 비해 많은 기능을 수행할 수 있지만, 무엇보다 의미있는 것은 거래의 각 당사자에게 빈도, 성격 및 가치의 관점에서 그러한 기능의 경제적 중요성이다.(TP §1.51)

당사자들의 실질적 기여, 능력 및 기타 특징들은 그들에게 현실적으로 가능한 대안에 영향을 미친다. 예를 들면, 어느 관계기업이 그룹을 위해 운송용역을 제공한다. 그 운송 회사는 한 지역에서 공급유통에 장애가 발생하는 경우에 대비하기 위해 몇 개 지역에서 여유공간을 보유한 창고를 운영해야 한다. 지역의 통합이나 여유공간의 감소를 통해 높은 효율성을 확보하는 선택은 가능하지 않다. 그러므로 독립운송회사가 공급유통의 장애위험을 줄이기 위해 동일한 능력을 제공하지 않는 상황이라면, 관계기업의 기능과 자산은 독립운송회사의 그것과 다르다.(TP §1.52) 그러므로 상업재정관계의 경제적 관련 특성을 식별하는 과정에서 당사자 능력에 대한 고려, 그러한 능력이 현실적으로 가능한 대안에 미치는 영향, 비교대상의 정

상계약에 비슷한 능력이 반영되는지 여부에 대한 판단을 포함해야 한다.(TP §1.53)

기능분석시 고려해야 할 요인으로는 다음과 같은 것들이 있다.(국조칙 §5 ①, TP §1.54)

> 1. 연구개발, 제품디자인
> 2. 설계, 제조, 조립, 포장, 품질관리, 제품서비스
> 3. 구매 및 자재관리
> 4. 시장조사, 마케팅, 판매, 유통관리(재고관리, 제품보증, 광고)
> 5. 수송 및 창고보관
> 6. 관리, 법무용역, 회계 및 재무, 신용 및 대금회수, 훈련, 인사관리
> 7. 무형자산 대여, 기술훈련 및 기술지원, 공정 엔지니어링
> 8. 엔지니어링 및 건설관련 용역
> 9. 유형고정자산, 무형자산, 금융자산과 같은 사용자산의 유형을 고려하고, 또한 사용연수, 시장 가치, 소재지, 재산권보호 등과 같은 사용자산의 상태

기능분석에서 다국적기업그룹이 고도로 통합된 기능을 여러 관계회사들을 통해 분할하고 있는지 여부를 알 수 있다. 분할된 활동들은 상당히 상호의존할 수 있다. 예를 들면 운송, 보관, 마케팅 및 판매기능을 수행하는 여러 법인들로 분할하는 경우 분할활동들이 효과적으로 상호작용하도록 하기 위해 상당한 조정이 필요하다. 판매활동은 마케팅활동에 상당히 의존하며, 마케팅활동의 예상결과를 포함한 판매수행은 선적과정과 운송능력의 조정을 필요로 한다. 분할활동을 수행하는 관계기업들의 일부 또는 전부가 이렇게 필요한 조정을 수행하거나, 별도의 조정기능을 통해 수행하거나, 아니면 이 2가지를 복합하여 수행한다. 위험은 모든 당사자들의 기여를 통해 완화되거나, 조정기능이 위험완화활동을 주로 수행한다. 이에 따라, 분할활동에서 상업재정관계를 식별하는 기능분석을 수행하는 경우 그 활동들이 상당히 상호 의존하는지, 상호의존한다면 상호의존의 성격과, 관계기업들이 기여하는 상업활동이 어떻게 조정되는지 판단하는 것이 중요하다.(TP §1.55)

제4절 위험(Risk)

1. 위험분석의 의미

　실제로 예상되는 위험은 관계기업들 간의 거래가격이나 기타조건에 영향을 주기 때문에, 각 당사자가 부담하는 중요한 위험을 식별하지 않고 고려하지 않는다면 기능분석은 불완전하다. 보통 공개시장에서 예상되는 위험의 증가는 또한 기대수익의 증가로 보상되는데, 실제수익은 위험이 실제로 실현된 정도에 따라 증가하거나 증가하지 않는다. 그러므로 위험의 수준과 예상은 이전가격분석의 결과를 판단하는데 중요한 경제적 관련특성 (economically relevant characteristics)이다.(TP §1.56) 위험은 사업활동에 내재한다. 기업들은 수익을 낼 기회를 찾기 위해 상업활동을 하지만 그 기회는 불확실성을 동반하는데, 기회를 추구하는데 필요한 자원이 예상보다 크거나 기대수익을 창출하지 못할 수 있다.

　위험식별은 기능과 자산의 식별과 함께 이루어지는데 관계기업의 상업·재정관계의 식별 과정과 거래의 정확한 기술과정에 포함된다.(TP §1.57) 사업기회와 관련된 위험부담은 공개시장에서 그 기회의 기대이익에 영향을 미치며, 계약 당사자들 간의 부담위험 배분은 거래가격을 통해 거래손익을 어떻게 정상적으로 배분하는지에 영향을 미친다. 그러므로 관계거래와 독립거래 그리고 관계당사자와 독립당사자를 비교하는 경우, 어떠한 위험을 부담하는지, 이러한 위험의 부담 또는 그 결과에 관련되거나 영향을 주는 어떠한 기능이 수행되는지, 그리고 어느 거래당사자가 이 위험을 부담하는지 분석해야 한다.(TP §1.58) 기능이나 자산에 비해 위험이 더 중요하다는 의미로 받아들여서는 안 된다. 어떤 거래에서 기능, 위험 및 자산의 관련성은 상세한 기능분석을 통해 결정되어야 한다. 거래에서 위험은 기능이나 자산보다 식별하기 어려우며, 어느 관계기업이 거래의 특정위험을 부담하는지 결정하는 데 면밀한 분석이 필요하다.(TP §1.59)

2. 위험관리와 위험부담

A. 위험 관리

'위험관리(risk management)'는 사업활동과 관련된 위험을 평가하고 대응하는 기능을 말한다. 위험관리는 다음 3가지 요소로 구성된다.(TP §1.61)
- 위험한 활동을 선택하거나, 그만두거나 줄이는 결정을 할 능력
- 의사결정기능을 실제로 수행하면서 사업기회와 관련된 위험에 대응할 것인지 및 어떻게 대응할 것인지 결정할 능력
- 위험을 완화할 능력. 이는 위험완화작업을 실제로 하면서 위험결과에 영향을 미칠 방법을 강구할 능력을 말한다.

일부 위험관리기능은 사업기회(commercial opportunities)를 창출하고 추구하는 기능을 수행하고 자산을 사용하는 당사자만이 행사할 수 있는 반면, 다른 위험관리기능은 다른 당사자도 행사할 수 있다. 수익을 최적화하는 활동의 수행과 달리 위험관리는 별도대가를 받아야 하는 별도기능에 의해 이루어져야 한다고 생각해서는 안 된다. 예를 들면, 개발활동을 통한 무형자산개발은 실시가능기준에 입각한 사양에 따라 적시에 개발을 수행하는 것과 관련된 위험의 완화를 포함하는데, 개발기능수행 그 자체를 통해 특정위험이 완화된다. 예를 들면, 관계기업들간 계약이 연구개발계약인 경우 개발활동을 통해 수행된 위험완화기능에 대한 대가는 정상용역대가에 포함된다. 무형자산위험이나 이러한 위험과 관련된 잔여소득은 용역공급자에게 배분되지 않는다.(TP §1.62)

위험관리는 위험부담과 같은 의미는 아니다. 위험부담(risk assumption)은 위험으로 인한 수익의 증가나 감소의 결과를 감수한다는 의미로, 위험을 부담한 당사자는 위험이 실현되면 재정 또는 다른 결과를 또한 부담한다. 위험관리기능의 일부를 수행하는 당사자는 그 관리활동에 해당하는 위험을 부담하지 않고, 위험부담 당사자의 지시에 따라 위험 완화기능을 수행하도록 고용되기도 한다. 예를 들면, 위험부담 당사자의 세부지시에 따라 특정제조과정의 품질관리를 하는 당사자로부터 상품반환위험을 일상적으로 완화하는 업무를 외부조달할 수 있다.(TP §1.63)

B. 위험 부담

"위험부담"은 위험을 부담할 재정능력은 위험을 부담하거나 위험을 없애거나, 위험완화기능에 대한 대가를 지급하거나, 위험이 실현되면 그 결과를 책임질 자금능력으로 정의된다. 위험부담 당사자의 자금능력(access to funding)은 위험이 실현되면 예상되는 손실을 충당하기 위해 가능한 자산과 필요한 경우 현실적으로 가능한 추가적 유동성을 고려해야 한다. 이러한 판단은 위험부담 당사자가 관계기업과 같은 상황에서 제삼자로서 활동한다는 전제 하에 이루어져야 하며, 정상거래원칙에 따라 정확히 기술되어야 한다. 예를 들면, 소득창출자산의 이용권리는 그 당사자에게 가능한 자금원이 될 수 있다. 위험부담 당사자가 위험과 관련된 자금소요를 충당하기 위해 그룹으로부터 자금을 받는 경우, 자금을 제공하는 당사자는 재무위험을 부담하지만 자금을 제공했다는 이유만으로는 추가자금이 필요한 특정 위험을 부담하는 것은 아니다. 위험을 부담할 재정능력이 결여된 경우 분석의 5단계에 따라 위험배분을 위한 추가검토가 필요하다.(TP §1.64)

C. 위험 통제

"위험통제"는 위에서 정의한 위험관리 요소들 중 2가지를 포함하는데, (i) 위험한 활동을 선택하거나, 그만두거나 줄이는 결정을 할 능력, (ii) 의사결정기능을 실제로 수행하면서 사업기회와 관련된 위험에 대응할 것인지 및 어떻게 대응할 것인지 결정할 능력이 그것이다. 위험을 통제하기 위해 일상적 위험완화활동을 수행할 필요는 없다. 이러한 일상적 위험완화활동은 외부조달이 가능하다. 그런데 이러한 일상적 위험완화활동을 외부 조달하는 경우 위험통제는 외부조달활동의 목표를 정할 능력을 의미하는데, 이는 위험완화기능의 제공자를 고용하는 결정을 하고, 그 목표가 적절히 이루어졌는지 평가하며, 필요한 경우 용역제공자와 계약을 체결하거나 해지하는 결정을 하기 위한 판단과 의사결정을 포함한다. 이러한 위험통제의 정의에 따라, 당사자는 위험통제를 하기 위해서 이러한 능력과 수행기능을 모두 갖추어야 한다.(TP §1.65)

특정위험에 대한 의사결정기능 수행능력 및 그 의사결정기능의 실제수행에는 그러한 결정의 결과로 예상되는 위험의 감소 및 증가를 평가하고 사업에 대한 결과를 평가하는데 필요한 정보분석에 기초한 위험의 이해가 필요하다. 의사결정자는 결정을 해야 하는 특정위험분야에 대한 능숙함과 경험이 있어야 하며 그 결정이 사업에 미치는 영향을 이해해야 한다. 의사결정자는 정보를 스스로 수집하거나, 의사결정과정을 돕기 위한 정보를 특정하고 입수할 권한을 행사하여 관련정보를 입수해야 한다. 이 경우, 의사결정자는 정보의 수집과 분석의 목적을 정하고, 정보를 수집하고 분석을 담당할 당사자를 고용하며, 올바른 정보가 수집되고 분석이 적절히 이루어지는지 평가하며, 필요한 경우 해당 용역제공자와 계약을 하거나 해지할 능력이 있어야 하는데, 이는 이러한 평가나 의사결정에 모두 필요하다. 다른 지역에서 이루어진 결정의 형식적 승인을 위해 조직된 회의, 이사회 회의록과 결정관련 서류의 서명 형태의 형식적 의사결정 결과, 또는 위험관련 정책상황 결정만으로는 위험통제에 해당할 정도로 충분한 의사결정기능의 행사로 볼 수 없다.(TP §1.66)

"위험통제(control over risk)"라는 말을 위험 그 자체에 영향을 미칠 수 있다거나 불확실성을 완전 해소할 수 있다는 의미로 받아들여서는 안 된다. 일부위험은 인위적으로 통제할 수 없으며 사업활동을 하는 모든 사업에 영향을 미치는 사업활동의 일반조건이다. 예를 들면, 일반적 경제상황과 상품가격주기는 영향을 받는 다국적기업그룹의 통제범위 밖에 있다. 대신 위험통제는 위험을 부담할지 결정하고, 투자시점, 개발프로그램의 성격, 마케팅전략의 설계, 생산수준의 설정을 통해 그 위험에 대처할지 및 어떻게 대처할지 결정하는 능력과 권한으로 이해되어야 한다.(TP §1.67)

D. 위험 완화

"위험완화(risk mitigation)"란 위험의 결과에 영향을 줄 것으로 예상되는 방법을 말한다. 이러한 방법에는 불확실성을 감소시키는 방법이나 위험의 이익감소효과가 일어나는 경우 그 결과를 감소시키는 방법을 포함한다. 위험통제를 위험완화방법을 선택해야 한다는 의미로 받아들여서는 안되는데, 위험을 평가할 때 사업가는 사업활동에 내재하는 위험과 같은 일부위험과 관련된 불확실성을 평가한 후에 기회를 창출하고 최대화하기 위해 위험을 부담하고 직면해야 하기 때문이다.(TP §1.68)

3. 위험의 분석절차(국조칙 10조 1항, TPG 1.60)

■ 위험의 분석절차 ■

국조칙 제10조 【기능 평가를 위한 위험 분석】
　영 제16조제1항제2호에 따라 거래 당사자가 수행한 기능을 평가할 때 거래 당사자가 부담한 위험은 다음 각 호의 순서에 따라 분석한다. 〈개정 2025.3.21〉
1. 거래에 수반되는 경제적으로 중요한 위험의 식별
2. 계약 조건에 따라 거래 당사자가 부담하는 위험의 결정
3. 다음 각 목의 사항을 고려한 위험에 관한 기능 분석
　가. 거래 당사자의 행위 및 거래와 관련된 그 밖의 사실관계를 바탕으로 해당 거래를 통해 발생한 경제적 이익 또는 손실이 실제로 귀속되는 거래 당사자의 식별
　나. 거래 당사자가 수행한 위험에 대한 다음의 관리·통제 기능
　　1) 연구·개발 투자 또는 사업용 자산에 대한 투자 등 위험이 수반되는 활동의 개시 여부에 관한 의사결정
　　2) 위험과 관련된 거래 상황의 변화에 적절히 대응하고 위험을 감소시키기 위한 의사결정
　다. 거래 당사자의 위험을 부담할 수 있는 다음의 재정적 능력
　　1) 위험이 수반되는 활동을 개시하기 위한 자금을 동원할 수 있는 능력
　　2) 위험을 감소시키기 위한 활동에 사용되는 비용을 부담할 수 있는 능력
　　3) 거래 상황의 변화에 따라 발생한 손실을 부담할 수 있는 능력
4. 제2호 및 제3호의 분석 결과를 종합하여 다음 각 목에 따라 거래 당사자가 부담한 위험의 재배분
　가. 제2호 및 제3호 가목에 따른 분석 결과의 비교. 이 경우 제2호와 제3호가목에 따른 분석 결과가 다른 경우에는 제3호 가목에 따라 위험을 부담하는 것으로 본다.
　나. 거래 당사자가 부담한 위험의 최종 결정. 이 경우 이 호 가목에 따라 위험을 부담하는 거래 당사자가 제3호나목에 따른 위험에 대한 관리·통제 기능을 하지 않거나 같은 호 다목에 따른 위험을 부담할 재정적 능력이 없는 경우에는 해당 거래에서 실제로 위험에 대한 관리·통제 기능을 하고 위험을 부담할 재정적 능력을 가진 거래 당사자가 위험을 부담하는 것으로 본다.

제5절 거래의 계약조건(Contractual terms)

거래란 당사자들의 상업재정관계의 결과 또는 표현이다. 관계거래는 서면계약으로 공식화되는데 이는 계약이 체결되는 때에 계약에 포함된 거래의 양상과 관련하여 당사자들의 의지를 반영한 것으로 보통 책임의 구분, 의무와 권리, 식별된 위험의 추정, 가격조건 등이 포함된다. 서면계약의 합의를 통해 관계기업들이 거래를 공식화하는 경우, 이러한 합의는 관계거래를 기술하는 출발점이 되며 계약체결 당시에 책임, 위험 및 거래로 인한 예상결과를 어떻게 분할하기로 했는지 보여 준다. 거래조건은 또한 서면계약이 아닌 당사자들 간의 의사소통에서도 발견된다.(TP §1.42)

그런데, 서면계약만으로 이전가격분석을 수행하는데 필요한 모든 정보를 얻거나 또는 그 계약조건에 대한 자세한 정보를 얻을 수는 없다. 다른 4가지 유형의 경제적 관련특성에 따른 상업재정관계에 대한 증거를 검토하여 추가 정보를 수집해야 한다. 사용자산과 부담위험을 고려하여 거래의 각 당사자가 수행하는 기능, 거래되는 재화나 제공되는 용역의 특성, 당사자들의 경제상황과 당사자들이 활동하는 시장의 경제상황, 당사자들이 추구하는 사업전략이 그것이다. 이러한 5가지 유형의 경제적 관련특성의 분석에서 모두 관계기업들의 실제거래의 증거를 볼 수 있다. 이 증거는 유용하고 일관된 정보로서 서면 계약조건의 내용을 분명하게 한다. 계약해석의 원칙을 고려할 때 명시적이든 묵시적이든 계약이 거래의 경제적 관련특성을 보여주지 않는 경우, 이전가격목적상 이러한 특성을 검토하여 확인한 증거로 계약에 나타난 정보를 보완해야 한다.(TP §1.43)

제6절 경제적 환경

1. 시장차이

같은 재화나 용역이 포함된 거래에 대해도 서로 다른 시장들에서 정상가격은 다양할 수 있다. 그러므로 비교가능성을 찾는 것은 독립기업과 관계기업이 활동하는 시장에 있어 가격에 중요한 영향을 미치는 차이나 적절한 조정을 할 수 없는 차이가 있으면 안 된다. 첫 단계로, 가능한 대체 재화나 용역을 고려한 관련 시장을 식별하는 것이 필수적이다. 시장의 비교가능성을 결정하는데 관련된 경제적 환경에는 다음과 같은 것들이 있다. 경제상황의 차이가 가격에 중요한 영향을 미치는지, 이러한 차이로 인한 효과를 제거하기 위해 합리적으로 정확한 조정이 가능한지 여부를 사실관계를 고려하여 판단해야 한다.(TP §1.130, §1.131.)

2. 시장수준차이

시장수준 차이는 매출규모 차이를 의미한다. 매출규모 차이는 영업이익률과 매출총이익률의 차이를 유발하지만, 그 크기는 개별제품의 원가구성 형태 및 시장형태에 좌우된다. 이를 규모의 경제 또는 규모의 불경제라고 한다.

비교대상과 분석대상의 매출규모에 있어 현저한 차이가 나는 경우 비교가능성은 희박하지만, 어느 정도 매출규모 차이가 있으면 비교대상에서 제외할 것인지는 명확하지 않다. 예를 들면, 처분청이 조사한 '피자류업체의 매출액 및 영업이익'에 의하면 1992년~1994년 동안 a물산 등 국내에 진출해 있는 다른 피자제품 판매회사를 청구법인과 대비해 볼 때 매출액은 3.9%~21.2%, 영업이익은 2%~16.3%에 불과하여 a물산 등이 청구법인보다 현저히 낮은 것으로 나타나고 있다. a물산 등은 비교연도별 매출액, 영업이익 및 시장점유면에서 청구법인과 서로 다른 상황이므로 청구법인과는 거래상황이 유사하다고 볼 수 없으며 상황간의 차이를 제거할 수 있는 합리적 조정이 불가능하다고 보이는 반면, 관련회사와 청구법인과 거래조건이 비슷하고 비교가능성이 높으며 상황 간에 차이가 비슷한 관련회사와 제삼자관계에 있는 일본 등 10여 개국 기술도입자의 기술사용료에는 모두 음료 등의 판매분이 포함되어 있으며, 또한 청구법인의 기술사용료율이 일본을 제외하고는 관련회사와 다른 국가의 기술도입자들과 맺은 기술사용료율보다 높지 않음이 확인되므로 청구법인이 지급하는 기술사용료는 국외특수관계가 없는 자 간의 국제거래에 있어 시가로 봄이 타당하다.(국심 1997서0049, 1998.12.17.)

제7절 특별한 상황(extraordinary market conditions)

1. 사업전략(business strategy)

사업전략 또한 거래를 기술할 때와 이전가격목적상 비교가능성을 판단할 때 검토되어야 한다. 사업전략은 기업의 여러 면을 고려해야 하는데, 이에는 혁신과 신상품개발, 다양화의 정도, 위험회피, 정치적 변화의 평가, 기존 및 향후 노동법의 고려, 계약기간 및 사업의 일상적 수행에 내재된 기타요소들이 있다.(TP §1.134)

납세자가 사업전략을 추구하여 비교대상과 차이가 나는지 평가할 때 시점의 문제 (timing issues)는 과세당국에 특별한 문제를 야기한다. 시장침투나 시장점유율확대 (expansion of market share)와 같은 사업전략들은 납세자의 미래수익의 증가를 예상하여 현재수익이 감소되는 상황을 나타낸다. 납세자가 의도한 사업전략이 실제로 이루어지지 않았기 때문에 미래에 수익증가가 실현되지 않으면, 이전가격결과에 적절한 조정이 필요 할 수도 있다. 그런데, 법적제한으로 과세당국이 이전연도들에 대한 재조사를 할 수 없는 경우가 있다. 꼭 이러한 이유 때문은 아니지만 과세당국은 사업전략문제를 특별히 들여다보고 싶어한다.(TP §1.136)

납세자가 장기적 고수익을 위해 일시적으로 수익이 낮아지는 사업전략을 택했는지 평가할 때 몇 가지 요소들을 검토해야 한다. 과세당국은 의도된 사업전략과 일치하는지 판단하기 위해 당사자들의 행위를 검토해야 한다. 예를 들면, 제조업자가 관계회사인 판매업자에게 시장침투전략의 일환으로 시장가격보다 낮은 가격에 공급하면 판매업자의 원가절감액은 판매업자가 고객에게 판매하는 가격에 반영되거나 판매업자에게 발생되는 더 많은 시장침투비용에 반영된다. 다국적기업그룹의 시장침투전략은 제조업자 또는 제조업자와 따로 활동하는 판매업자(그 결과로 인한 비용을 둘 중 하나가 부담), 또는 이 둘이 협력하는 방식으로 진행된다. 더 나아가, 시장침투나 시장점유율확대 전략에는 집중적인 마케팅이나 광고노력이 수반된다. 고려해야 할 또 다른 요소는 관계거래의 당사자들간 관계의 성격이 사업전략의 비용을 부담하는 납세자와 일치하는지 여부이다. 예를 들면, 정상거래에서 장기적 시장개발에 대한 책임이 작거나 없는 판매대리인으로 활동하는 회사는 일반적으로 시장침투전략의 비용을 부담하지 않는다. 회사가 자기위험으로 시장개발활동을 수행하여 상표나 상표명(trade name)을 통한 상품가치를 높이거나 또는 그 상품과 관련된 영업권을 증가시키는 경우, 이러한 상황이 비교가능성을 확인하기 위한 기능분석에 반영되어야 한다.(TP §1.137)

사업전략을 따르면, 정상거래에서 인정되는 기간내에 비용을 정당화할 정도의 수익을 창출할 수 있다는 합당한 예측이 있는지 추가적으로 따져 봐야 한다. 시장침투와 같은 사업전략은 실패할 수 있으며, 실패 그 자체로 이전가격목적상 사업전략을 무시해서는 안 된다. 그런데 거래 당시에 이러한 예상결과가 타당하지 않거나, 사업전략이 성공하지 못하였지만 그럼에도 불구하고 독립기업이 하였을 범위를 넘어 계속했다면, 사업전략이 정상적인지 의심스러우므로 이전가격조정을 할 수 있다. 독립기업이 어느 정도의 기간을 받아들일 수 있는지 판단할 때, 과세당국은 사업전략이 시행된 국가에서 이루어진 사업 전략에 대한 증거를 고려해야 한다. 그렇지만, 가장 중요한 것은 해당 전략에서 예상되는 미래에 수익성이 있을 것으로 예측한 것이(그 전략이 실패할 수 있다는 것을 알지만) 타당한 지이며, 정상적으로 활동하는 당사자도 그러한 경제상황과 경쟁조건에서 비슷한 기간 동안 수익성을 희생할 준비가 되어 있는지 여부이다.(TP §1.138)

2. 시장점유정책

다국적기업들이 전략적으로 취할 수 있는 시장점유정책은 시장침투정책(market penetration strategy), 시장확대정책(market expansion strategy), 시장유지정책(market maintenance strategy)의 세 가지로 나눌 수 있다. 시장에 침투하거나 시장점유율을 높이려는 시도를 하는 납세자는 상품의 가격을 동일시장의 비교상품 가격보다 일시적으로 낮춘다. 또한, 새로운 시장에 진입하거나 시장점유율을 높이려는(또는 방어하려는) 납세자는 일시적으로 높은 비용을 부담하여(창업비용이나 마케팅활동 증가) 동일시장에서 활동하는 다른 납세자보다 이익수준이 낮게 된다.(TP §1.135)

[관련 예규]

▶ 비교가능성

정상가격을 산출함에 있어 매출규모의 현저한 차이가 있거나 국제거래에서의 특수관계가 있는 등 비교대상으로 적합하지 않은 업체는 비교대상업체에서 제외함이 타당합니다. [국심2005서2366, 2006.12.22]

▶ 시장점유정책

A는 갑약품이 1999년부터 을로부터 수입하여 판매하는 의약품으로서 A매입거래의 매출총이익률(72.83%)이 처분청이 비교대상 거래로 삼은 다른 거래의 매출총이익률(메바코 52.44%, 메바로친 69.19%)보다 높게 나타나는 바, 매출단가는 국내보험수가에 따라 동일하게 결정되므로 이러한 차이는 매입단가의 차이에서 기인한다. 그런데 증권거래소에 공시된 갑약품의 사업보고서 중 손익계산서, 재무상태표 및 부속서류 등의 심리자료에 의하면, A관련 2000년도 매출총이익률이 72.83%이던 것이 2001년도에는 46.20%로 현저히 감소하고, 을로부터 갑약품이 수입하는 A가격 또한 1999년 277원, 2000년 268원, 2001년 772원으로 변경된 점으로 보아, 국내에 새로이 진출하는 을이 시장점유전략을 시행하여 수입단가를 낮게 하는 것이 유리한 것으로 판단하여 A가격을 의도적으로 낮게 한 것으로 보인다. 따라서 이러한 시장점유정책에 따른 특수한 상황에서 A의 수입초기 가격이 결정되었음에도, 수입된지 수년이 지난 청구법인의 B를 A와 비교한 것은 이러한 차이를 고려하지 않은 잘못이 있으므로, B를 A 매입거래의 비교대상 거래로 볼 수 없다. [국심 2002중1144, 2003.3.28.]

제4장

무형자산 정상가격 결정

제1절 무형자산의 개념

1. 개요

무형자산의 정의가 너무 좁거나 넓은 경우에 문제가 생긴다. 무형자산의 정의가 좁을 경우, 독립기업거래였다면 무형자산의 사용 또는 이전에 대한 보상이 이루어졌을 것임에도 불구하고 납세자 또는 정부가 특정종목이 무형자산의 정의에서 벗어난다는 주장을 할 수 있다. 반대로 넓은 정의가 적용되는 경우, 독립기업거래였다면 그 대가를 계상하지 않았을 것임에도 불구하고 납세자 또는 정부가 특정종목이 무형자산의 사용 또는 이전에 해당하므로 보상해야 한다는 주장을 할 수 있다.(TP §6.5) 이에 따라, 이전가격에서 '무형자산'이라 용어는 유형자산이나 금융자산이 아닌, 소유할 수 있거나 상업활동에 사용할 수 있는 통제권을 가지며, 독립기업의 비교가능상황에서 발생한 거래인 경우 그 사용 또는 이전에 대해 보상받을 수 있는 것을 의미한다. 무형자산과 관련된 이전가격분석에서 회계적 또는 법적 의미에 중점을 두기보다는 비교가능거래에서 독립기업 간 합의되었을 조건을 결정하는 데 초점을 두어야한다.(TP §6.6)

이전가격목적상 중요하게 고려되는 무형자산이 언제나 회계상 무형자산으로 인식되는 것은 아니다. 예를 들면, 연구개발 및 광고 등의 지출을 통해 만들어지는 내부적으로 개발되는 무형자산과 관련된 원가는 회계상 자본화되지 않고 비용으로 인식되기 때문에 재무상태표에서 무형자산으로 인식되지 않는다. 그렇지만, 이러한 무형자산은 상당한 경제가치창출에 사용되므로 이전가격목적상 고려되어야 한다. 또한, 상호보완적 특성을 가진 무형자산들은 경제가치를 한층 증대시키지만 항상 재무상태표에 반영되는 것은 아니다. 이전가격목적상 무형자산으로 보아야 하는지 여부를 회계상 무형자산의 특성을 통해 파악할 수 있지만, 오로지 그러한 회계상 특성의 정의만으로 판단하지 않는다. 또한, 이전가격목적상 무형자산으로 보는 경우에도 그 특성에 따라 일반 세무목적상 당연히 비용처리하거나 감가상각자산으로 인식할 수 있는 것은 아니다.(TP §6.7)

법적, 계약적 보호 또는 다른 형태의 보호의 가능성과 범위는 무형자산의 가치와 그 무형자산에 귀속되는 수익에 영향을 미친다. 그렇지만, 이러한 보호의 존재 유무는 이전 가격목적상 무형자산으로 인정되는 필수조건은 아니다. 마찬가지로 일부 무형자산은 별도로 식별되고 이전되는 반면, 다른 무형자산은 다른 사업자산과 결합되어 이전되기도 한다. 따라서 별도로 이전할 수 있는지 여부가 이전가격목적상 무형자산으로 인정되는 필수조건은 아니다.(TP §6.8)

시장상황이나 지역시장의 환경과 무형자산을 확실히 구분해야 한다. 예를 들면, 시장 안에 있는 가계(household)의 가처분소득, 시장의 크기나 상대적 경쟁력과 같은 지역시장의 특징은 소유되거나 통제될 수 없다. 일부 상황에서, 이러한 정보들은 특정거래에서 정상가격을 산출하는데 영향을 줄 수 있고 비교가능성분석에서 꼭 반영되어야 하는 부분이지만 무형자산으로 분류되지 않는다.(TP §6.9)

사실관계에 따라 어떤 종목을 무형자산으로 식별하는 것은 특정종목의 사용 또는 이전에 대한 가격결정과는 다른 과정이다. 산업부문에 따라 또는 특정사안에 고유한 여러 사실에 따라 다르겠지만, 무형자산의 이용으로 다국적기업은 크거나 작은 가치창출을 한다. 모든 상황의 모든 무형자산에 대해 재화나 용역에 대한 대가 외에 별도의 보상을 해야 하는 것은 아니며, 모든 무형자산이 모든 상황에서 초과이익을 발생시키는 것도 아니다. 예를 들면, 한 기업이 독특하지 않은 노하우를 사용하여 용역을 제공하고 다른 비교 가능기업들도 비슷한 노하우로 용역을 제공하는 경우를 생각해 보자. 이 경우, 그 기업의 노하우를 무형자산이라고 해도 그 기업이 얻는 이익수준은 독특하지 않은 노하우를 사용하여 비슷한 용역을 제공하

는 다른 독립기업들이 얻는 보통의 이익수준을 넘어서는 초과이익이 될 수 없다.(TP §6.10)

무형자산의 존재여부, 존재시기, 무형자산의 사용 또는 이전에 대한 판단에 주의해야 한다. 모든 연구개발비용이 무형자산을 만들거나 무형자산의 가치를 높이는 것은 아니며, 모든 마케팅활동이 무형자산을 만들거나 가치를 높이는 것은 아니다.(TP §6.11)

무형자산에 대한 이전가격분석에서 분석과 관련된 특정 무형자산을 식별하는 것이 중요하다. 기능분석에서 거래와 관련되는 무형자산을 식별하고, 무형자산이 거래에서 가치 창출에 기여하는 방식과 무형자산이 가치창출을 위해 다른 무형자산, 유형자산 및 사업 활동과 상호작용하는 방식을 식별해야 한다. 어떤 경우에는 무형자산의 사용 또는 이전에 대한 정상가격을 결정하기 위해 무형자산을 통합하여 분석하는 것이 적절한 반면, 모호하게 구분되거나 구분되지 않은 무형자산들이 정상가격이나 다른 조건에 영향을 미친다고 말하기에는 충분하지 않은 경우도 있다. 철저한 기능분석을 통해 정상거래조건을 판단해야 하는데, 이에는 다국적기업의 국제사업에서 식별되는 관련무형자산의 중요성에 대한 분석이 포함된다.(TP §6.12)

2. 무형자산의 이전가격과 다른 세무문제의 관련성

무형자산의 이전가격문제는 다른 세무문제와 관련이 없다. 예를 들면, 조세조약의 '사용료' 정의는 독립기업 간 무형자산 사용 또는 이전에 대한 보상을 어떤 가격으로 할지에 대한 지침을 제공하지 않는다. 즉, 원천징수규정은 이전가격과 관련이 없다. 또한, 거래를 어떤 성격으로 볼 것인지의 문제는 특정대가를 사용료로 볼지 또는 원천징수대상인지의 문제와 관련이 없다. 이전가격목적상 무형자산의 개념과 원천징수목적상 사용료의 정의는 일치될 필요가 없는 두 가지 다른 개념이다. 따라서 관계회사들간 지급대가를 원천징수목적상 사용료로 보지 않으면서, 이전가격목적상 무형자산에 대한 대가로 간주할 수 있다. 이에는 영업권이나 계속사업가치에 대한 대가가 있다. 또한, 원천징수규정에 따라 사용료로 취급되는 대가가 이전가격목적상 무형자산에 대한 대가로 취급되지 않을 수 있다. 이에는 기술용역에 대한 대가가 있다. 또한, 이전가격문제는 관세목적과도 관련이 없다.(TP §6.13)

이전가격규정은 소득의 인식, 무형자산 개발비용의 자본화, 무형자산의 상각, 그 밖에 이와 비슷한 문제와도 관련이 없다. 따라서 예를 들면, 어느 국가는 특정유형의 무형자산의 이전에 세금을 부과하지 않는다. 또한, 어떤 국가는 이전가격목적상 무형자산으로 보는 일정 매입종목의 원가에 대한 상각을 허용하지 않고 양도인의 소재지국에서 그 무형자산을 양도할 때에 과세한다. 이러한 각국 세법의 불일치로 이중 과세 또는 이중 비과세가 일어난다.(TP §6.14)

3. 무형자산의 정의

'무형자산'이란 사업활동에 사용가능한 자산으로 유형자산 또는 금융자산 외의 것으로서 특정인에 의해 소유 또는 통제가 가능하고 특수관계가 없는 독립된 사업자 간에 이전 또는 사용권 허락 등의 거래가 이루어지는 경우 통상적으로 적정한 대가가 지급되는 것을 말한다.(국조령 §13 ①)

무형자산과 관련된 이전가격문제의 논의과정에서 여러 종류의 무형자산이 설명되며 여러 이름이 무형자산에 붙여진다. 사업무형자산(trade intangibles)과 마케팅무형자산(marketing intangibles), 소프트무형자산(soft intangibles)과 하드무형자산(hard intangibles), 일상적(routine) 또는 비일상적(non-routine) 무형자산, 또는 그 밖의 등급과 범주의 무형자산으로 구분하기도 한다. 무형자산과 관련된 정상가격을 결정하기 위해 이러한 유형화를 하지 않는다. 즉, 이전가격규정은 다양한 무형자산의 정확한 등급이나 유형을 자세히 기술하거나 그러한 무형자산의 종류에 따른 결과를 규정하기 위한 것이 아니다.(TP §6.15) 마케팅무형자산이나 사업무형자산으로 크게 구분하여 이전가격분석을 하더라도 납세자 또는 과세당국이 거래와 관련된 무형자산을 식별해야 할 의무가 면제되지는 않으며, 이러한 용어사용으로 마케팅무형자산 또는 사업무형자산과 관련된 거래의 정상가격을 결정할 때 서로 다른 방법이 사용되는 것도 아니다. '마케팅무형자산'이란 마케팅활동과 관련된 무형자산으로 제품이나 용역의 상업적 이용을 돕고, 관련제품의 판매촉진을 위한 중요한 가치가 있다. 마케팅무형자산은 고객에게 상품이나 용역을 판매하는데 사용되거나 도움이 되는 상표, 상표명, 고객목록, 고객관계, 독점시장, 고객자료를 포함한다.(TP §6.16)

무형자산의 종류

사업무형자산	• 특허권, 실용신안권, 디자인권, • 발명, 공식, 공증, 설계, 모형, 노하우, 영업비밀 • 저작권 및 문학, 음악 및 예술작품 • 방법, 프로그램, 시스템, 절차, 기술자료 • 계약에 따른 권리 및 채취권, 유료도로관리권 등 정부로부터 부여받은 사업권 • 영업권 및 계속기업가치
마케팅무형자산	• 상표권, 서비스표권, 상호, 브랜드 • 유통망, 예측, 고객정보, 고객망, 캠페인

어떤 경우에는 '독특하고 가치있는(unique and valuable)' 무형자산이란 표현을 사용한다. '독특하고 가치있는' 무형자산이란 비교대상거래의 당사자들에게 가능하지 않거나 그들이 사용하는 무형자산들과 비교가능하지 않으며, 이러한 무형자산이 영업활동(제조, 용역제공, 마케팅, 판매 및 경영관리 등) 목적으로 사용될 경우 무형자산이 없을 때보다 미래에 더 큰 경제적 편익이 나타날 것으로 기대되는 무형자산을 일컫는다.(TP §6.17)

이전가격상 무형자산의 정의는 법무나 회계상 정의보다 범위가 넓다. 예를 들면, 고객 명단, 매입처명단, 계약상 권리, 독점시장 및 고객자료, 고객관계, 노하우, 인맥은 법무나 회계상 무형자산으로 보기 어렵지만 이전가격상 무형자산으로 보아야 한다

4. 무형자산의 예시

아래 예시는 포괄적이지 않으며 어떤 종목이 무형자산인지에 대해 열거하는 것은 아니다. 예시에 포함되지 않은 많은 무형자산들이 이전가격목적상 무형자산이 될 수 있다. 다음 예시들은 각국의 법률 및 규제환경에 맞추어 해석되어야 한다. 또한, 무형자산으로 취급되지 않는 특정무형자산이 다국적기업의 국제사업환경에서 어떻게 가치사슬에 기여하는지 이해하기 위해 관계거래의 비교가능성분석의 맥락에서 이 예시들을 고려하고 평가해야 한다. 예시되는 종목에 대한 일반적 정의로 이전가격분석에서 납세자 또는 과세당국이 거래와 관련된 무형자산을 식별해야

할 필요가 없어지는 것은 아니다.(TP §6.18)

A. 특허(patents)

특허권은 제한된 지역에서 제한된 기간 동안 소유자가 특정발명을 독점적으로 사용할 수 있는 권리를 부여하는 법적장치(legal instrument)이다. 특허권은 물리적 사물 또는 공정의 형태이다. 특허를 받을 수 있는 발명은 종종 위험하고 비용이 많이 드는 연구개발활동을 통해 이뤄진다. 그러나 어떤 상황에서는 적은 연구개발비용이 가치가 높은 특허발명으로 이어진다. 특허개발자는 특허를 사용할 권리를 대여하거나 특허에 의해 보호되는 제품을 판매하거나 특허권 자체를 양도하여 개발비용을 회수한다(수익창출). 특허로 이루어지는 독점으로 특허소유자는 그 발명을 통해 높은 초과이익(premium)을 얻을 수 있다. 또한, 특허의 발명으로 그 소유자는 경쟁업체에게 가능하지 않은 원가우위(cost advantage)를 점 할 수 있다. 그렇지만, 특허가 중요한 상업적 이익을 주지 못하는 경우도 있다.(TP §6.19)

B. 노하우와 영업비밀(Know-how and trade secrets)

노하우와 영업비밀은 상업활동을 향상시키거나 지원하는 독점적 정보 또는 지식이지만, 보호를 위해 특허나 상표권과 같은 방식으로 등록되지 않는다. 일반적으로, 노하우와 영업비밀은 기업의 영업에 실무적으로 적용될 수 있는 과거경험을 통해 만들어진 산업적, 상업적, 과학적 성격의 비공개정보로 구성된다. 노하우와 영업비밀의 가치는 기업이 노하우나 영업비밀의 기밀을 유지할 수 있는 능력에 따라 달라지는 것이 보통이다. 어떤 산업에서 특허보호에 필요한 정보를 공개하면 경쟁자들이 대체해결방안을 개발하는데 도움이 될 수 있다. 이에 따라 기업은 사업상 이유로 기업의 성공에 실질적으로 기여하는 노하우를 기밀보호목적으로 특허등록을 하지 않는다. 노하우와 영업비밀의 비밀유지는 불공정경쟁방지나 이와 비슷한 법률, 고용계약, 경쟁에 대한 경제적, 기술적 장벽 등을 통해 어느 정도 보호된다.(TP §6.20)

C. 상표, 상표명, 브랜드(trademarks, trade names and brands)

상표(trademarks)란 고유한 이름, 부호(symbol), 상징(logo) 또는 사진으로 다른 기업들의 제품과 용역을 자사의 것들과 구별하기 위해 사용된다. 상표소유권은 보통 등록시스템을 통해 확인된다. 상표의 등록된 소유자는 다른 사람이 시장에서 혼동을 야기하기 위해 그 상표를 사용하는 것을 막을 수 있다. 상표가 지속적으로 사용되고 등록이 적절히 갱신되는 경우 상표등록은 무한정 계속된다. 상표는 상품이나 용역에 대해 만들어질 수 있으며, 하나의 제품이나 용역 또는 일련의 제품이나 용역에 사용된다. 상표는 소비자 시장수준에서 가장 친숙하지만, 모든 시장수준에서 나타난다.(TP §6.21)

상표명(trade name)은 보통 상호(name of enterprise)와 같지만 항상 그런 것은 아니며, 상표와 같은 시장진입 능력이 있고 사실상 상표의 특별한 형식으로 등록된다. 특정한 다국적기업의 상표는 쉽게 인지되며, 여러 재화와 용역의 마케팅에 사용된다.(TP §6.22) 브랜드라는 용어는 보통 '상표' 또는 '상표명'과 혼동하여 사용된다. 다른 맥락에서, 브랜드는 사회적 상업적 중요성이 내포된 상표 또는 상표명으로 여겨진다. 사실상 브랜드는 상표, 상표명, 고객과의 관계, 평판, 영업권 등과 같은 무형자산의 집합체라고 할 수 있다. 브랜드는 하나의 무형자산 또는 여러 무형자산의 집합으로 구성된다.(TP §6.23)

D. 계약 또는 정부허가에 따른 권리

정부의 허가(license)나 면허(concession)에 따른 권리는 특정사업에 중요하다. 이러한 정부의 허가나 면허에 따른 권리는 방대한 사업관계를 포괄한다. 이는 공급자와 주요 고객과의 계약, 한 명 이상의 종업원과의 계약, 천연자원이나 공공재를 개발할 수 있는 권한의 부여(광대역에 대한 허가)등 다양한 사업활동을 포함한다. 정부의 허가와 면허에 따른 권리는 무형자산이다. 그런데, 정부의 허가와 면허는 일정 관할구역에서 사업을 영위하기 위한 전제조건인 기업의 등록의무와 구별되어야 한다. 그러한 의무들은 무형자산이 아니다.(TP §6.24) 계약상 권리 또한 특정사업에 중요하며 넓은 범위의 사업관계를 포괄한다. 공급자 및 주요소비자와의 계약, 종업원과의 계약 등이 이에 포함된다. 이러한 계약상 권리는 무형자산이다.(TP §6.25)

E. 권리허여 및 이와 비슷한 무형자산의 제한적 사용권

무형자산의 제한적 사용권은 권리허여나 이와 비슷한 다른 계약방법으로 이전되는 것이 보통이며, 서면이나 구두 또는 묵시적 승인으로 이루어진다. 이러한 사용권은 사용분야, 사용조건, 지역에 제한이 있으며 다른 식의 제한도 있을 수 있다. 무형자산의 제한적 사용권은 무형자산이다.(TP §6.26)

F. 영업권 및 계속기업가치(Goodwill and ongoing concern value)

영업권은 다양한 개념으로 사용된다. 회계 및 기업가치평가의 맥락에서, 영업권은 영리사업의 전체가치와 개별구분이 가능한 유-무형자산 가치합계의 차이를 말한다. 또한, 영업권은 구분되지 않는 사업자산의 미래경제편익을 의미하기도 한다. 더 나아가, 영업권은 기존고객과의 미래거래에 대한 기대를 의미한다. 계속기업가치란 영리사업 전체자산의 가치가 개별 사업자산가치의 합을 초과하는 상황을 말한다. 일반적으로, 영업권과 계속기업가치는 구분할 수 없으며, 다른 영업자산과 구분하여 이전할 수 없다.(TP §6.27) 이전가격목적상, 영업권과 계속기업가치에 대한 정확한 정의를 내리고 무형자산에 해당하는지 여부를 판단하는 것보다, 독립기업간 영리사업자산의 일부 또는 전부를 양도할 때 지급하는 대가가 영업권 또는 계속기업가치와 관련될 수 있다는 점에 주의를 기울여야 한다. 관계회사들간 비슷한 거래가 발생할 때 정상가격산출을 위해 영업권 및 계속기업가치를 고려해야 한다. 영업권을 의미하는 '명성의 가치'(reputational value)가 특허권 또는 기타무형자산의 이전으로 인해 관계회사들 간에 이전되거나 공유되는 경우, 적정대가를 산정할 때 이러한 명성의 가치를 고려해야 한다. 고품질제품생산이나 고품질용역제공의 명성과 같은 사업특성으로 영업권이나 계속기업가치로 볼 수 있는 명성이 부족한 기업에 비해 높은 가격으로 제품이나 용역을 판매할 수 있다면 이러한 사업특성을 영업권으로 볼 수 있는지 여부를 떠나 관계회사들간 제품판매나 용역제공에 대한 정상가격을 산출하는데 고려해야 한다. 즉, 한 관계회사가 다른 관계회사에게 기여하는 가치를 영업권이나 계속기업가치로 보는 것이 그 기여에 대한 보상을 할 수 없다는 의미는 아니다.(TP §6.28)

거래가격산정에 영업권과 계속기업가치를 감안해야 한다는 것이 회계목적이나 기업 가치평가목적의 영업권의 잉여가치측정법(residual measures)이 필연적으로 양도된 사업이나 사용권에 대해 지급하는 대가를 적절히 평가하는 방법이라는 의미는 아니다. 독립 기업의 회계목적이나 기업가치평가목적상 측정된 영업권 및 계속기업가치는 일반적으로 이전가격목적상 정상거래원칙에 의한 정상가격과 일치하지 않는다. 그렇지만, 회계상 가치평가와 이를 뒷받침하는 관련정보는 이전가격분석을 위한 유용한 정보로 사용된다.

영업권에 대한 명확한 정의가 없기 때문에 납세자 또는 과세당국이 이전가격분석과 관련된 무형자산에 대해 자세히 설명해야 하며, 비교가능상황에서 독립기업 간에 그러한 무형자산에 대해 보상을 할 것인지 판단해야 한다.(TP §6.29)

G. 그룹 동반효과(group synergies)

그룹의 동반효과는 다국적기업그룹의 수익창출에 기여할 수 있다. 이러한 그룹 동반 효과는 합리적 경영, 중복된 비용요소의 제거노력, 통합시스템, 구매력 및 차입능력 등을 포함한 다양한 형태로 나타난다. 이러한 특징들은 관계거래의 정상거래조건에 영향을 미치며, 이전가격분석에서 비교가능성요소로 명시되어야 한다. 그룹 동반효과는 기업들이 소유하거나 통제할 수 있는 것이 아니므로 무형자산에 포함되지 않는다.(TP §6.30)

H. 시장의 고유특성(market specific characteristics)

시장의 고유특성은 해당시장에서 일어나는 거래에서 정상거래원칙에 따른 정상거래 조건에 영향을 미친다. 예를 들면, 특정시장에서 가계(household)의 높은 구매력은 명품 구매가격에 영향을 미친다. 또한 낮은 인건비, 시장의 유사성, 기후 등은 특정 상품 및 용역의 가격에 영향을 미친다. 다만, 이러한 시장의 고유특성은 기업이 소유하거나 통제할 수 있는 것이 아니다. 따라서 이는 무형자산에 포함되지 않으며 비교가능성분석을 통한 이전가격분석에서 고려되어야 한다.(TP §6.31)

I. 숙련된 노동력(assembled workforce)

어떤 기업은 다른 기업에 비해 상대적으로 우수하거나 경험이 풍부한 핵심 인력을 보유하며, 이는 이들이 제공하는 용역의 정상가격과 기업이 생산하는 제품 또는 용역에 대한 효율성에 영향을 미친다. 보통 비교가능성분석에서 이러한 요소들을 고려해야 한다. 비교대상후보거래에 대해 일반노동력에 비해 집약된 노동력의 유-불리를 파악할 수 있는 경우, 재화 또는 용역의 정상가격에 대한 집약된 노동력의 영향을 반영해 비교가능성 조정을 한다.(TP §1.172)

일부 사업구조조정 또는 유사거래에서, 거래의 일부로 한 관계회사의 집약된 노동력이 다른 관계회사로 이전되기도 한다. 이 경우, 해당거래를 통해 이전되는 다른 자산과 마찬가지로 집약된 노동력의 이전으로 양수인은 새로운 인력을 고용하고 교육하는 데 필요한 시간과 비용을 절약한다. 전체거래의 가치를 평가할 때, 자산이전과 관련한 정상 가격을 산출하기 위한 비교가능성 조정에 이러한 절약된 시간과 비용을 반영하는 것이 적절하다. 한편, 집약된 노동력의 이전으로 양수인이 사업구조조정을 하는데 융통성이 제한되고 임직원들을 해고할 때 추가적 채무를 부담할 수 있다. 이 경우, 향후 예상되는 책임 또는 제한을 고려하여 사업구조조정의 지급대가를 산정해야 한다.(TP §1.173) 이것이 다국적기업그룹의 관계회사들 간 개별 임직원을 이동하거나 파견할 때 일반적으로 개별보상이 이루어져야 한다는 의미는 아니다. 대부분의 경우, 관계회사들 간 임직원의 이동에 대해는 대가를 지급하지 않는다. 임직원이 파견되는 경우에는(파견한 자가 급여를 지급하지만 파견받은 자를 위해 일하는 경우), 파견직원의 용역에 대해 정상대가가 지급되는지가 문제가 된다.(TP §1.174) 그런데, 일부 상황에서 한 명 이상 임직원의 이동 또는 파견은 중요한 노하우의 이전 또는 관계회사들 간 무형자산의 이동을 초래할 수 있다. 예를 들면, B사에 파견된 A사 직원이 A사 소유의 비밀공식을 알고 있고, 이러한 비밀공식을 B사의 사업활동에 사용한다. 또한, B사의 공장가동을 도와주기 위해 B사에 파견된 A사 직원은 B사의 영업을 위해 A사의 중요한 제조노하우를 B사가 사용하도록 한다.

이러한 직원의 이동 또는 파견으로 인한 노하우 또는 무형자산의 이전은 무형자산 분석 방법에 따라 별도로 분석되어야 하고, 무형자산 사용권에 대한 적정대가가

지급되어야 한다.(TP §1.175) 또한, 특별한 기술 및 경험을 가진 집약된 노동력에 대한 접근성은 이러한 노동력에 해당하는 직원들이 이동하지 않더라도 이전된 무형자산 또는 기타자산의 가치를 향상시킬 수 있다. 무형자산과 집약된 노동력에 대한 접근성 사이의 상호작용이 이전가격분석에서 매우 중요하다.(TP §1.176)

제2절 무형자산의 소유와 개발, 향상, 유지, 보호, 사용(DEMPE)

이전가격분석에서 무형자산을 사용하여 발생하는 수익이 궁극적으로 다국적기업그룹의 어느 구성원에게 귀속되는지에 대한 결정이 중요하다. 이는 무형자산의 소유(ownership)보다는 무형자산의 개발(development), 향상(enhancement), 유지(maintenance), 보호(protection), 사용(exploitation)과 관련하여 다국적기업그룹의 어느 구성원이 궁극적으로 비용, 투자 및 기타의무를 부담하는지에 좌우된다. 이를 'DEMPE활동'이라 한다.

원칙적으로 무형자산의 법적소유자가 무형자산을 사용하여 발생하는 수익을 수취할 권리를 가지지만, 무형자산의 법적소유자가 속한 다국적기업그룹의 다른 구성원들이 무형자산의 가치에 기여하는 기능을 수행하거나 자산을 사용하거나 위험을 부담할 수도 있다. 그러한 기능을 수행하거나 자산을 사용하거나 위험을 부담하는 다국적기업그룹의 구성원에 대해서는 그의 기여에 대해 정상거래원칙에 부합하는 보상이 이루어져야 한다. 다국적기업그룹이 무형자산을 사용하여 발생되는 수익의 최종배분, 무형자산 관련비용 및 기타부담의 최종배분은 무형자산의 개발·향상·유지·보호·사용에 있어 다국적기업그룹 구성원들이 수행한 기능, 사용한 자산, 부담한 위험에 대한 대가를 보상함으로써 이루어진다.(TP §6.32)

아래의 경우에는 어려움이 발생한다. 이러한 어려움에도 불구하고 잘 만들어진 틀 안에서 정상거래원칙을 적용하면 대부분의 경우 무형자산사용으로 다국적기업그룹이 수취하는 수익을 적절히 배분할 수 있다.(TP §6.33)

1. 무형자산과 관련된 관계회사거래와 독립기업거래 사이의 비교가능성이 존재하지 경우
2. 문제되는 무형자산들 간의 비교가능성이 없는 경우
3. 다국적기업그룹의 여러 관계회사들이 각각 다른 무형자산을 소유하고 사용하는 경우
4. 특정무형자산이 다국적기업그룹의 수익에 미치는 영향을 구분할 수 없는 경우
5. 다국적기업그룹의 여러 구성원들이 독립기업에서는 나타나지 않을 정도의 협력수준으로 무형 자산의 개발, 향상, 유지, 보호, 사용과 관련된 활동을 수행하는 경우
6. 다국적기업그룹의 여러 구성원들이 무형자산에 기여하는 시기와 그와 관련된 수익이 창출되는 시기에 차이가 나는 경우
7. 납세자의 거래구조가 독립기업거래에서 보여지는 것과 달리 중요기능수행, 위험통제 및 투자 결정에서 소유권, 위험부담, 자금투자를 분리하는 관계회사들의 계약조건에 따라 결과적으로 조세회피가 이루어지는 경우

무형자산관련 거래를 분석하기 위한 분석 절차(TPG 6.34)

1. 특정거래에서 사용되거나 이전되는 무형자산을 식별하고, 무형자산의 개발, 향상, 유지, 보호, 사용과 관련된 경제적으로 중요한 위험을 식별
2. 관련규정, 사용계약, 기타 관련계약, 법적소유권에 대한 기타증거를 포함한 법적 계약 규정에 따라 무형자산의 법적소유권의 확인, 관계기업들 간 계약상 위험부담을 포함한 계약상 권리 및 의무의 확인을 통한 전반적 계약관계의 식별
3. 기능분석을 통해 무형자산의 개발, 향상, 유지, 보호, 사용과 관련한 기능을 수행하고 자산을 사용하며 위험을 관리하는 당사자를 식별하고, 특히 어느 당사자가 외주기능을 통제하고 경제적으로 중요한 위험을 통제하는지 식별
4. 관련계약조건과 당사자들 행위의 일치여부를 확인하고, 당사자가 경제적으로 중요한 위험을 부담하고 그 위험을 통제하며 무형자산의 개발, 향상, 유지, 보호, 사용과 관련된 위험을 부담할 재정능력이 있는지 판단
5. 무형자산의 법적소유권, 관련 규정 및 계약에 따른 기타 계약관계, 기능·자산·위험의 기여와 위험의 분석 및 배분을 고려한 당사자들의 행위에 따른 무형자산의 개발, 향상, 유지, 보호, 사용과 관련된 실제거래의 기술
6. 이러한 거래에 있어 각 당사자의 수행기능, 사용자산, 부담위험의 기여분에 부합하는 정상가격의 결정

1. 무형자산의 소유권 및 무형자산 관련 계약조건

A. 법적소유권과 계약관계의 확인

무형자산과 관련된 이전가격분석은 법적 권리와 계약내용에 대한 분석에서 시작된다. 거래조건은 서면계약, 특허 또는 상표권 등록과 같은 공증기록, 당사자들의 통신과 서신에서 발견된다. 계약에서 무형자산과 관련된 관계회사들의 역할, 책임 및 권리가 기술되기도 한다. 계약에서 어떠한 관계회사 또는 관계회사들이 투자를 하고, 연구개발활동을 수행하며, 무형자산을 유지보호하고, 제조·마케팅 및 도매활동 등과 같이 무형자산사용을 위해 필요한 기능들을 수행하는지 기술되기도 한다. 또한, 무형자산과 관련된 다국적 기업그룹의 수입 및 지출을 어떻게 배분할 것인지 설명하기도 하며, 다국적기업그룹의 모든 구성원들의 기여에 대한 대가의 형식 및 금액을 명시하기도 한다. 이러한 계약에 포함된 가격 및 기타 조건은 정상거래원칙과 반드시 일치하지는 않는다.(TP §6.35)

그룹의 서면계약조건이 존재하지 않는 경우, 또는 계약조건이 모호 또는 불완전하거나 계약당사자가 실제로 행한 거래에 반영된 본질적 사실관계가 서면계약과 일치하지 않는 경우에는 당사자들의 계약관계는 실제 행한 내용과 독립기업관계에서 일반적으로 지배하는 경제원칙에 따라 유추되어야 한다. 따라서 무형자산의 주요권리를 배분하는데 있어 관계회사들은 그들의 결정 및 의도를 서면으로 남기는 것이 중요하다. 서면계약을 포함하여 그러한 결정과 의도를 기록한 서면은 일반적으로 관계회사들이 무형자산의 개발, 향상, 유지, 보호, 사용의 원인이 되는 거래를 시작할 때나 그 이전에 작성되어야 한다.(TP §6.36)

특정무형자산의 사용권은 지식재산권법 및 등록시스템에 의해 보호된다. 특허권, 상표권 및 저작권이 이러한 무형자산의 예이다. 일반적으로, 이러한 무형자산의 등록된 법적 소유자는 다른 사람이 무형자산을 사용하거나 침해하는 것을 방지할 권리뿐 아니라, 무형자산을 사용할 배타적인 법적, 상업적 권리를 보유한다. 이러한 권리들은 특정지역 및 특정기간에 대해 보장된다.(TP §6.37)

구체적인 지식재산등록제도에 의해 보호되지는 않지만, 경쟁법 및 기타 강제가능한 법률, 또는 계약에 의해 승인되지 않은 도용 또는 모방으로부터 보호되는 무형자산이 존재한다. 이러한 무형자산의 범위에는 상품의장, 영업비밀, 노하우 등이

포함된다.(TP §6.38)

적용가능한 법률에 의해 가능한 보호의 범위 및 성격은 국가에 따라 다양하며, 보호가 제공되는 조건 역시 마찬가지이다. 그러한 차이는 국가간 지식재산권법의 실질적 차이나 그 법률의 집행과 관련된 관행차이로 발생한다. 예를 들면, 현지법에 따른 특정무형자산에 대한 법적보호의 가능성은 무형자산의 지속적 상업사용 또는 등록갱신 여부에 따라 달라질 수 있다. 이는 특정상황이나 특정관할권에서 무형자산에 대한 보호의 정도가 법적 또는 실무적으로 제한될 수 있음을 의미한다.(TP §6.39)

법적소유자는 이전가격목적상 무형자산의 소유자로 간주된다. 적용가능법률 또는 해당계약에 의해 무형자산의 법적소유자가 확인되지 않는 경우 사실관계에 따라 무형자산 사용과 관련된 결정을 통제하고 다른 사람의 무형자산사용을 금지할 수 있는 실질능력을 보유한 다국적기업그룹 구성원이 이전가격목적상 무형자산의 법적소유자로 간주된다.(TP §6.40)

무형자산의 법적소유자를 확인할 때, 그 무형자산과 관련된 다른 무형자산 및 그 사용권(license)은 이전가격목적상 별개의 무형자산으로 간주되므로 각각의 무형자산에는 각각의 법적소유자가 있게 된다. 예를 들면, 상표권의 법적소유자인 A사가 B사에게 그 상표권을 사용하여 제품을 제조, 마케팅, 판매할 수 있는 독점사용권을 허여하는 경우, A사는 상표권이라는 무형자산을 법적으로 소유한다. 또한, 이 경우 상표권 대상 제품에 대한 제조, 마케팅 및 도매와 관련하여 상표권을 사용할 수 있는 또 다른 무형자산인 사용권을 B사가 법적으로 소유한다. B사가 보유하는 마케팅 관련 사용권에 따라 수행하는 마케팅활동은 A사가 법적으로 소유하는 무형자산의 가치와 B사의 사용권의 가치에 잠재적으로 영향을 미친다.(TP §6.41)

B. 경제적소유권의 파악

법적소유권을 결정하는 것이 분석에서 중요한 첫 단계이기는 하지만, 법적소유권을 결정하는 것은 정상거래원칙에 부합하는 대가보상의 문제와는 구별된다. 처음에는 무형 자산을 사용하는 법적 또는 계약상 권리로 인해 법적소유자에게 해당

수익이 발생된다고 해도, 이전가격목적, 무형자산의 법적소유권 그 자체가 무형자산을 사용하여 다국적 기업그룹이 수취하는 수익을 궁극적으로 향유할 권리를 보장하지는 않는다. 법적소유자가 궁극적으로 향유하는 수익은 법적소유자의 수행기능, 사용자산 및 부담위험과 다국적 기업그룹 구성원들의 수행기능, 사용자산 및 부담위험에 따른 공헌도에 의해 결정된다. 예를 들면, 자체개발한 무형자산과 관련된 사안에서 법적소유자가 관련기능을 수행하지 않고 관련자산을 사용하지 않으며 관련위험을 부담하지 않으면서 단지 소유권을 보유하는 기업으로서 활동하는 경우 법적소유자는 궁극적으로 다국적기업그룹이 무형자산을 사용하여 창출한 수익에 대해 어떠한 대가도 향유할 권리가 없으며 소유권 보유에 대한 정상가격이 있다면 그 대가만을 받아야 한다.(TP §6.42)

법적소유권 및 계약관계는 무형자산과 관련된 관계거래를 확인하고 분석하고 해당 거래와 관련하여 그룹 구성원들에 대한 적절한 보상을 결정할 때 참고사항으로 사용한다. 법적소유권의 확인은 기여한 모든 구성원들의 수행기능, 사용자산 및 부담위험의 확인과 함께, 무형자산에 대한 정상가격과 기타거래조건을 식별하기 위한 분석틀을 제공한다. 어떠한 종류의 거래라도 특정사안에 나타나는 모든 사실관계를 고려하여 분석해야 하며, 가격결정은 그룹 구성원의 현실적 대안을 반영해야 한다.(TP §6.43)

C. 기대보상과 실제보상의 구분

다국적기업그룹 구성원이 무형자산과 관련된 결정을 내리는 시점에는 무형자산의 개발 또는 취득과 관련된 위험이 시간이 지나면서 나타날 실제결과와 방식을 확실히 알 수 없으므로, (a) 기대보상(또는 사전적보상), 즉 그룹 구성원이 거래를 수행할 당시 기대하는 미래수익과 (b) 실제보상(또는 사후적보상), 즉 그룹 구성원이 무형자산의 사용을 통해 실제로 실현한 수익을 구분하는 것이 중요하다.(TP §6.44)

무형자산의 개발, 향상, 유지, 보호, 사용에 기여한 그룹 구성원에 대한 보상은 일반적으로 사전적(ex ante) 기준으로 결정된다. 즉, 거래가 실행되는 시점으로 무형자산과 관련된 위험이 실현되기 이전에 결정된다. 이러한 보상은 일정금액 또는 일정비율이다. 실제 실현된 사후적(ex post) 수익 내지 손실의 배분은 해당 사안의 사실관계에 따라 결정된다.(TP §6.45) 이 경우, 중요한 문제는 납세자의 계약합의, 무형자산의 법적소유권, 당사자들의 행위를 고려하여 만들어진 틀 안에서 그룹 구성원의 기능, 자산, 위험에 대한 정상대가를 어떻게 결정할지이다.(TP §6.46)

D. 법적소유자와 경제적소유자의 차이

무형자산의 법적소유자는 다음 사항을 실제로 충족하는 경우에만 다국적기업그룹의 무형자산 사용으로 창출된 모든 기대수익에 대한 권리가 있다.
- 무형자산의 개발, 향상, 유지, 보호, 사용과 관련된 모든 기능을 수행하고 통제
- 무형자산의 개발, 향상, 유지, 보호, 사용에 필요한 자금을 포함한 모든 자산을 제공
- 무형자산의 개발, 향상, 유지, 보호, 사용과 관련된 모든 위험을 부담

법적소유자가 아닌 다국적기업그룹의 하나 이상의 구성원이 무형자산의 개발, 향상, 유지, 보호, 사용과 관련된 기능을 수행하고 자산을 사용하며 위험을 부담하는 경우, 그 관계 회사들은 그 기여에 대해 정상거래기준으로 보상받아야 한다. 이러한 보상은 무형자산의 사용으로 창출될 것으로 예상되는 수익의 전부 또는 상당 부분이다.(TP §6.71)

실제사후수익 및 예상사전수익의 차이로 인한 손익에 대한 그룹 구성원의 권리는 실제거래를 기술할 때 식별된 위험을 실제로 그룹의 어느 당사자가 부담하는지에 달려 있다. 또한, 이는 중요기능을 수행하고 경제적 중요위험을 통제하는데 기여하는 당사자가 누구인지에 좌우되는데, 이 경우 이러한 기능에 대한 정상대가에는 이익분할요소가 포함되어야 한다.(TP §6.72)

2. 무형자산과 관련된 기능, 자산 및 위험

특정 구성원이 무형자산의 법적소유자인지 판단한 것만으로 무형자산을 사용할 수 있는 상업적 권리의 결과로 그 구성원에 발생하는 최초수익을 궁극적으로 향유할 권리가 있다고 할 수 없으며, 다국적기업그룹 나머지 구성원들에게 그들의 수

행기능, 사용자산, 부담위험에 대한 보상을 제공한 후 나머지 사업수익을 향유할 권리가 있다고 할 수도 없다.(TP §6.47)

다국적기업그룹의 모든 구성원들은 무형자산의 개발, 향상, 유지, 보호, 사용과 관련하여 그들의 수행기능, 사용자산 및 부담위험에 대해 적절한 보상을 받아야 한다. 따라서 기능분석을 통해 무형자산의 개발, 향상, 유지 및 보호 기능에 대한 통제를 수행한 구성원, 필요한 자금 및 기타자산을 제공하는 구성원 및 무형자산과 관련된 다양한 위험을 부담하고 통제하는 구성원이 누구인지 확인해야 한다. 물론 이 경우 해당 구성원은 무형 자산의 법적소유자일 수도 있고 아닐 수도 있다.(TP §6.48)

그룹 구성원이 기능수행, 자산사용 및 위험부담의 방식으로 무형자산 가치창출에 한 기여의 상대적 중요성은 상황에 따라 달라진다. 예를 들면, 그룹 구성원이 완전히 개발되어 현재 사용가능한 무형자산을 제삼자로부터 구매하고 다른 구성원이 제조 및 도매 기능을 통해 사용하지만, 적극적 관리 및 통제는 여전히 무형자산을 구매한 구성원이 수행하는 경우가 있다. 이 무형자산에는 개발활동이 필요하지 않으며, 유지 및 보호는 제한적으로 필요하거나 전혀 필요하지 않고 취득당시 목적한 사용영역 외에는 거의 쓸모없다고 가정한다. 이 경우, 무형자산관련 개발위험은 존재하지 않지만, 무형자산의 사용과 관련된 다른 위험은 존재할 수 있다. 구매자가 수행한 주요기능은 시장에서 가장 적절한 무형자산을 선택하고 다국적기업그룹이 무형자산을 사용하였을 때 가능한 이익을 분석하는 기능으로, 무형자산 구매결정 또한 이에 해당한다. 여기서 사용되는 주요자산은 무형자산을 구매하기 위해 필요한 자금이다. 구매자가 이러한 주요기능을 수행할 능력을 지니고 실제로 그 기능을 수행한 경우, 다른 관계회사가 수행한 세소 및 노내 기능에 내 한 정상대가를 지급한 후 무형자산 소유자가 무형자신의 취득 이후 시용으로부디 창출된 수익 또는 손실을 향유할 권리가 있다. 사실관계가 간단한 유형은 분석이 단순하겠지만 아래 경우에는 분석이 까다롭다.(TP §6.49)

- 다국적기업그룹 스스로 무형자산을 개발한 경우, 특히 그러한 무형자산이 개발 중인 단계에서 관계회사들 간에 이전되었을 경우
- 개발을 진행하기 위한 플랫폼(platform;기반) 목적으로 취득하거나 직접 개발한 무형자산인 경우

• 마케팅 또는 제조 등과 같은 다른 측면이 가치창출에서 특별히 중요한 경우

A. 기능의 수행 및 통제(performance and control of functions)

1) 기능의 수행 및 통제의 의미

다국적기업그룹 구성원들은 수행기능에 대해 정상대가를 받아야 한다. 무형자산과 관련된 경우, 이는 무형자산의 개발, 향상, 유지, 보호, 사용과 관련된 기능을 말한다. 따라서 무형자산의 개발, 향상, 유지, 보호, 사용과 관련된 기능을 수행하는 구성원의 파악은 관계거래가격을 결정하고 다국적기업그룹이 무형자산의 사용으로서 창출한 수익을 궁극적으로 향유할 구성원을 판단하는 데 중요하다.(TP §6.50)

다국적기업그룹 구성원들의 수행기능, 사용자산 및 부담위험에 대한 적정대가의 필요성이란, 무형자산의 법적소유자가 무형자산의 사용에 따른 모든 수익을 궁극적으로 향유하기 위해서는 무형자산의 개발, 향상, 유지, 보호, 사용과 관련된 모든 기능을 수행하고 모든 사용자산을 출연하고 모든 위험을 부담해야 한다는 의미이다. 그렇지만 이것이 다국적기업그룹의 관계회사가 무형자산의 개발, 향상, 유지, 보호, 및 사용과 관련하여 특별한 방식으로 사업활동을 해야 한다는 의미는 아니다. 다국적기업그룹이 무형자산의 사용을 통해 창출한 수익의 일부를 법적소유자가 궁극적으로 향유하거나 수취하기 위해 무형자산의 개발, 향상, 유지, 보호, 사용과 관련된 모든 기능을 자기 종업원을 통해 직접 수행할 필요는 없다. 독립기업거래에 있어 때로는 특정기능을 다른 기업으로부터 외부조달하기도 한다. 이와 마찬가지로 무형자산의 법적소유자인 다국적기업그룹 구성원은 무형자산의 개발, 향상, 유지, 보호, 사용과 관련된 기능을 제삼자 또는 관계회사로부터 외부조달할 수 있다.(TP §6.51)

법적소유자가 아닌 관계회사들이 무형자산의 가치에 기여하는 활동을 수행하는 경우 그들이 수행한 기능에 따른 정상대가를 보상해야 한다. 기능의 기여에 대한 정상대가를 결정할 때 독립거래의 적용가능성, 무형자산가치의 창출을 위해 수행된 기능의 중요성, 각 당사자가 현실적으로 선택가능한 대안들을 고려해야 한다.(TP §6.52)

제삼자 간의 외부조달(outsourcing)계약에서, 법적소유자의 지시 또는 통제 아래 해당 기업이 법적소유자를 대신하여 무형자산의 개발, 향상, 유지, 보호, 사용과 관련된 기능을 수행하는 것이 일반적이다. 그런데, 다국적기업그룹 구성원인 관계회사들의 관계특성상 무형자산의 법적소유자가 아닌 다른 관계회사가 외부조달된 기능의 수행을 통제하는 경우가 많다. 이 경우, 무형자산의 법적소유자는 정상가격기준으로 관계회사들이 수행한 무형자산의 개발, 향상, 유지, 보호, 사용과 관련된 통제기능에 대해 보상해야 한다. 통제를 하거나 관리기능을 수행하는 특정 관계회사의 능력을 평가하는 것은 분석에서 중요한 부분이다.(TP §6.53)

법적소유자가 무형자산의 개발, 향상, 유지, 보호, 사용과 관련된 기능을 직접 수행하지 않거나 통제하지 않는 경우, 법적소유자는 외부조달된 기능과 관련된 어떠한 수익도 지속적으로 향유할 권리가 없다. 상황에 따라, 무형자산의 개발, 향상, 유지, 보호, 사용과 관련된 기능을 수행하거나 통제하는 관계기업에게 법적소유자가 지급해야 하는 정상대가는 무형자산의 사용으로 수취하는 전체수익의 일부가 된다. 그러므로 무형자산의 개발, 향상, 유지, 보호, 사용과 관련하여 어떤 기능도 수행하지 않은 법적소유자는 무형자산의 개발, 향상, 유지, 보호, 사용과 관련한 기능의 수행이나 통제와 관련된 어떠한 수익도 받을 자격이 없다. 법적소유자는 자신이 실제로 수행하는 기능, 실제로 사용하는 자산 및 실제로 부담하는 위험에 대한 정상대가를 받을 자격이 있다.(TP §6.54)

무형자산의 개발, 향상, 유지, 보호, 사용에 기여한 상대가치는 사실관계에 따라 달라진다. 보다 많은 기여를 하는 다국적기업그룹 구성원은 상대적으로 보다 많은 대가를 받게 된다. 예를 들면, 연구개발활동에 자금을 지원하는 활동만을 수행하는 기업은 자금지원과 함께 연구개발활동에 대한 통제활동도 수행하는 기업에 비해 낮은 수준의 수익(return)을 기대한다. 다른 조건들이 같다면 기업이 투자, 통제 및 연구개발활동을 실질적으로 수행하는 경우에는 이보다 높은 수준의 수익을 기대한다.(TP §6.55)

다국적기업그룹 구성원들의 기능의 기여에 대한 정상대가를 고려할 때, 일부 중요기능은 특별히 중요하다. 이러한 중요기능의 성격은 사실관계에 따라 다르다. 자체개발한 무형자산 또는 향후 개발활동을 위한 기반(platform)으로 사용되는 자체개발하거나 취득한 무형자산의 경우, 이러한 주요기능에는 연구 및 마케팅 프로그램의 설계 및 통제, 비실용(blue sky)연구과정의 결정과 같은 창의적 과제의 지시 및 우선순위설정, 무형자산 개발프로그램에 대한 전략결정의 통제, 예산의 관리 및 통제 등이 포함된다. 또한, 무형 자산(자체개발 또는 취득)과 관련한 다른 중요기능에는 무형자산의 방어 및 보호와 관련된 주요결정, 무형자산가치에 상당한 영향을 미치는 제삼자 또는 관계회사가 수행하는 기능에 대한 지속적 품질관리 등이 있다. 이러한 중요기능들은 보통 무형자산가치에 상당한 기여를 하며, 법적소유자가 관계회사와의 계약에 따라 중요기능을 외부조달하는 경 우 그러한 기능수행에 대해서 다국적기업그룹이 무형자산을 사용하여 창출하는 수익의 적정부분에 상당하는 보상이 이루어져야 한다.(TP §6.56)

2) 중요기능의 외부조달에 대한 이전가격방법

중요기능의 외부조달에 대한 비교가능거래를 찾기는 어려우므로, 거래이익분할법이나 가치평가기법 등 비교대상에 직접 의존하지 않는 이전가격방법을 사용하여 중요기능의 수행에 대해 보상해야 한다. 법적소유자가 중요기능의 대부분을 다른 구성원으로부터 외부조달하는 경우, 법적소유자가 그 구성원에 대가를 준 다음 무형자산의 사용으로 발생하는 수익의 상당부분을 향유하는 것은 인정되지 않는다. 또한, 그러한 중요기능을 합리적 사업방식으로 행동하는 독립기업으로부터 외부조달할 수 없거나 선택한 실제거래 구조가 적절한 이전가격결정을 방해하는 경우 실제거래구조를 무시해야 한다.(TP §6.57)

중요기능들은 무형자산의 성공적인 개발, 향상, 유지, 보호, 사용에 핵심이 되는 다양한 수행기능, 사용자산 및 부담위험을 관리하는데 주된 역할을 하며 무형자산의 가치창출에 필수적이므로, 이러한 중요기능을 수행하는 기업과 다른 관계회사들 간의 거래를 주의 깊게 평가해야 한다. 특히 중요기능의 주요부분을 수행하는 기업이 분석대상기업으로 선정되는 경우, 거래당사자들의 일방만을 평가하는 일방적방법의 신뢰성은 상당히 떨어진다.(TP §6.58)

B. 자산의 사용(Use of assets)

무형자산의 개발, 향상, 유지, 보호, 사용에 사용되는 자산을 출연한 다국적기업그룹 구성원은 그에 대한 적절한 대가를 받아야 한다. 그러한 자산에는 연구, 개발 및 마케팅에 사용되는 무형자산(노하우, 고객관계 등), 유형자산 또는 자금 등이 있다. 다국적기업그룹 구성원은 무형자산의 개발, 향상, 유지, 보호, 사용과 관련하여 자금을 제공하면서 하나 이상의 구성원들이 이와 관련된 모든 기능을 수행하기도 한다. 이 경우 자금활동에 대한 적정수익을 산정할 때, 투자를 한 당사자가 투자활동이나 자산과 관련된 위험을 통제하지 않거나 기능을 수행하지 않는다면, 독립기업거래의 비슷한 상황에서 중요기능을 수행하고 통제하며 투자활동과 관련된 중요위험을 부담하는 투자자와 같은 수준의 수익을 기대할 수 없다. 무형자산 관련비용을 부담하는 기업에게 지급해야 할 보상의 성격 및 금액은 관련된 모든 사항에 따라 결정되어야 하며, 그런 계약을 볼 수 있는 독립기 업간 비슷한 투자계약과 같아야 한다.(TP §6.59)

자금활동은 특정 위험부담(자금투자를 하는 당사자는 해당자금의 손실위험을 부담)을 수반하므로 자금활동과 위험부담은 연관되어 있다. 그러나 부담위험의 성격과 범위는 거래의 경제적 관련특징들에 따라 다르다. 예를 들면, 자금을 투자받는 당사자의 신용등급이 높거나 담보자산이 존재하거나 투자가 저위험성이라면, 자금을 투자받는 당사자의 신용등급이 낮거나 담보자산이 존재하지 않거나 투자가 고위험성인 경우에 비해 위험이 낮다. 또한, 투자자금의 액수가 클수록 투자자에게 미칠 잠재위험의 영향이 더 크다.(TP §6.60)

위험관련 이전가격분석의 첫 단계는 경제적 중요성이 있는 위험의 특성을 식별하는 것이다. 이때 중요한 것은 자금활동과 관련된 재무위험과 새로운 무형자산의 개발을 위해 자금이 사용될 때에 수반되는 개발위험 같은 운영활동관련 운영위험을 구별하는 것이다. 자금을 투자하는 당사자가 다른 위험을 부담하지 않고 투자관련 재무위험에 대해만 통제권한이 있다면, 일반적으로 재무위험을 반영한 조정된 수준의 수익만을 기대한다.(TP §6.61)

일반적으로 계약내용에서 투자조건을 결정하는데, 이는 당사자들의 행위에 나타나는 거래의 경제적 특성에 의해 분명해지고 보완된다. 투자자가 일반적으로 기대하는 수익은 위험을 적절히 조정한 수익에 상당하는 금액이다. 이러한 기대수익은 자본비용이나 비교 가능 경제특성을 지닌 현실적 대체투자수익에 근거해 산정될 수 있다. 자금활동에 대한 적정수익을 결정할 때, 자금을 받는 당사자에게 현실적으로 가능한 자금조달대안을 고려하는 것이 중요하다. 자금투자자의 사전기대수익과 사후실제수익 사이에 차이가 있을 수 있다. 대여자가 고정이자율로 일정금액을 대여하는 경우 기대수익과 실제수익의 차이는 차입자가 차입금의 일부 또는 전부를 갚지 못하는 경우 실현되는 위험이 반영된 것이다.(TP §6.62)

투자금 및 그 자금이 사용되는 투자대상을 고려한 투자자의 투자위험에 따라, 자금제공에 수반되는 재무위험을 통제하기 위해 필요한 활동의 범위와 형식이 달라진다. 특정 재무위험을 통제한다는 것은 위험이 내재된 상업활동(이 경우, 자금활동)에 대한 의사결정권을 가지며 실제로 그러한 의사결정권을 행사할 수 있다는 의미이다. 또한, 재무위험을 통제하는 당사자는 위험완화활동을 직접 수행하지 않는다면, 재무위험에 대한 일상적 위험완화활동(day-to-day risk mitigation activities)을 외부조달하는 경우 그에 대한 통제활동을 수행해야 하고, 의사결정을 하는데 필요한 모든 예비작업(preparatory work)에 대한 통제활동을 수행해야 한다.(TP §6.63)

무형자산개발을 위해 자금을 투자할 때, 위험이 있는 상업활동을 수행할지 및 그러한 위험에 어떻게 대처할지에 대한 의사결정은 자금투자와 거래의 조건에 영향을 준다. 그러한 의사결정은 자금을 투자받는 당사자의 신용등급평가 및 개발프로젝트 관련위험이 기대 수익에 미치는 영향, 추가적 자금투입이 필요한지 여부에 의해 영향을 받는다. 자금제공의 조건에는 투자수익에 영향을 미칠 중요한 개발결정에 자금지원결정을 연계할 가능성을 포함하기도 한다. 예를 들면, 프로젝트를 다음 단계로 진행시켜야 할지 또는 값비싼 자산에 투자를 허용해야 할지에 대해 의사결정이 이루어져야 한다. 개발위험이 클수록 재무위험과 개발위험이 더 밀접하게 관련될수록 기대수익을 얻기 위해 자금제공자에게 무형자산 개발과정과 그 결과를 평가할 능력이 더 요구되며, 자금제공자는 재무위험에 영향을 주는 주요개발과정과 지속적 자금제공을 더 밀접하게 연계시킨다. 자금제공자는 지속적 자금제공에 대한 판단능력을 가져야 할 뿐 아니라, 실제로 그러한 판단을 해야 하며, 자금제공에 대한 의사결정을 실제로 하는 경우 그러한 판단들을 고려해야 한다.(TP §6.64)

C. 위험의 부담(assumption of risks)

무형자산 관련거래에 대한 기능분석에 있어 중요한 위험의 종류에는 다음과 같은 것 들이 있다. 이러한 위험의 존재나 정도는 개별사안의 사실관계 및 해당 무형자산의 특성에 따라 달라진다.(TP §6.65)

▎무형자산 관련위험의 종류 ▎

1. 고비용의 연구개발 또는 마케팅활동이 성공하지 못할 위험이나 투자시점과 관련된 위험(투자가 개발과정의 초기, 중간 또는 말기에 이루어졌는지에 따라 투자관련 위험수준이 달라 짐)과 같은 무형자산 개발위험
2. 경쟁자의 기술진보가 무형자산가치에 부정적 영향을 미치는 위험과 같은 제품진부화위험
3. 무형자산권리의 보호 또는 다른 사람의 권리침해주장에 대한 방어로 인한 시간소모, 비용지출과 패소 위험과 같은 권리침해위험
4. 무형자산을 사용한 제품 및 용역과 관련된 제품책임위험 및 그와 비슷한 위험
5. 무형자산이 창출하는 수익과 관련한 무형자산이용위험 및 불확실성

무형자산의 개발, 향상, 유지, 보호, 사용과 관련된 위험을 부담하고 통제하는 다국적 기업그룹 구성원의 식별은 관계거래의 가격을 결정하는 데 있어 중요하다. 위험부담에 따라, 그 위험이 실현되면 어느 당사자가 그 결과에 책임을 질 것인지 결정된다. 관계거래를 정확히 기술하면, 법적소유자가 위험을 부담하거나 또는 그룹의 다른 구성원이 위험을 부담하여 그에 대한 기여에 대해 보상받아야 한다는 사실을 알 수 있다.(TP §6.66)

무형자산의 개발, 향상, 유지, 보호, 사용과 관련된 위험을 어느 당사자가 부담하는지 판단하는 경우, 관계거래의 위험을 분석하는 1단계부터 5단계의 절차를 따라야 한다.(TP §6.67)

위험부담으로 인한 수익에 대한 권리를 주장하는 그룹의 구성원이 위험이 실현될 경우 수행해야 할 활동이나 부담해야 할 비용에 대한 책임을 지는지 특히 확인해야 한다. 위험분석틀에 따라 결정된 위험부담 관계기업이 아닌 다른 관계기업이

비용을 부담하거나 활동을 수행한다면, 위험을 부담한 당사자에게 비용을 배분하고 다른 관계기업이 위험노출로 수행하게 된 활동에 대해 적절한 대가를 주기 위해 이전가격조정을 해야 한다.(TP §6.68)

D. 실현된 사후이익

실현된 사후이익이 예상된 사전이익과 차이가 나는 경우는 흔하다. 이는 예상하지 못한 상황전개로 인해 예상되었던 것과 다르게 실현된 위험의 결과이다. 예를 들면, 시장에서 경쟁력이 있던 제품이 퇴출되거나, 중요시장에 자연재해가 발생하거나, 예상치 못한 원인에 의해 중요자산이 기능을 못하거나, 경쟁자가 혁신적 기술개발을 이루어낸 경우 무형자산을 사용하여 제조하던 제품이 진부화되거나 경쟁력이 약화된다. 한편, 사전수익의 계산과 보상계약이 근거하는 재무예측이 위험과 예상되는 사건의 가능성을 적절히 감안하였고, 실제수익과 기대수익의 차이에 그러한 위험의 실현이 반영된 경우도 있다. 또한, 사후수익의 계산과 보상계약이 근거하는 재무예측이 다른 결과발생의 위험을 적절히 고려하지 않아 기대수익을 과대평가하거나 과소평가하는 경우도 있다. 그러한 상황에서 해당 무형자산의 개발, 향상, 유지, 보호, 사용에 기여한 다국적기업그룹 구성원들 간에 그 수익이나 손실을 어떻게 배분할 것인지의 문제가 발생한다.(TP §6.69)

이러한 문제를 해결하기 위해 실제거래를 기술할 때, 식별되는 경제적으로 중요한 위험을 실제로 부담한 다국적기업그룹 구성원이 누구인지 면밀히 분석해야 한다. 이러한 분석 틀에 따른 경제적으로 중요한 위험을 부담한 당사자는 이러한 위험을 계약상 인수하는 무형자산의 소유자인 관계기업일 수도 있고 아닐 수도 있으며, 자금투자자일 수도 있고 아닐 수도 있다. 예상결과와 실제결과의 차이를 만드는 위험이 배분되지 않는 당사자는 실제수익과 기대수익의 차이에 대한 권리가 없으며, 이러한 위험이 실현되면 그 차이로 인한 손실을 부담할 필요도 없다. 다만, 그 당사자는 중요기능을 수행하지 않고 경제적으로 중요한 위험을 통제하는데 기여하지 않아야 하는데, 이러한 기능에 대한 정상대가는 수익분할요소를 포함하기 때문이다. 또한 수행기능, 사용자산 및 부담위험에 대해 그룹 구성원에게 지급되는 사전대가가 실제로 정상거래원칙에 부합되는지 검토해야 한다. 예를 들면, 그룹이 기대수익을 과소평가하거나 과대평가하여 다른 구성원의 기여분에 대해 사전적으로 과소지급하거나 과다지급하는지 확인해야 한다. 거래 당시에 가치평가가 상당히 불확실한 거래는 특히 이러한 과소평가 또는 과대평가를 하기 쉽다.(TP §6.70)

3. 거래유형(fact patterns)별 사실관계의 식별

무형자산의 개발, 향상, 유지, 보호, 사용과 관련하여 관계회사들의 수행기능 및 부담 위험에 대해 정상거래기준으로 합리적으로 보상받았는지 판단하기 위해 수행활동의 수준과 성격, 지급대가의 금액과 방식을 고려해야 한다.(TP §6.75)

A. 마케팅무형자산의 개발 및 향상 : 판매업자의 기여

마케팅무형자산 거래의 일반적 상황은 상표권 법적소유자의 관계회사가 상표권 법적 소유자에게 이익을 주는 마케팅이나 판매 기능(마케팅계약 또는 판매·마케팅계약을 통해)을 수행하는 경우이다. 이 경우, 마케팅업자나 판매업자가 그 활동에 대해 어떻게 보상받아야 하는지 결정해야 한다. 한 가지 중요한 문제는 마케팅업자나 판매업자가 그들이 수행하는 판촉 및 판매 기능에 국한하여 보상받아야 하는지, 또는 마케팅 및 판매를 할 경우 수행한 기능, 사용한 자산 및 부담한 위험에 따라 가치가 높아진 상표권 및 기타 마케팅무형자산에 대해서도 보상받아야 하는지이다.(TP §6.76) 이 문제의 분석에는 다음 사항들을 고려해야 한다.

> 1. 법적등록 또는 계약에 따라 거래쌍방에 주어지는 의무 또는 권리
> 2. 거래쌍방이 수행한 기능, 부담한 위험 및 사용한 자산
> 3. 마케팅업자나 판매업자의 활동을 통해 창출될 것으로 기대되는 무형자산의 가치
> 4. 마케팅업자나 판매업자가 수행한 기능(사용자산 및 부담위험 고려)에 대한 보상

한 가지 분명한 사례는 판매업자가 판촉비용을 보상받으면서 상표권 및 기타 마케팅 무형자산의 소유자로부터 그 활동을 지시받고 통제받는 대리인 역할만 수행하는 경우이다. 이 경우, 판매업자는 보통 대리인활동에 대해서만 합리적 보상을 받을 자격이 있다. 판매업자는 상표권 및 기타무형자산의 추가개발에 대한 위험을

부담하지 않으므로 추가 보상에 대한 권리가 없다.(TP §6.77)

　다른 사람이 소유하는 무형자산의 가치를 개발 또는 증진시키거나 가치의 개발이나 증진에 상당히 관여하는 경우, 이러한 기여에 대한 정상대가를 수취해야 한다. 다만, 이러한 기여대가가 무형자산이 포함된 관계거래의 계약조건에 포함되는 경우 무형자산 기여대가를 별도로 구분하지 않는 것이 일반적이다.(Reg §1.482 - 4.f.4)

　판매업자가 마케팅활동에 따른 비용을 실질적으로 부담하는 경우(법적소유자가 판매업자가 지출한 비용을 보상해주어야 할 약정이 없는 경우), 판매업자의 수행기능, 사용자산, 부담위험 등으로 인해 발생하는 현재 또는 미래의 수익을 공유하는지에 분석의 초점을 두어야 한다. 일반적으로, 정상거래에서 무형자산을 소유하지 않은 당사자가 마케팅활동을 수행하여 향상되는 무형자산가치로 인한 이익을 공유할 수 있는지 여부는 당사자가 가지는 권리의 사실관계에 따라 다르다. 예를 들면, 상표권이 있는 상품의 독점판매권을 사용하는 장기계약을 맺은 판매업자의 경우 상표권이나 기타 마케팅무형자산의 가치를 개발하기 위해 수행한 기능, 사용한 자산 및 부담한 위험으로 인한 이익을 매출액이나 시장점유율을 통해 받게 된다. 이 경우, 판매업자는 자신의 노력으로 자신의 무형자산인 판매권(distribution rights)의 가치를 높였다고 할 수 있다. 이 경우, 판매업자의 이익에 대한 몫을 결정할 때 비교가능 독립거래에서 독립판매업자가 받게 될 이익의 몫을 고려해야 한다. 어떤 경우에는, 판매업자가 비슷한 권리를 지닌 제삼자보다 많은 기능을 수행하고 많은 자산을 사용하며 많은 위험을 부담하거나, 또는 자신의 판매활동의 이익을 위해 활동하는데 이것이 다른 비슷한 판매업자가 창출하는 것보다 많은 가치를 창출하기도 한다. 이 경우, 독립판매업자는 일반적으로 상표권 및 기타무형자산의 소유자에게 추가 대가를 요구하는 것이 보통이다. 그러한 추가대가는 상품매입가격의 하락을 통한 높은 수준의 판매이익, 사용료율 감소, 상표권 및 기타 마케팅무형자산 가치의 향상에 따른 이익공유 등의 형태로 나타난다.(TP §6.78)

　예를 들면, 비용기준(bright line test)를 적용하여 광고마케팅홍보(advertisement, marketing, promotion)에 지출하는 일상적비용과 비일상적비용을 구분한 후, 자회사(판매 업자)가 지출하는 비일상적비용은 최종적으로 모회사가 소유하는 마케팅무형자산을 창출하는데 기여하므로 자회사는 그 대가를 모회사로부터 수취하는 것이 합리적이다.

광고마케팅홍보활동에 비례하여 마케팅무형자산의 가치는 커지는 경향이 있다. 따라서 시장진입초기에는 광고마케팅홍보용역 제공자가 더 많은 대가를 수수하고 어느 정도 마케팅자산의 가치가 형성된 후에는 마케팅자산 제공자가 더 많은 대가를 수수하게 된다.

B. 연구개발 및 공정개선 계약

마케팅무형자산에 대한 원칙은 다국적기업그룹 구성원이 장래에 다른 관계회사가 법적으로 소유할 무형자산의 연구개발에 대한 계약을 맺고 연구개발활동을 수행하는 경우에도 적용된다. 연구개발활동에 대한 합리적 보상은 연구팀이 연구관련 고유기술 및 경험을 보유하고 위험(비실용연구 수행 등)을 부담하는지, 자기보유 무형자산을 사용하는지, 다른 당사자에 의해 통제되고 관리되는지 등 모든 사실관계를 고려하여 결정되어야 한다. 비용에 통상이윤(markup)을 더하여 보상하는 것이 모든 경우에 연구팀의 기여에 대한 정상대가나 기대가치를 반영하는 것은 아니다.(TP §6.79) 또한, 위의 마케팅무형자산에 대한 원칙은 다국적기업그룹 구성원이 다른 관계회사를 대신하여 그 관계회사가 법적으로 소유할 공정이나 제품의 개선을 이룰 수 있는 제조용역을 제공하는 경우에도 적용된다.(TP §6.80)

C. 회사명(company name) 사용에 대한 대가

그룹의 이름, 상표명 및 이와 비슷한 무형자산의 사용대가가 정상가격인지에 대한 문제가 종종 발생한다. 일반적으로 그룹의 구성원을 나타내기 위한 목적으로 그룹 구성원임을 단순히 표시하거나 그룹명을 사용하는 경우에는 이전가격목적상 대가를 지급하지 않아도 된다.(TP §6.81)

그룹의 구성원이 그룹명과 관련된 상표권 및 다른 무형자산의 소유권을 가지고, 다른 구성원 외의 구성원에게 그룹명을 사용하게 하여 경제적이익이 생기는 경우, 독립거래에서는 사용대가를 지급하였을 것이라 보는 것이 합리적이다. 한편, 그룹의 구성원이 등록되지 않은 상표로 표현되는 사업에 대한 영업권을 소유하는 경우 그 대가를 지급해야 하는데, 다른 당사자가 그 상표를 사용하면 오해를 불러일으킬 수 있고, 영업권과 미등록 상표를 소유하는 구성원 외의 다른 구성원이 그 상표를 사용하여 명백히 경제적이익을 얻기 때문이다.(TP §6.82) 그룹명에 대한 지급대가의 금액을 결정할 때 그룹명의 사용으로 발생한 경제적이익의 크기, 다른 대안과 관련된 비용 및 수익, 법적소유자 및 그룹명 사용기업이 기능수행, 자산사용 및 위험부담의 방식으로 그룹명의 가치에 기여한 정도를 고려해야 한다. 특히, 그룹명 사용자가 자기지역에서 그룹명의 가치를 창출 또는 향상시키기 위해 수행한 기능, 사용한 자산 및 부담한 위험에 대해 고려할 필요가 있다. 비교가능상황에서 독립기업에게 그룹명의 권리를 허여하는 경우 정상거래원칙을 적용할 때 중요하게 검토해야 요소들을 또한 고려해야 한다.(TP §6.83)

　현재 성공적사업을 영위하는 기업이 다른 성공적사업을 영위하는 기업에 의해 합병되고 피합병기업이 합병기업의 이름, 상표나 기타 합병기업을 나타내는 브랜드를 사용할 경우, 그 사용에 대한 대가를 자동적으로 지급해야 하는 것은 아니다. 피합병기업이 합병기업의 브랜드를 사용하여 경제적이익이 발생할 것이라는 합리적 기대가 있을 경우에는 기대이익에 대한 지급대가의 수준을 판단해야 한다.(TP §6.84) 또한 합병기업이 피합병 기업에게 자신의 브랜드를 사용하게 하여 피합병기업의 기존시장지위를 활용하여 피합병기업의 사업활동지역 내에서 합병기업의 사업을 확장하고자 하는 경우도 있다. 이 경우, 합병기업이름의 확대사용에 대해 피합병기업이 수행한 기능, 사용한 자산(시장지위 포함) 및 부담한 위험에 대해 금전대가를 지급하거나 기타보상을 제공해야 하는지 판단해야 한다.(TP §6.85)

제3절　무형자산의 이전 및 사용을 수반하는 거래

　이전가격문제와 관련된 무형자산을 식별하고 그 무형자산의 소유자를 확인하는 데 더하여, 무형자산과 관련된 이전가격분석의 시작단계에서 무형자산을 포함하는 특정 관계 거래를 확인하고 그 성격을 적절히 기술해야 한다.(TP §6.86) 무형자산의 식별과 검토가 이전가격목적상 관련되는 경우는 일반적으로 두 가지 유형의 거래인데, 무형자산 또는 무형자산권리의 이전을 수반하는 거래와 재화판매 또는 용역제공에 있어 무형자산의 사용을 수반하는 거래가 그것이다.(TP §6.87)

제4장 무형자산 정상가격 결정

1. 무형자산 또는 무형자산권리의 이전을 수반하는 거래

A. 무형자산 또는 무형자산권리의 이전

관계거래에서 무형자산 자체에 대한 권리가 이전될 수 있다. 이러한 거래에는 무형자산에 대한 모든 권리(무형자산의 양도 또는 영구적 독점적 권리허여) 또는 제한적 권리(지리적 제한, 한정기간, 또는 사용, 이용, 복제, 재이전 또는 추가개발 권리에 제한을 두는 무형자산의 권리허여, 또는 이와 비슷한 제한된 권리의 이전)의 이전이 있다.(TP §6.88)

무형자산 또는 무형자산권리의 이전을 수반하는 거래에 있어, 관계회사들 간에 이전되는 무형자산 및 무형자산권리의 성격을 명확히 확인해야 한다. 이전되는 권리에 제한이 있는 경우, 그러한 제한의 성격 및 이전되는 권리의 범위를 확실히 파악해야 한다. 이와 관련하여, 거래형식이 이전가격분석에 영향을 미치지 않는다는 점을 알아야 한다. 예를 들면, X국에서 특허를 사용할 독점권을 이전하는 경우, 가격산정 대상거래가 특허의 잔존내용연수 동안 X국에서 특허를 사용하는 독점권을 이전하는 거래라면, 납세자가 이 거래를 X국 특허를 모두 양도하는 것으로 하든, 또는 전세계 특허의 일부에 대한 독점적 영구적 권리허여로 하든 정상가격결정에는 영향을 미치지 않는다. 따라서 기능분석에서 이전되는 무형자산권리의 성격을 명확히 파악해야 한다.(TP §6.89)

새로운 무형자산의 추가개발이나 무형자산을 사용한 신제품의 추가개발을 위한 무형자산의 사용권 허여나 이와 비슷한 계약에서 규정하는 제한조건(restrictions)은 이전가격 분석에서 상당히 중요하다. 그러므로 무형자산 양수인이 추가연구개발목적으로 이전된 무형자산 사용권을 받았는지 판단하기 위해 무형자산권리 이전의 성격을 식별하는 것이 중요하다. 독립기업거래에서 권리허여 계약기간 동안의 개발로 인해 사용된 무형자산의 가치향상이 이루어지는 경우, 양도인 또는 허여권자(licensor)가 그에 대한 권리를 모두 가지는 계약을 종종 볼 수 있다. 또한 독립기업거래에서 양수인이나 사용자가 자체개발로 이루어진 가치향상에 대한 권리를 권리허여기간 동안 또는 영구적으로 가지는 경우도 있다. 양도된 무형자산의 추가개발에 대한 제한의 성격 또는 양수인 및 양도인이 이러한 가치향상으로 경제적이익을 받을 수 있는 권리에 대한 제한(limitations)의 성격은 이전되는 권리의 가치에 영향을 미치고, 이러한 제한이 없다면 같거나 비슷한 비교가능 무형자산거래들의 비교가능성에 영향을 미친다. 이러한 제한을 평가할 때 서면계약조건과 영향을 받는 당사자들의 실제행위를 모두 고려해야 한다.(TP §6.90)

무형자산이나 무형자산권리의 이전거래의 성격을 파악하고 이전되는 무형자산의 성격을 확인하며 계약상 무형자산의 사용에 대한 제한을 파악하는 경우, 일반원칙이 적용된다. 예를 들면, 권리허여가 비독점적이거나 기간제한을 두는 서면계약조건이 계약당사자들의 실제행위와 일치하지 않는다면 과세당국은 이를 인정하지 않을 것이다.(TP §6.91)

B. 결합된 무형자산들의 이전

무형자산(무형자산의 제한적 권리 포함)은 개별적으로 또는 다른 무형자산과 결합되어 이전될 수 있다. 결합된 무형자산들 이전거래에서 두 가지 문제가 종종 발생된다.(TP §6.92) 첫째 문제는 서로 다른 무형자산들 간 상호작용의 성격 및 경제적 결과이다. 특정 무형자산이 다른 무형자산과 결합되어 사용되는 경우 개별적으로 사용되었을 때보다 큰 가치를 지닐 수 있다. 따라서 결합되어 이전되는 무형자산들 간 법적 또는 경제적 상호 작용의 성격을 파악하는 것이 매우 중요하다.(TP §6.93) 예를 들면, 약품의 경우 보통 3가지 이상의 무형자산들과 관련된다. 또한, 사용되는 제약원료는 한 가지 이상의 특허들에 의해 보호된다. 약품은 또한 검사절차를 거쳐 정부로부터 해당지역에서 해당검사에 따른 승인표시를 사용하여 판매허가를 받아야 한다. 약품은 특정상표를 사용하여 판매된다. 이 무형자산들은 결합되었을 경우 가치가 클 수 있다. 구분되는 경우, 그 중 한두 개는 낮은 가치일 수 있다. 예를 들면, 특허 또는 판매허가가 필요하지 않은 상표는 가치가 제한적인데, 판매허가없이 그 약품을 해당시장에서 판매할 수 있지만 특허가 없다면 일반경쟁자들을 해당시장에서 제외시킬 수 없기 때문이다. 마찬가지로, 특허의 가치는 판매허가를 받으면 그렇지 않을 때보다 더 커진다. 이에 따라, 여러 다른 종류의 무형자산 들 간 상호작용과 거래당사자들이 무형자산을 확보하기 위해 수행한 기능, 부담한 위험 및 지출한 비용 등은 무형자산 이전에 대한 이전가격분석에서 매우 중요하다. 사용된 무형자산권리들을 서로 다른 관계회사들이 소유하는 경우 가치창출에 대한 상대적 공헌도를 판단해야 한다.(TP §6.94)

둘째 문제는 특정거래에서 이전된 모든 무형자산들을 파악하는 것의 중요성과 관련된다. 예를 들면, 어떤 경우에는 무형자산들이 서로 밀접하게 관련되어 다른 무형자산을 이전하지 않은 채 어떤 무형자산을 이전하는 것이 실질적으로 불가능하다. 사실상 한 무형자산의 이전은 필연적으로 다른 무형자산의 이전을 의미한다. 이 경우, 무형자산들의 이전의 결과로 양수인이 사용가능한 모든 무형자산들을 식별하는 것이 중요하다. 예를 들면, 사용계약으로 상표권사용에 대한 권리를 이전하는 경우 이는 해당 상표권에 수반되는 명성의 가치 또는 허여권자가 창출한 영업권도 함께 사용된다는 의미이다. 사용수수료는 상표권 및 관련 명성의 가치 모두를 고려하여 산정되어야 한다.(TP §6.95)

비교가능상황에서 독립기업은 사실상 무형자산들을 구분하지 않겠지만, 납세자나 과세당국이 인위적으로 무형자산들을 구분하려는 상황을 확인하는 것이 중요하다. 예를 들면, 실질적으로 상표나 상표명과 연관되는 영업권 및 명성의 가치를 상표나 상표명과 인위적으로 분리하려는 시도를 확인해 비판적으로 분석해야 한다.(TP §6.96) 특정거래에서 이전되는 모든 무형자산들을 파악하는 과정은 일반원칙을 적용하여 서면계약, 당사자들의 실제행위, 수행된 실제거래를 기준으로 이루어져야 한다.(TP §6.97)

C. 다른 사업거래들과 결합되어 이전되는 무형자산 또는 무형자산권리

어떤 경우에는 무형자산 또는 무형자산권리가 유형사업자산 또는 용역과 함께 이전될 수 있다. 이 경우, 그 거래와 관련하여 무형자산이 실제 이전되었는지 파악하는 것이 중요하다. 또한, 특정거래와 관련하여 이전된 모든 무형자산을 파악하여 이전가격분석에 반영하는 것도 중요하다.(TP §6.98)

이전가격분석을 위해 유형자산거래 또는 용역거래와 무형사산 또는 무형사산권리의 이전을 구분하는 것이 가능하며 그것이 적절한 경우가 있다. 이 경우, 통합계약(package contract)을 분해하여 거래의 각 부분이 정상거래원칙에 부합하는지 판단해야 한다. 때로는 거래가 매우 밀접하게 연관되어 유형자산거래 또는 용역거래를 무형자산 또는 무형 자산권리의 이전으로부터 분리하기 어려운 경우도 있다. 거래를 통합할지 또는 분리할지 판단할 때 사용가능한 비교대상의 신뢰성이 중요한 요소로 작용한다. 특히, 사용가능한 비교대상이 관계거래의 상호작용에 대한 정

확한 분석을 가능하게 하는지에 대한 판단이 중요하다.(TP §6.99)

　무형자산 또는 무형자산권리의 이전을 수반하는 거래가 다른 거래들과 결합하여 그 자산들이 이전되는 경우의 한 예로 사업프랜차이즈(business franchise)계약을 들 수 있다. 프랜차이즈계약에서 다국적기업그룹 구성원이 다른 관계회사에게 용역과 결합된 무형자산을 제공하고 그 대가로 일정수수료를 수취하기로 약정할 수 있다. 그 계약에서 해당 용역과 무형자산이 매우 독특하여 결합거래를 분석하기 위한 믿을만한 비교대상을 찾을 수 없는 경우, 이전가격목적상 결합거래의 용역 및 무형자산을 분리할 필요가 있다. 그렇지만, 무형자산과 용역 간의 다양한 상호작용으로 둘의 가치가 모두 향상될 수 있다는 점을 알아야 한다.(TP §6.100)

　또 다른 경우, 용역제공과 하나 이상의 무형자산의 이전이 매우 밀접하게 연관되어 이전가격목적상 개별거래를 구분하기 어려울 수 있다. 예를 들면, 소프트웨어 권리를 이전하는 경우 양도인이 소프트웨어의 주기적 업데이트를 포함한 지속적 소프트웨어 유지용역도 제공하는 경우이다. 용역과 무형자산의 이전이 밀접하게 관련되는 경우 통합분석을 하여 정상가격을 결정할 필요가 있다.(TP §6.101)

　거래를 상품이나 용역의 제공, 무형자산의 이전, 또는 이 둘의 결합으로 기술한다고 해서 바로 특정 이전가격방법을 사용해야 하는 것은 아니다. 예를 들면, 원가가산법을 모든 용역거래에 쓸 수 있는 것은 아니며, 모든 무형자산거래에 복잡한 가치평가나 거래이익분할법을 써야 하는 것은 아니다. 개별사안의 사실관계 및 필요한 기능분석의 결과를 바탕으로 이전가격목적상 거래가 결합되고 기술되며 분석되는 방향이 결정된다. 궁극목적은 비교가능거래에서 독립기업 간에 성립되었을 가격 및 기타 조건을 파악하는 것이다.(TP §6.102)

　또한, 거래의 통합분석 또는 개별분석 여부는 서면계약 및 당사자들의 실제행위를 참조하여 실제거래를 기준으로 판단해야 한다. 이러한 판단이 거래성격의 재구성을 의미하지는 않는다. 실제거래에 대한 판단은 특정사안에서 가장 합리적인 이전가격방법을 선택하는데 필요한 요소이다.(TP §6.103)

2. 제품판매 또는 용역제공과 관련하여 무형자산의 사용이 이루어지는 거래

　관계거래에서 무형자산 또는 무형자산권리의 이전이 이루어지지는 않지만 무형자산이 사용되는 경우가 있다. 예를 들면, 제품을 제조하여 관계회사에게 판매하는 거래, 관계회사로부터 구매한 상품을 판매하는 거래, 관계회사를 대신하여 용역을 제공하는 거래에서 거래의 일방 또는 쌍방이 무형자산을 사용하는 경우가 있다. 이러한 거래의 성격은 분명하게 파악되어야 하며, 관계거래와 관련하여 거래당사자 중 일방 또는 상대방이 사용한 모든 관련 무형자산을 비교가능성분석(기능분석 포함), 해당거래에 대한 합리적 이전가격방법의 선택 및 적용, 분석대상기업의 선정에서 고려해야 한다. 제품판매 또는 용역제공에 수반되는 무형자산 사용거래의 정상가격판단에 대한 추가지침은 아래에서 설명한다.(TP §6.104) 관계거래에서 제품을 판매할 때 일방의 무형자산사용을 고려해야 하는 경우는 다음과 같다.

예1 자동차 제조업자가 가치있는 특허를 사용하여 자동차를 제조한 후 관계회사인 도매업자에게 판매한다고 가정한다. 또한, 사용된 특허는 자동차의 가치에 상당히 기여한다고 가정한다. 이 경우, 자동차 제조업자가 관계회사인 도매업자에게 자동차를 판매하는 거래의 비교가능성분석, 합리적 이전가격방법 및 분석대상기업의 선정에서 특허 및 특허가 사용된 자동차의 가치를 고려해야 한다. 한편, 관계회사인 도매업자는 제조업자의 특허와 관련하여 어떠한 권리도 취득하지 않는다. 이 경우, 제조에 특허가 사용되어 자동차의 가치에는 영향을 미치지만 특허 자체는 이전되지 않는다.(TP § 6.105)

예2 관계거래에서 무형자산을 사용한 다른 사례를 보면, 탐사회사가 가치있는 지질데이터 및 분석 자료, 정교한 탐사소프트웨어와 노하우를 구매하거나 개발했다고 가정한다. 또한, 이 회사는 그 무형자산을 관계회사에게 탐사용역을 제공하는데 사용한다고 가정한다. 탐사회사와 관계 회사들간의 용역제공거래의 비교가능성분석, 거래에 대한 합리적인 이전가격방법 및 분석대상기업의 선정에서 그 무형자산을 고려해야 한다. 탐사회사의 관계회사가 탐사회사의 무형자산과 관련하여 어떠한 권리도 획득하지 않는다고 가정할 때, 그 무형자산은 탐사용역을 수행하는데 사용되어 용역의 대가에는 영향을 미치지만 무형자산 자체는 이전되지 않는다.(TP§ 6.106)

제4절　무형자산거래의 정상가격

　관계거래에 포함된 무형자산을 어떤 기업이 법적으로 소유하고 어떤 기업이 그 무형자산의 가치에 기여하는지 식별한 후, 무형자산거래에 정상거래조건을 적용해야 한 다.(TP §6.107) 무형자산은 일정한 특성이 있어 비교대상을 찾기 어렵거나, 거래 당시에 가격산정이 어려울 수 있다. 또한, 특수관계로 인해 관계회사는 독립기업이 상상하기 어려운 무형자산거래를 완전히 합법적으로 구성하기도 한다. 무형자산의 사용 또는 이전은 비교가능성, 이전가격방법의 선택 및 정상거래조건의 판단에 대한 문제를 낳는다.(TP §6.108)

1. 무형자산거래에 적용되는 일반원칙

　비교가능성분석을 할 때 거래쌍방의 관점을 모두 고려하는 것이 중요하지만, 일방의 특정사업상황을 상대방의 현실적으로 가능한 대안에 반대되는 결과를 강요하기 위해 사용해서는 안 된다. 예를 들면, 양도인이 양수인에게 무형자산의 일부 또는 전부를 이전하는 경우, 양수인이 이전된 무형자산을 효과적으로 사용할 수 있는 자원이 부족하다는 이유로 현실적으로 가능한 대안(이전을 하지 않는 경우 포함)에 비해 양도인에게 불리한 대가를 받아들이지 않을 것이다. 마찬가지로, 양수인은 취득한 무형자산을 사용하여 사업에서 수익을 창출하는 것이 불가능하다고 여겨지는 경우 무형자산의 양도가격을 받아들이지 않을 것이다. 이러한 결과는 거래를 아예 하지 않는 것과 같은 현실적으로 가능한 대안에 비해 양수인에게 불리하기 때문이다.(TP §6.113)

　무형자산 거래가격이 각 당사자에 현실적으로 가능한 대안의 가격과 같은 경우도 종종 있다. 이러한 가격의 존재는 다국적기업그룹은 자원배분의 최적화를 지향한다는 가정과 일치한다. 양도인이 받아들일 수 있는 최소가격이 양수인이 받아들일 수 있는 최대가격을 넘어서는 경우가 생기면, 거래의 부인기준(criterion for non-recognition)에 따라 실제 거래를 무시해야 하는지, 또는 거래조건을 조정해야 하는지 판단해야 한다. 또한, 현재의 무형자산 사용이나 현실적으로 가능한 대안(무형자산의 다른 용도)이 모두 자원배분을 최적화하지 못한다는 주장이 제기되는 경우, 이러한 주장이 사실관계와 부합하는지 판단해야 한다. 이러한 관점은 무형자산이 포함된 실제거래를 정확히 기술하는 데 있어 모든 관련사실을 고려해야 한다는 점을 강조한다.(TP §6.114)

무형자산거래에 대한 정상가격을 산출하는 경우에는 해당 무형자산의 법적소유 여부와 관계없이 해당 무형자산의 개발, 향상, 유지, 보호, 사용과 관련하여 수행한 기능 및 수익 창출에 기여한 상대적 가치에 상응하여 특수관계가 없는 독립사업자들 간에 적용될 것으로 판단되는 합리적인 보상을 받았는지 여부를 고려해야 하며, 그 거래의 특성에 따라 무형자산으로 인해 기대되는 추가적 수입 또는 절감되는 비용의 크기, 권리행사에 대한 제한 여부, 다른 사람에게 이전하거나 재사용을 허락할 수 있는지 여부를 고려해야 한다.(국조령 §13 ①)

2. 무형자산 또는 무형자산권리의 이전

관계회사들 간 무형자산 또는 무형자산권리의 이전에서 특별한 문제가 발생한다. 이러한 거래는 무형자산의 판매뿐만 아니라 판매와 경제적으로 같은 거래를 포함하며, 하나 이상의 무형자산권리에 대한 권리허여 또는 비슷한 거래를 포함한다.(TP §6.115)

A. 무형자산 또는 무형자산권리의 비교가능성

이전가격규정을 무형자산 또는 무형자산권리에 적용할 때, 무형자산에는 고유한 특성이 있어 그 결과로 수익을 창출하고 미래에 변동폭이 큰 이익을 만들 수 있는 잠재력이 있음을 알아야 한다. 무형자산의 이전에 대한 비교가능성분석을 할 경우, 무형자산의 고유한 특성을 고려해야 한다. 이는 특히 비교가능제삼자가격법을 적절한 이전가격방법으로 보는 경우 중요하며, 비교대상을 기반으로 하는 다른 방법을 적용할 때도 중요하다. 무형자산 또는 무형자산권리의 이전이 시장에서 기업에 특별한 경쟁력을 제공하는 경우, 알려진 비교가능 무형자산 또는 거래를 면밀히 검토해야 한다. 비교대상후보가 실제로 비슷한 이익을 내는지 판단하는 것도 중요하다.(TP §6.116) 아래는 무형자산 또는 무형자산권리의 이전에 대한 비교가능성 분석의 중요성을 보여주는 무형자산의 특성에 대한 설명이다.(TP §6.117)

㉮ 독점성(exclusivity)

　　무형자산 또는 무형자산권리의 이전거래에서 권리가 독점적인지 아닌지는 중요한 비교가능성 고려사항이다. 어떤 무형자산의 경우, 법적소유자가 무형자산의 사용에 있어 다른 사람의 사용을 배제할 수 있다. 예를 들면, 특허는 특정기간 동안 특허에 포함된 발명을 사용할 수 있는 독점권을 부여한다. 무형자산의 권한을 통제하는 기업이 다른 기업을 시장에서 제외하거나 시장에서 이점을 제공하는 무형자산의 사용을 제한하면, 그 기업은 높은 수준의 시장지배력 및 영향력을 누릴 수 있다. 무형자산에 대한 비독점적 권한을 가진 기업은 모든 경쟁업체를 배제할 수 없고, 독점적 권한을 가진 기업과 같은 수준의 시장지배력을 가질 수 없다. 따라서 무형자산 또는 무형자산권리의 독점성 또는 비독점성은 비교가능성분석에서 고려되어야 한다.(TP §6.118)

㉯ 법적보호의 범위와 기간

　　관계거래와 관련된 무형자산의 법적보호의 정도와 기간은 비교가능성에 중요한 고려대상이다. 특정 무형자산과 관련된 법적보호는 경쟁업체의 시장진입을 방지한다. 노하우나 영업기밀과 같은 무형자산에 대한 법적보호는 이와 다른 성격으로 다른 무형자산만큼 강하거나 길지 않다. 제한적 수명을 가진 무형자산인 경우 법적보호기간이 그 무형자산을 사용하여 얻는 미래수익에 영향을 미칠 수 있으므로 법적보호기간이 중요하다. 예를 들면, 올해 만료되는 특허와 10년 후에 만료되는 특허는 같은 가치를 지닐 수 없다.(TP §6.119)

㉰ 지리적 범위

　　무형자산 또는 무형자산권리의 지리적 범위는 비교가능성에 중요한 고려사항이다. 상품, 무형자산의 특성 및 시장의 성격에 따라 다르겠지만, 전 세계적으로 허여되는 무형자산권리는 몇 개국으로 제한하여 허여되는 것보다 더 가치가 있다.(TP §6.120)

㉑ 내용연수

　대부분 무형자산은 내용연수가 제한된다. 특정 무형자산의 내용연수는 위에 언급한 대로 법적보호의 기간과 성격에 따라 영향을 받는다. 특정 무형자산의 내용연수는 특정 산업에서 기술변화의 정도, 신제품 및 제품개선 가능성에 영향을 받는다. 한편, 특정 무형 자산의 내용연수가 연장되는 경우도 있다.(TP §6.121)

　비교가능성분석을 할 때, 그러한 무형자산의 내용연수를 고려하는 것이 중요하다. 다른 조건이 같다면 일반적으로 시장에서 장기간 이익을 창출할 것으로 예상되는 무형자산은 단기간 비슷한 이익을 창출하는 다른 무형자산에 비해 더 가치가 있다. 무형자산의 내용연수를 평가할 때 사용용도를 고려하는 것도 중요하다. 계속적 연구개발의 기반이 되는 무형자산의 내용연수는 그 무형자산을 기반으로 하는 현재 생산제품의 상업적 수명보다 길어질 수 있다.(TP §6.122)

㉮ 개발단계(stage of development)

　비교가능성분석을 할 때, 특정 무형자산의 개발단계를 고려하는 것도 중요하다. 상업적으로 성공할 제품인지에 대한 충분한 검증을 거치기 전에 무형자산이 관계회사들 간에 이전되는 경우가 종종 있다. 가장 흔한 사례를 제약산업에서 볼 수 있다. 해당 화학물질에 대한 개발, 연구 및 테스트로 의학적 환경에서 안전하고 효과적인 치료가 가능하다는 것을 입증하기 전에 특허를 받고 관계거래에서 그 특허(또는 특허사용권)를 이전하기도 한다.(TP §6.123)

　일반적으로, 상업적으로 활용가능한 무형자산이 그렇지 않은 무형자산보다 더 가치가 있다. 부분적으로 개발된 무형자산에 대해 비교가능성분석을 실시할 경우에는 앞으로 추가개발로 미래에 상업적 이익을 창출할 수 있을지 평가하는 것이 중요하다. 어떤 경우에는 추가개발의 위험에 대한 산업자료가 이러한 평가를 하는데 도움이 된다. 그러나 개별상황에 대한 구체적 판단은 언제든지 필요하다.(TP §6.124)

㈱ 개선, 수정, 업데이트에 대한 권리

비교가능성분석에 있어 중요한 고려사항 중 하나는 무형자산에 대해 추가적으로 이루어지는 개선, 수정, 업데이트와 관련된다. 특정산업에서 무형자산에 의해 보호받는 제품이 무형자산의 지속적 개발과 개선이 없어서 상대적으로 짧은 시간에 진부화되거나 경쟁력을 상실할 수 있다. 결론적으로 업데이트 또는 개선을 할 것인지는 무형자산으로 단기간 이익을 볼 것인지 아니면 장기간 이익을 볼 것인지의 문제이다. 그러므로 비교가능성분석에서 무형자산권리의 권리허여에 개선, 수정 및 업데이트를 할 수 있는 권리가 포함되는지 고려해야 한다.(TP §6.125) 위 문제와 비슷한 중요한 문제는 무형자산의 양수인이 새롭고 발전된 무형자산을 개발하기 위한 연구와 직접 관련되는 무형자산을 사용할 권리가 있는지 여부이다. 예를 들면, 새로운 소프트웨어제품을 개발하는 기반으로 이미 존재하는 소프트웨어플랫폼(platform)을 사용할 권리는 개발기간을 단축할 수 있으며, 새로운 제품이나 창안으로 시장의 선두주자가 되거나 이미 경쟁제품이 지배하는 시장에 진입하는 차이를 만든다. 그러므로 무형자산에 대한 비교가능성분석에서 새롭게 향상된 형태의 제품을 개발하는 데 있어 당사자들이 무형자산을 사용할 권리가 있는지 고려해야 한다.(TP §6.126)

㈲ 미래기대이익(expectation of future benefit)

앞에서 검토한 비교가능성의 고려대상들은 무형자산의 사용으로 수취되는 미래이익에 대한 거래당사자들의 기대와 관련하여 중요한 의미가 있다. 다른 무형자산과 비교할 때 어떤 무형자산 사용의 미래기대이익에 차이가 있다면, 믿을만한 비교가능성조정 없이 그 무형자산을 비교대상으로 사용하는 것은 적절치 않다. 특히, 무형자산에 기반한 제품의 실제수익 및 기대수익을 고려하는 것이 중요하다. 고수익 제품이나 용역의 기반이 되는 무형자산을 업계 평균정도의 수익을 내는 제품의 기반이 되는 무형자산과 비교하기는 어렵다. 무형자산으로 미래이익을 수취하기 위한 관계거래에서 당사자의 기대에 상당한 영향을 미치는 요인은 비교가능성분석을 수행할 때에 고려되어야 한다.(TP §6.127)

B. 무형자산 또는 무형자산권리 이전거래들의 위험의 비교

무형자산 또는 무형자산권리의 이전에 대한 비교가능성분석을 할 경우, 이전된 무형자산으로 미래의 경제적이익을 수취할 가능성과 관련된 위험의 존재를 고려해야 하며, 이에는 위험분석방법으로 분석하는 당사자들 사이의 위험배분이 포함된다. 무형자산의 이전 또는 무형자산의 결합(combinations)이 비교가능한지 평가하고 무형자산 그 자체를 비교가능한지 평가하는 데 있어 다음 유형의 위험을 고려해야 한다.(TP §6.128)

- 무형자산의 향후 개발과 관련된 위험. 이는 무형자산이 상업적으로 사용가능한 제품과 관련되는지, 미래에 상업적으로 사용가능한 제품에 사용될 수 있는지, 개발과 테스트에 소요되는 비용 및 그러한 개발과 테스트가 성공할 가능성 등에 대한 평가를 포함한다. 부분적으로 개발된 무형자산의 이전에 있어 이러한 개발위험을 고려하는 것이 특히 중요하다.
- 제품의 진부화 및 무형자산의 가치하락과 관련된 위험. 이는 무형자산을 사용하는 제품시장을 경쟁자가 잠식할 수 있는 새로운 제품이나 용역을 출시할 가능성에 대한 평가를 포함한다.
- 무형자산권리의 침해와 관련된 위험. 이는, 무형자산기반 제품이, 다른 사람이 소유한 무형자산 권리를 침해했다고 주장할 수 있는 가능성과 이를 방어하기 위해 소요될 비용에 대한 평가를 포함한다. 또한, 다른 사람이 내가 가진 무형자산권리 침해를 성공적으로 방어할 가능성, 위조 제품이 해당시장을 잠식할 가능성, 권리침해가 있는 경우 실질적 피해를 입을 위험에 대한 평가를 포함한다.
- 제품책임(product liability) 및 무형자산의 미래사용과 관련된 이와 비슷한 위험

C. 무형자산 또는 무형자산권리에 대한 비교가능성 차이조정

비교가능성 차이조정에 대한 일반원칙들은 무형자산 또는 무형자산권리 이전거래에도 적용된다. 무형자산의 차이는 믿을만한 방법으로 조정하기 어려운 경제적 결과를 나타낼 수 있다. 특히, 비교가능성 차이조정금액의 대부분이 무형자산에 대한 대가인 경우, 비교가능성조정을 믿을 수 없으며 이전가격분석을 위해 비교대상

으로 삼은 무형자산이 사실은 충분히 비교가능하지 않다는 의미일 수 있다. 믿을 만한 비교가능성조정이 불가능하다면 비교대상 무형자산이나 거래의 식별에 덜 의존하는 이전가격방법을 선택해야 한다.(TP §6.129)

D. 데이터베이스에서 수집한 비교대상의 사용

비교가능성 및 비교가능성조정의 가능성은 비교대상 무형자산 및 상업데이터베이스나 공개된 권리허여계약 등의 책자에서 수집한 관련 사용료율을 평가하는 데 있어 특히 중요하다. 상업데이터베이스의 사용원칙은 이러한 자료들로부터 수집한 거래의 유용성을 평가하는데 적용된다. 특히, 상업데이터베이스, 공개된 권리허여계약 등의 책자에서 수집한 자료들이 비교가능성분석을 수행하는데 중요한 무형자산의 특징을 평가할 수 있을 정도로 구체적인지 평가해야 한다. 데이터베이스에서 식별한 비교가능 권리허여계약을 평가할 경우, 계약방법을 포함한 사실관계를 확인해야 한다.(TP §6.130)

E. 무형자산 또는 무형자산권리의 이전에 대한 최적방법의 선택

최적의 이전가격방법의 선택에 대한 원칙은 무형자산 또는 무형자산권리의 이전에 모두 적용된다. 최적방법의 선택과 관련하여 관련 무형자산의 성격, 비교가능제삼자거래 및 무형자산을 찾는 어려움, 무형자산 이전의 경우 이전가격방법을 적용하는 어려움을 고려해야 한다.(TP §6.131)

무형자산 또는 무형자산권리의 이전에 대해 상황에 맞는 최적방법을 선택하는 경우, 다른 방법으로 이루어진 거래가 비슷한 경제적 효과를 나타내는지 확인해야 한다. 예를 들면, 무형자산을 활용한 용역수행은 무형자산의 이전(또는 무형자산권리의 이전) 거래와 비슷한 경제적 효과를 나타내는데, 이들은 모두 양수인에게 무형자산가치를 이동시키기 때문이다. 따라서 무형자산 또는 무형자산권리의 이전에 대한 최적방법을 선택할 때, 자의적 거래명칭(arbitrary label)에 따르기보다는 거래의 경제적 결과를 고려해야 한다.(TP §6.132)

무형자산 또는 무형자산권리의 이전에서 어떤 기능을 제공한 자에게 제한된 수익을 배분한 후 잔여이익을 그 무형자산의 소유자에게 배분해야 한다는 가정은 성립되지 않는다. 다국적기업그룹의 국제사업과정에 대한 명확한 이해와 이전된 무형자산이 어떻게 다른 기능, 자산 및 위험과 상호작용하는지에 대한 기능분석에 기초하여 최적의 이전가격방법이 선택되어야 한다. 기능분석에서 가치창출에 기여하는 부담위험, 시장특성, 지리적 위치, 사업전략, 다국적기업그룹의 동반효과 등 모든 요소들이 식별되어야 한다. 선택된 이전가격방법과 그에 따른 조정요소들은 무형자산 그 자체와 일상적 기능뿐 아니라 가치창출과 관련된 모든 관련요소를 고려해야 한다.(TP §6.133)

하나 이상의 이전가격방법들을 사용하는 문제는 무형자산 또는 무형자산권리의 이전에 대해도 적용된다.(TP §6.134) 이전가격분석을 위한 개별거래들의 통합에 대한 원칙들은 무형자산 또는 무형자산권리의 이전과 관련된 사안에 모두 적용되며, 무형자산에 대한 지침에 의해 보완된다. 실제로는 무형자산이 다른 무형자산과 결합되거나, 재화판매나 용역 수행과 결합되어 이전되는 경우도 있다. 이 경우, 분석의 신뢰성을 향상시키기 위해 서로 관련된 거래들을 통합적으로 고려하는 것이 믿을만한 이전가격분석이다.(TP §6.135)

F. 무형자산 또는 무형자산권리의 이전에 대한 이전가격방법

구체적 사실에 따라 이전가격방법들 중 하나가 무형자산의 관계거래(controlled transfer)에 대한 최적방법이 된다. 다른 대안을 사용하는 것 역시 가능하다.(TP §6.136) 비교가능성분석에서 독립거래와 관련하여 믿을만한 정보를 확인할 수 있는 경우, 적절하고 믿을 만한 비교가능성 차이조정 후에 이러한 비교대상을 기초로 무형자산 또는 무형자산권리에 대한 정상가격을 산정할 수 있다.(TP §6.137)

그런데 무형자산 또는 무형자산권리의 이전에 대한 비교가능성분석에서, 정상가격이나 다른 조건을 결정하는데 사용할 수 있는 믿을만한 독립거래를 찾지 못하는 경우도 있다. 이러한 상황은 그 무형자산에 독특한 특성이 있거나, 관계회사들 사이에서만 이전이 가능한 경우이다. 또한, 비슷한 거래에 대한 자료부족이나 다른 원인으로도 발생한다. 믿을만한 비교대상이 없더라도, 관계거래에 대한 정상가격 및 다른 조건을 결정하는 것은 보통 가능하다.(TP §6.138)

믿을만한 독립거래에 대한 정보가 확인되지 않는 경우, 정상거래원칙에 따라 비교가능상황에서 독립기업 간에 합의하였을 다른 방법을 사용해야 한다. 이러한 결정을 하는 데 있어 아래 사항을 고려해야 한다.(TP §6.139)

- 거래에 있어 각 당사자의 기능, 자산 및 위험
- 거래에 참여하는 사업상 이유
- 거래당사자의 관점 및 거래당사자에게 현실적으로 가능한 대안
- 무형자산에 의해 주어지는 상대적 이점. 이에는 무형자산과 관련된 제품 및 용역(개발 예정인 제품 및 용역 포함)의 상대적 수익성
- 거래를 통해 예상되는 미래의 경제적수익
- 지역시장의 특징, 지리적 원가절감(location savings), 숙련된 노동력, 다국적기업그룹의 동반효과와 같은 다른 비교가능성 요소들

비교가능상황에서 독립기업들이 합의한 가격 및 다른 조건을 확인할 때 당사자들의 특수관계로 발생하는 관계거래의 특이점을 신중히 확인해야 한다. 관계회사들의 거래를 독립기업들의 거래구조와 같게 하라는 강제규정은 없다. 그렇지만, 관계회사가 독립기업 거래의 전형적 거래구조를 취하지 않으면, 각 당사자에게 정상적으로 발생하였을 소득을 평가할 때 이러한 구조가 비교가능상황에서 독립당사자들이 합의하였을 가격이나 기타 조건에 미치는 영향을 고려해야 한다.(TP §6.140)

무형자산 또는 무형자산권리의 이전에 대해 이전가격방법을 적용하는 데 주의가 필요하다. 재판매가격법 및 거래순이익률법 같은 일방분석방법은 일반적으로 무형자산의 가치를 산정하는데 믿을만한 방법은 아니다. 어떤 경우 이 방법들을 사용하여 일부기능에 대한 가치평가나 무형자산에 대한 잔여이익계산과 같이 무형자산을 간접적으로 평가하는 데 사용할 수 있다. 그렇지만, 이 방법들을 적용할 때 최적방법의 선택이 중요하며 수익창출에 기여하는 모든 기능, 위험, 자산 및 다른 요소들을 적절히 식별하고 평가하도록 주의를 기울여야 한다.(TP §6.141)

무형자산 개발비용에 근거해 무형자산의 가치를 추정하는 이전가격방법의 사용은 일반적으로 인정되지 않는다. 무형자산 개발비용과 개발된 무형자산의 가치 사이에는 거의 상관관계가 없다. 그러므로 개발비용에 근거한 이전가격방법은 피해야 한다.(TP §6.142)

그러나 제한된 상황에서 무형자산의 개발비용 또는 대체비용을 기준으로 이전가격방법을 적용할 수 있다. 이러한 방법은 내부사업활동을 위해 사용되는 무형자산의 개발(예를 들면, 내부 소프트웨어시스템)에 유용한데, 특히 무형자산이 독특하지 않거나 가치가 크지 않은 경우 그러하다. 그렇지만, 시장에서 팔리는 제품인 경우 관련된 무형자산의 대체비용을 근거로 가격을 산출하면 심각한 비교가능성 문제가 생긴다. 또 다른 고려사항은 개발이 지연된 무형자산의 가치를 평가할 때 시간지연의 영향을 평가하는 것이다. 시장의 초기에는 선도자우위(first mover advantage)가 존재한다. 결론적으로, 미래에 개발될 제품(및 관련무형자산)은 현재 사용가능한 동일제품(및 관련무형자산)만큼의 가치는 없다. 이 경우, 예상대체비용이 현재 이전되는 무형자산의 가치를 반영할 수 없다. 마찬가지로, 무형자산이 법적보호를 받거나 독점성격이 있는 경우, 경쟁자를 배제할 수 있는 가치는 대체비용을 기초로 한 분석에 반영되지 않는다. 일부만 개발된 무형자산의 정상가격을 결정하는데 비용기준의 평가는 믿을 수 없는 것이 보통이다.(TP §6.143)

가격 또는 이익배분이 정상가격이라는 근거로 경험칙을 사용하지 못하는데, 이는 특히 무형자산의 허여권자(licensor)와 사용자(licensee) 사이의 소득배분의 경우에도 마찬가지이다.(TP §6.144)

하나 이상 무형자산의 이전문제에 가장 유용한 이전가격방법은 비교가능제삼자가격법과 거래이익분할법이다. 가치평가기법도 유용한 도구가 될 수 있다. 무형자산이전과 관련하여 유용한 이전가격방법에 대한 추가지침을 아래에서 설명한다.(국조령 §13 ③, TP §6.145)

㉮ 비교가능제삼자가격법(CUP)의 사용

믿을만한 비교가능제삼자거래가 확인되는 경우, 무형자산 또는 무형자산권리를 이전하는 거래의 정상거래조건을 결정하는데 비교가능제삼자가격법을 사용할 수 있다. 무형 자산 이전거래에 대해 비교가능제삼자가격법을 적용하는 경우, 독립거래와 관계거래에서 이전되는 무형자산 또는 무형자산권리의 비교가능성을 특별히 고려해야 한다. 그런데, 대부분의 경우 무형자산거래에 대한 믿을만한 비교대상을 찾는 것은 어렵거나 거의 불가능하다.(TP §6.146) 다국적기업그룹이 독립기업으로부터 취득한 무형자산을 즉시 그룹의 다른 계열사에 이전하는 경우도 있다. 이 경우, 무형자산의 취득가격(계열사에 이전되지 않은 부분을 적절히 조정한 후)을 관계거래의 정상가격을 산출하기 위해 비교가능제 삼자가격법에 따른 비교대상으로 사용할 수 있다. 이 경우, 제삼자 취득가격을 관계거래의 정상가격이나 다른 조건을 결정하는데 참조할 수 있는데, 그 무형자산을 주식취득을 통해 간접적으로 취득하는 경우 또는 주식이나 자산에 대해 제삼자에게 지급한 가격이 취득자산의 장부가액을 초과하는 경우에도 마찬가지이다.(TP §6.147)

④ 거래이익분할법(transactional profit split method)의 사용

무형자산 또는 무형자산권리를 이전하는 거래의 정상거래조건을 검토하기 위해 필요한 독립거래가 존재하지 않을 경우, 거래이익분할법을 적용할 수 있다. 그런데, 거래이익분할법의 신뢰성을 평가할 때, 결합이익에 대한 믿을만한 적절한 정보의 확보가능성, 적절하게 배부된 비용, 결합이익을 나누는 데 사용하는 요소들의 신뢰성을 충분히 살펴야 한다.(TP §6.148)

거래이익분할법은 무형자산의 권리를 모두 이전하는 거래에도 적용할 수 있다. 거래이익분할법을 적용하는 다른 사안들과 마찬가지로 각 당사자의 수행기능, 부담위험 및 사용자산을 고려하는 기능분석이 필수적이다. 예상 수익과 비용을 기준으로 거래이익분할법을 적용하는 경우, 예측의 정확성에 대한 문제를 검토해야 한다. (TP§6.149)

또한 이익분할분석을 부분적으로 개발된 무형자산의 이전에도 적용할 수 있는 경우가 있다. 이 경우, 해당 무형자산의 거래 전후에 수행된 무형자산개발에 대한 상대적 기여가치를 평가하기도 한다. 이러한 접근법에는 추가개발이 없다고 가정하여 부분적으로 개발된 무형자산에 대한 양도인의 기여가치를 추정내용연수에 걸쳐 생각하는 방법을 포함한다. 이 방법은 일반적으로 무형자산의 이전 및 추가개발의 성공 이후에 미래 일정시점에 발생할 현금흐름과 이익의 추정에 근거한다.(TP §6.150) 부분적으로 개발된 무형자산의 거래에 거래이익분할법을 적용하는 경우, 무형자산 이전거래 이후에 발생하는 수익에 대한 거래당사자들의 상대적 공헌도 추정 및 정상거래원칙에 부합하는 수익의 합리적 배분을 결정하는데 주의를 기울여야 한다. 거래 전에 수행된 작업의 공헌도 또는 가치는 그 작업의 원가와 상관없는 것이 일반적이다. 예를 들면, 제약산업에서 큰 가치를 창출할 것으로 예

상되는 화합물을 한 연구소에서 적은 비용으로 개발하였을 수 있다. 또한, 이러한 이익분할분석에서 관련요소들을 평가하는 데 어려움이 많다는 점을 알아야 한다. 이러한 요소들에는 거래 전후 연구기여의 상대적 위험과 가치, 거래 전후 수행된 다른 개발활동에 대한 상대적 위험과 가치에 미치는 영향, 무형자산가치에 대한 다양한 기여에 적합한 감가상각률, 신제품 출시 예상시점, 수익창출 무형자산 이외의 기여가치가 포함 된다. 이 경우, 소득 및 현금흐름의 예상은 추측에 근거한다. 이러한 요소들이 합해지면서 이익분할분석의 신뢰성은 떨어질 수밖에 없다.(TP §6.151)

권리허여(licence) 또는 이와 유사거래를 통해 완전히 개발된 무형자산에 대한 제한적 권리를 양도하는 거래의 비교대상을 찾을 수 없는 경우, 결합이익에 대한 각 기업의 기여도를 평가하는 거래이익분할법을 적용할 수 있다. 이 경우, 허여권자(licensor) 또는 기타 양도인이 제공하는 무형자산권리의 이익에 대한 기여(profit contribution)는 거래에 따른 소득창출에 기여하는 요소들 중 하나이다. 그렇지만, 다른 요소들도 함께 고려해야 한다. 특히, 이러한 분석에서 사용자 또는 양수인이 수행한 기능과 부담한 위험을 고려해야 한다. 허여권자/양도인 또는 사용자/양수인이 각자의 사업에서 사용한 다른 무형자산도 마찬가지로 고려해야 한다. 또한, 이러한 분석에서 양도계약조건에 따른 사용자/양수인의 무형자산 사용에 대한 제한 및 사용자/양수인의 추가적 연구개발활동을 위해 무형자산을 사용할 권리에 대한 제한에도 주의를 기울여야 한다. 또한, 사용되는 무형자산의 가치향상에 대한 사용자/양수인의 기여를 평가해야 한다. 이러한 분석에서 소득배분은 기능분석의 사실관계에 따라 달라지는데, 이에는 부담위험의 분석도 포함된다. 권리허여계약(licensing arrangement)에 대한 이익분할분석에서 기능에 따른 수익배분 후의 잔여이익(residual profit)을 모두 허여권자/양도인에게 배분해야 한다고 가정해서는 안 된다.(TP §6.152)

㈑ 가치평가기법(valuation techniques)의 사용

무형자산거래에서 독립거래가 없는 경우, 가치평가기법을 통해 관계회사들 간 무형자산거래의 정상가격을 추정하거나 산정할 수 있다. 특히, 미래수익이나 무형자산의 가치를 기준으로 하는 현금흐름할인(discounted cash flow)과 같은 방법

은 정상가격산출에 유용하게 활용된다. 가치평가기법을 5가지 이전가격방법 중 하나의 일부로 사용하거나 또는 정상가격을 확인하는 데 유용하게 적용되는 도구로 사용할 수 있다.(TP §6.153)

가치평가기법을 사용할 경우, 기초가 되는 가정 및 기타이유를 검토해야 한다. 회계상가치평가의 추정은 때때로 회사의 재무상태표에 반영된 자산가치의 보수적 추정 및 예측을 반영한다. 이러한 회계적 보수성은 이전가격목적상 부적절하며 정상거래원칙에 부합하지 않을 수 있다. 따라서 추정내용을 철저히 검토하지 않고 회계목적으로 이루어진 가치평가를 이전가격목적상 정상 가격이나 가치를 반영한 것으로 인정하기 위해서는 주의를 기울여야 한다. 특히, 회계목적으로 이루어진 매입가격 배분금액에 포함된 무형자산의 평가액은 이전가격목적상 확정적인 것이 아니며, 이전가격분석에서 추정내용을 주의 깊게 검토해야 한다.(TP §6.155)

3. 거래 당시에 가치평가가 불확실한 무형자산

무형자산 또는 무형자산권리는 비교대상을 찾기 어려울 뿐 아니라 간혹 거래시의 무형자산 가치를 판단하기 어려운 특징들이 있다. 거래가 발생하는 시점에 무형자산 또는 무형자산권리의 가치를 판단하기 어려운 경우, 정상가격을 어떻게 산정할지 고민해야 한다. 이는 납세자 및 과세당국이 모두 고려해야 할 사항이며, 독립기업이 비슷한 상황에서 어떠한 방식으로 정상가격을 산정했을지 검토해야 한다.(TP §6.181)

독립기업들은 거래 당시 무형자산을 평가할 때 불확실성에 대처하기 위해 다양한 방법을 선택한다. 예를 들면, 그 중 하나는 거래시점에서 가격을 정하기 위해 모든 경제적 요소를 반영한 기대이익을 적용한다. 기대이익(anticipated benefits)을 산정할 때, 독립기업들은 후발사건을 예측가능한 범위 내에서 고려한다. 어떤 경우에는 독립기업들이 후발사건을 충분히 예측가능하며, 이에 따라 기대이익의 예측이 예측을 토대로 거래가격을 결정할 정도로 충분히 믿을 만하다.(TP §6.182)

그런데, 독립기업들이 기대이익만을 바탕으로 거래가격을 산정하면 무형자산 가치평가의 높은 불확실성으로 인해 노출된 위험을 적절히 방지하지 못하는 경우도 있다. 이 경우, 독립기업들은 예상치 못하게 발생하는 후발사건에 대비하기 위해 단기계약을 체결하거나 계약서에 가격조정조항을 포함하거나 조건부지급계약을 적용하는 구조를 취한다. 조건부지급계약(contingent pricing arrangement)이란 지급금액 또는 지급시점이 우발사건에 따라 정해지는데, 이에는 매출이나 이익과 같은 사전약정 수익기준의 달성, 또는 사전약정 개발단계의 달성이 있다.(사용료 또는 주기적 기성금) 예를 들면, 사용자의 매출이 증가하면 사용료율을 증가시키도록 정하거나, 일정 개발목표를 성공적으로 완료하는 때에 추가지급이 이루어지도록 정한다. 무형자산 또는 무형자산권리가 상업화되지 않고 추가개발이 필요한 상태로 이전되는 경우, 이전시에 독립당사자들이 선택하는 지급조건에는 추가개발에서 일정 개발단계를 달성하는 경우에만 지급하는 추가적 조건부대가를 포함하기도 한다.(TP §6.183)

또한, 독립기업들은 예상할 수 없는 후발사건들에 대한 위험을 부담하기로 마음먹을 수 있다. 그런데, 거래당사자들이 거래시 예측할 수 없거나 발생가능성이 낮다고 판단하여 가격산정의 기초가정에 영향을 미치지 않는다고 생각하였던 사건이 발생하는 경우 쌍방합의로 산정한 가격을 재협상하는 경우도 있다. 예를 들면, 예상치 못한 저비용의 대체치료기술이 개발되었기 때문에 그 전에 특허를 받은 의약품매출에 연동된 사용료율이 상대적으로 과다하게 산정되었다고 판단되는 경우, 사용료율을 재협상할 수 있다. 또한, 높은 사용료율로 인해 특허사용자가 의약품의 생산 또는 판매에 유리한 점이 전혀 없는 경우, 사용자는 계약조건을 재협상하려 할 것이다. 특허사용자의 의약품생산기술 및 전문성과 장기간 지속되어온 협력관계로 허여권자가 약품을 시장에 계속 공급하면서 그 특허사용자가 제조 또는 판매하기를 원하는 경우가 있다. 이러한 상황에서 거래당사자들은 쌍방합의로 계약조건의 전부나 일부를 재협상하여 사용료율을 감소조정할 수 있다. 이 경우, 가격재협상 여부는 각 사안의 사실관계에 달려 있다.(TP §6.184)

비교가능상황에서 독립기업들이 무형자산을 평가하면서 높은 불확실성에 대처하기 위한 방법(가격조정규정)을 계약에 포함하는 경우, 과세당국은 그러한 방법에 따라 무형자산 또한 무형자산권리의 거래가격을 산정하는 것을 허용해야 한다. 마찬가지로, 비교가능상황에서 후발사건들이 너무 본질적인 것이어서 독립기업들이 거래가격을 재협상할 필요가 있다고 생각한다면, 관계거래에서도 그러한 사건이 발생하면 가격을 조정해야 한다.(TP §6.185)

제5절 평가곤란 무형자산(Hard-to-value intangibles)

과세당국은 무형자산 또는 무형자산권리의 이전에 대한 거래가격산정과 관련하여 어떠한 후발사건을 고려해야 하는지, 발생가능성이 어느 정도인지, 거래발생 당시 그 사건을 예측할 수 있었거나 합리적으로 추정가능한지를 판단하기 어렵다. 무형자산의 가치평가와 관련된 후발사건은 대부분의 경우 무형자산이 개발되거나 가치가 창출되는 사업환경과 밀접하게 관련된다. 따라서 어떠한 후발사건이 발생할 것인지, 그 후발사건의 발생과 영향을 거래 당시 예측할 수 있었거나 합리적으로 추정가능했는지에 대한 평가에는 무형자산이 개발되거나 가치가 창출되는 사업환경에 대한 전문지식, 경험 및 통찰력이 요구된다. 또한, 독립거래에서 무형자산 또는 무형자산권리의 이전을 평가할 때 이루어지는 신중한 가치산정이 이전가격목적 외에는 다국적기업그룹의 내부에서 이전이 이루어지는 경우 필요하지 않고 유용하지도 않은데, 이러한 가치산정은 종합적이지 않기 때문이다. 예를 들면, 기업이 무형자산의 초기개발단계에서 무형자산을 관계회사에게 이전하면서 이전 당시의 무형자산가치를 반영하지 않은 사용료율을 적용한 후, 나중에 무형 자산 이전 당시에 그 제품의 성공을 확실하게 예측할 수 없었다는 주장을 할 수 있다. 이에 따라, 무형자산의 사전가치와 사후가치의 차이는 예상했던 것보다 더 좋게 개발하는데 기여한 납세자에게 귀속되어야 한다는 주장이 있을 수 있다. 이러한 상황에서 과세 당국은 특정사업에 대한 이해가 없으며, 납세자의 주장을 검토하고 무형자산의 사전가치와 사후가치의 차이가 정상거래원칙에 부합하지 않는 납세자의 가정 때문이라는 것을 입증할 정보에 접근하지 못하는 것이 보통이다. 그 대신, 납세자의 주장을 검토하는 과세 당국은 납세자가 제공한 견해와 정보에 크게 의존한다. 이러한 납세자와 과세당국 간 정보의 비대칭으로 이전가격위험이 발생된다.(TP §6.186)

무형자산 또는 무형자산권리의 이전거래에서 관계회사들 합의로 산정한 사전거래가격이 정상거래원칙에 부합하는지 및 거래 당시 불확실성이 있었는지에 대한 징후를 과세당국은 사후결과를 통해 알 수 있다. 사전추정(ex ante projections)과 사후결과(ex post results)의 차이가 예측가능하지 않은 사건 때문에 발생한 것이 아니라면, 그 차이는 거래시작 당시에 관계기업들이 합의한 가격조건이 무형자산가치와 선택한 가격조건에 영향을 미칠 것으로 예상되는 관련사건들을 적절히 고려하지 않았다는 증거가 된다.(TP §6.187)

1. 평가곤란 무형자산의 특징

위에서 검토한 내용과 관련하여, 납세자가 결정한 가격이 정상가격인지 그리고 평가곤란 무형자산의 평가와 관련된 예측가능 사후사건에 대한 적절한 고려를 했는지 판단하기 위해 과세당국이 적용할 수 있는 정상거래원칙에 부합하는 접근법을 소개한다. 이 접근법에 따라, 사후증거는 거래 당시 불확실성의 존재 여부와 납세자가 거래 당시 합리적으로 예측가능한 사후사건을 적절히 고려했는지에 대한 추정증거(presumptive evidence)로 사용되며, 무형자산 또는 무형자산권리에 대한 이전가격산정에서 사전적(ex ante)으로 사용된 정보의 신뢰성을 가늠케 한다. 이러한 추정증거를 정확한 정상가격의 산정에 쓰지 않았다는 점을 입증할 수 있다면, 그 추정증거를 배척할 수 있다. 이러한 상황은, 거래체결 당시에 관계기업들이 사후결과가 근거하는 정보를 합리적으로 인식하고 판단했는지 여부를 고려하지 않고 과세목적으로 사후결과를 가지고 회고적으로 판단하는 상황과는 구별되어야 한다.(TP §6.188)

'평가곤란 무형자산'이란 용어는 관계거래 당시 믿을만한 비교대상이 존재하지 않고, 미래현금흐름 예측, 무형자산 이전으로 발생되는 기대수익 또는 무형자산 가치평가에 사용된 가정들이 불확실하여, 거래 당시에 무형자산의 최종성공수준을 예측하기 어려운 무형자산 또는 무형자산권리를 말한다.(TP §6.189) 평가곤란 무형자산의 이전이나 사용 거래는 다음과 같은 특성을 나타낸다.(TP §6.190)

- 이전 시점에서 무형자산이 부분적으로만 개발됨.
- 무형자산거래 이후 몇 년 동안 상업적으로 개발될 것으로 예상되지 않음.(거래 당시에 기대이익에 대한 불확실성이 높음)
- 어떤 무형자산이 평가곤란 무형자산의 정의에 해당되지 않지만, 평가곤란 무형자산의 정의에 해당하는 다른 무형자산의 개발 또는 개선과 관련하여 필수적임.
- 무형자산 이전 당시 독창적 방법으로 개발될 것으로 예상되며, 그 무형자산과 비슷한

> 무형자산의 개발이나 사용의 기록이 없어 예측이 상당히 불확실함.(거래 당시에 비교 가능거래가 없음)
> - 평가곤란 무형자산의 정의에 부합하는 무형자산을 일시지급(lump sum payment) 방식으로 관계기업에 이전함.

2. 사후결과를 기준으로 이전가격조정

평가곤란 무형자산에 대해 당초 거래가격과 사후에 평가된 가격의 차이가 당초 거래 가격의 20%를 초과하는 등 현저한 차이가 발생한 경우 과세당국은 당초 거래가격이 합리적이지 않은 것으로 추정하고, 해당 무형자산과 관련하여 실제로 발생한 경제적 편익 등 사후에 변경된 거래 상황 및 경제 여건 등을 바탕으로 정상가격을 다시 산출할 수 있다.(국조령 §13) 다만, 무형자산의 당초 거래가격과 사후에 평가된 가격의 차이가 당초 거래 시 거래 당사자가 합리적으로 예측할 수 없는 사유에 기인한 것으로서 거래 당 사자가 당초 거래 시 예측을 위해 고려한 가정이 합리적임을 입증한 경우, 무형자산의 당초 거래가격과 사후에 평가된 가격의 차이가 당초 거래가격의 20%를 넘지 않는 경우, 무형자산거래에 대한 정상가격 산출방법에 대해 체약상대국의 권한 있는 당국과의 상호 합의절차에 의한 사전승인을 받은 경우에는 정상가격을 다시 산출하지 않는다.(국조령 §13 ⑥)

납세자가 평가곤란 무형자산의 거래가격을 산정하는데 어떤 정보를 고려했는지에 대한 납세자와 과세당국 간 정보비대칭으로 인해 과세당국은 거래가격이 정상가격기준에 부합하는지 판단하는 데 어려움을 겪을 수 있다. 결국, 과세당국이 무형자산 이전 몇 년 후 사후결과가 나타날 때까지 이전가격목적상 위험평가를 수행하거나, 납세자가 기초한 가격산정정보의 신뢰성을 평가하거나, 또는 무형자산 또는 무형자산권리가 정상가격과 비교할 때 과소 또는 과대 평가되어 이전되었는지 판단하는데 어려움이 따른다.(TP §6.191)

이러한 상황에서, 과세당국은 사후결과를 사전가격조건의 적정성에 대한 추정증거로 삼을 수 있다. 그렇지만, 사전가격 기초정보의 신뢰성을 평가하기 위해 사후증거를 고려해야 한다고 판단되는 경우에만 사후증거(ex post evidence)를 검토해야 한다. 과세당국이 사전가격의 기초정보의 신뢰성을 확인할 수 있는 경우, 평가곤란 무형자산에 대한 접근법에도 불구하고 사후이익수준에 따른 소득조정을 해서는 안 된다. 사전가격약정을 평가할 때, 과세당국은 정상거래약정의 결정을 보여주는 회계자료에 대한 사후증거를 적용할 수 있는데, 이에는 거래 당시 독립기업들이 하였을 조건부 가격산정약정이 포함된다. 사실관계에 따라 다르지만, 이러한 접근법을 적용할 때 여러 연도의 자료를 사용하는 것이 적절하다.(TP §6.192) 아래 예외사항 중 어느 하나에 해당하면 평가곤란 무형자산의 이전이나 사용 거래에 이러한 접근법을 적용하지 않는다.(TP §6.193)

▎사후결과를 기준으로 조정하지 않는 경우▎

1. 납세자가 다음 정보를 제공하는 경우
   ㄱ. 가격을 산정하는데 어떻게 위험들을 고려했는지를 포함하여 거래 당시 가격산정을 위해 사용한 사전예측의 세부사항들과 합리적으로 예측가능한 사건과 기타위험들에 대한 고려의 적절성 및 발생확률
   ㄴ. 재무예측과 실제결과 사이의 상당한 차이가 다음 이유 때문이라는 믿을만한 증거
      a) 거래 당시에는 관계회사들이 예측할 수 없었던 가격산정 후 발생한 사건 또는
      b) 예측가능한 결과의 발생가능성이 당초 기대치와 다르게 나타나고, 거래 당시 이러한 발생가능성이 상당히 과대평가되거나 과소평가되지 않았음.
2. 해당 사업연도의 평가곤란 무형자산의 이전거래가 양도인 및 양수인이 소재하는 국가들이 합의한 쌍방 또는 다자간 사전가격승인에 포함되는 경우
3. 위 1의 ㄱ.에서 언급된 재무예측과 실제결과의 중요한 차이가 거래 당시 산정한 평가곤란 무형자산 거래가격의 20% 이상을 감소시키거나 증가시키지 않는 경우
4. 평가곤란 무형자산을 통해 양수인이 최초로 제삼자에게 판매를 한 연도 이후 5년의 상용화기간이 경과하였으며, 위 1에서 언급된 재무예측과 실제 결과의 중요한 차이가 해당 상용화 기간 동안 전망치의 20%를 초과하지 않는 경우

위 첫째 예외사항은 회계자료에 대한 사후증거에서 과세당국이 사전 이전가격약정의 적정성을 판단할 수 있는 관련정보를 찾을 수 있더라도, 납세자가 거래 당시 예측가능하며 가격추정에 반영되었다는 것을 설명하고 예상할 수 없는 사건들로 인해 예측과 결과의 차이가 발생했다는 점을 충분히 설명할 수 있다면, 과세당국

은 사후결과에 기초하여 사전이전가격조건을 조정할 수 없다는 의미이다. 예를 들면, 재무결과의 증거를 보면 이전된 무형자산을 이용한 제품매출이 연간 1,000에 달하였으나, 사전 이전가격조건이 연간 최대 100의 매출을 전제로 한 예측에 근거했다면, 과세당국은 매출이 많이 발생한 이유를 검토해야 한다. 예를 들면, 거래 당시 확실하게 예측하지 못하였거나 발생가능성이 아주 낮은 자연재해 또는 다른 우발사건으로 무형자산 이용제품에 대한 수요가 기하급수적으로 커졌기 때문에 매출수량이 커지게 된 경우, 사후재무결과 이외에 가격결정이 정상거래기준에 근거하지 않는다는 증거가 없다면 사전가격산정을 정상가격으로 보아야 한다.(TP §6.194) 평가곤란 무형자산에 대해 이러한 접근법을 적용하여 발생되는 이중과세 사안들을 조세조약의 상호합의절차를 통해 해결해야 한다.(TP §6.195)

3. 평가곤란 무형자산에 대한 세무당국을 위한 지침 (TP 6장 부록 2)

평가곤란 무형자산의 경우, 세무당국은 사후결과를 사전가격책정의 적절성에 대한 추정증거로 고려할 수 있다. 실제소득 또는 실제현금흐름이 가격결정 기준인 예상소득 또는 예상현금흐름보다 상당히 높거나 낮은 경우, 이는 당초평가에 사용된 예상소득 또는 예상현금흐름이 더 높거나 낮아야 하며, 평가곤란 무형자산이 게재된 거래를 시작할 때 알려지고 예상될 수 있었던 것을 고려하여 그 결과의 확률가중치를 정밀조사해야 한다는 추정증거(세무당국의 관점에서)로 볼 수 있다. 그러나 거래시점에 수익이나 현금흐름이 달성될 확률을 고려하지 않고 실제소득이나 실제현금흐름에 기초하여 가치평가를 다시 하는 것은 옳지 않다. 평가곤란 무형자산 접근법의 적용은 다음 원칙에 따라야 한다.

- 평가곤란 무형자산 접근법을 적용하는 경우, 세무당국은 사후결과를 사전가격책정의 합리성에 대한 추정증거(presumptive evidence)로 고려할 수 있다.
- 사후결과는 거래시점에 이루어졌어야 할 가치평가의 결정을 나타낸다. 그러나, 관계기업들이 거래시점에 그 소득 또는 현금흐름의 달성확률과 관련된 정보를 합리적으로 알고 고려했는지를 판단하지 않고, 실제소득이나 실제현금흐름에 근거해 평가하는 것은 옳지 않다.
- 가치평가의 수정으로 무형자산이 정상가격에 비해 저가나 고가로 이전된 것으로 밝혀

지는 경우, 이전된 무형자산의 수정된 가격은 납세자가 주장하는 지급내역에 상관없이 가격조정조항이나 우발상황지급금을 고려하여 경정 과세된다.
- 세무당국은 사후결과에 근거한 추정증거를 가능하면 조기에 확인하고 처리할 수 있도록 조사 실무를 집행해야 한다.

제6절　무형자산의 가치평가기법

1. 가치평가기법의 의미

가치평가기법이 사실관계에 따라 이전가격지침과 다르지 않고 가치평가원칙과 관행에 맞게 적용되며, 가치평가의 기본가정이 적절하고 그러한 가정이 정상거래원칙에 부합하는 경우, 믿을만한 독립거래가 없다면 가치평가기법은 이전가격분석에서 유용한 수단이 될 수 있다.(TP §6.156)

무형자산을 평가하는 회계적방법에는 무형자산 개발원가를 평가기준으로 하는 원가접근법(cost approach), 무형자산의 미래현금흐름을 현재가치로 평가하는 편익접근법(income approach) 및 평가대상과 비슷한 거래를 찾아 이를 비교하는 시장접근법(market approach) 이 있다.

이전된 무형자산의 사용으로 수취할 예상미래현금흐름의 할인가치를 추정하는 가치 평가기법을 적절하게 적용하면 특히 유용하다. 이러한 가치평가기법에는 여러 가지 변형된 방법들이 있다. 일반적으로, 이 방법들은 기대내용연수에 걸쳐 예상되는 미래현금흐름의 기내가치를 평가하여 무형자산가치를 측정한다. 이러한 가치는 예상미래현금흐름을 현재가치로 할인해 평가된다. 이 방법을 사용하기 위해서는 현실적이고 믿을만한 예상재무자료, 성장률, 할인율, 무형자산 내용연수, 거래의 조세효과가 필요하다. 또한, 필요할 경우 잔존가치에 대한 고려도 필요하다. 사실관계에 따라 다르지만, 무형자산사용으로 수취하는 예상현금흐름의 할인가치 계산으로 정상가격에 도달하기 위해서는 거래 당사자들의 입장에서 모두 평가되어야 한다. 정상가격은 양도인 및 양수인의 입장에서 평가된 현재가치 범위 내에 해당하여야 한다.(TP §6.157)

2. 예상현금흐름 할인가치의 활용 및 그 문제점

무형자산 거래에 대해 그 무형자산의 사용으로 창출할 수 있는 미래의 현금흐름 예상액을 현재가치로 할인하는 방법을 적용하는 경우 미래의 현금흐름 예상액, 성장률, 할인율, 무형자산의 내용연수 및 잔존가치, 조세부담 등 제반 요소들이 객관적이고 합리적인 방법으로 수집 또는 산출되어야 하며, 거주자·내국법인은 이를 증명할 수 있는 자료를 보관·비치해야 한다.(국조령 §13 ④)

예상현금흐름 할인가치(discounted value of projected cash flows)를 활용한 가치평가기법을 사용할 때, 평가기법의 기초가 되는 가치추정이 불안정할 수 있다는 점을 알아야 한다. 가치평가모델이 기초한 가정 또는 가치평가변수의 사소한 변경으로 가치평가모델로 계산하는 무형자산평가에 있어 상당한 수준의 차이가 나타날 수 있다. 재무예측을 하는데 있어 할인율(discount rate)의 작은 변동이나 예상성장률(growth rates assumed)의 작은 변동 또는 무형자산의 내용연수추정의 작은 변동도 최종가치평가에 큰 영향을 미친다. 또한, 둘 이상의 가치평가추정 또는 변수가 동시에 변경되는 경우 이러한 변동성이 커진다.(TP §6.158)

가치평가모델을 사용하여 산정한 무형자산 가치평가의 신뢰성은 특히 기초가정 및 그 가정에 기초한 추정의 신뢰성과 가정을 확인하고 가치평가변수를 추정하기 위해 이루어진 실사(due diligence) 및 판단의 신뢰성에 좌우된다.(TP §6.159)

기초가정 및 가치평가변수가 중요하므로, 이전된 무형자산에 대한 정상가격을 결정하는 데 가치평가기법을 사용하는 납세자 및 과세당국은 가치평가모델을 만드는 데 사용한 가정 및 선택한 가치평가변수와 그 가정과 가치평가변수가 합리적이라는 사실을 보여줄 서류를 준비해야 한다. 또한, 가치평가기법을 사용한 납세자는 이전가격보고서를 작성할 때 가정 및 가치평가변수의 변동에 따른 무형자산가치의 변동을 보여주는 민감도분석(sensitivity analysis)을 하는 것도 좋은 접근방법이 된다.(TP §6.160)

가치평가모델의 신뢰성을 평가할 때, 그 가치평가가 수행된 목적을 고려하고 납세자가 세무 이외의 목적으로 수행한 다른 가치평가의 가정 및 가치평가변수를 판단해야 한다. 이전가격목적 또는 기타목적으로 무형자산 가치평가를 할 때 적용한 가정이 달라진 것을 과세당국이 발견하는 경우, 납세자에게 이에 대한 설명을 요구하는 것은 합리적이다. 예를 들면, 이전가격목적상 높은 할인율을 사용한 반면 인수합병에 대해 낮은 할인율을 사용하는 경우, 또는 이전가격분석 또는 기타사업계획에서 사용한 무형자산 내용연수가 불일치하는 경우, 과세당국은 다른 기준을 사용한 이유에 대해 질문할 수 있다. 다국적기업그룹이 사업운영과 관련하여 사용한 평가방법이 이전가격분석을 위해 사용한 평가방법보다 신뢰성이 높을 수 있다.(TP §6.161)

A. 재무예측의 정확성(accuracy of financial projections)

무형자산 이전거래에 대해 예상현금흐름 할인가치를 사용한 가치평가의 신뢰성은 가치평가가 기초하는 미래현금흐름 또는 기대수익의 정확성에 달려 있다. 그렇지만, 재무예측의 정확성은 가치평가 당시 알려지지 않았거나 알 수 없는 시장상황에 따라 달라지고 어느 정도 추정에 근거하므로, 납세자 및 과세당국은 미래 수익 및 비용의 예측에 사용된 가정에 대해 면밀히 검토해야 한다.(TP §6.163)

재무예측을 평가할 때, 예측의 근거 및 목적이 중요한 평가요소이다. 어떤 경우, 납세자는 사업계획수립목적으로 정기적으로 재무예측자료를 준비한다. 경영진은 사업운영 및 투자결정 목적으로 이러한 분석을 사용한다. 사업계획수립목적으로 이루어진 재무예측은 세무목적 또는 이전가격분석목적으로 수행된 재무예측자료보다 신뢰성이 높다.(TP §6.164) 재무예측의 신뢰성을 평가할 때, 재무예측 대상기간도 함께 고려해야 하는데, 기간이 길어질수록 예상현금흐름의 가치는 커지며 이는 수익과 비용에 대한 예측의 신뢰성을 낮추는 요인이 된다.(TP §6.165)

재무예측의 신뢰성을 평가하는 데 추가적으로 고려해야 할 사항은 무형자산 및 그와 관련된 상품 또는 용역에 대한 재무실적의 확보가능성이다. 과거재무실적을 미래예측을 위한 믿을만한 자료라고 가정하는데 주의가 필요한데, 미래에는 많은 요소들이 변할 수 있기 때문이다. 그렇지만, 과거영업결과는 무형자산과 관련된 상품 또는 용역의 미래성과에 대한 유용한 지침이 된다. 아직 시장에 출시되지 않았거나 현재 개발 중인 제품 또는 용역과 관련한 재무예측의 신뢰성은 과거실적이 있는 경우에 비해 낮다.(TP §6.166)

현금흐름예측에 개발비용을 포함할지를 결정하는 경우, 이전된 무형자산의 특성을 고려해야 한다. 어떤 무형자산은 무기한의 내용연수(useful lives)를 가지며 지속적으로 개발된다. 이 경우, 현금흐름을 예측할 때 미래에 발생될 개발비용을 포함하는 것이 적절하다. 또한, 어떤 특허권은 이미 충분히 개발되었으며 다른 무형자산의 개발을 위한 플랫폼(platform)으로 제공되지 않는다. 이 경우에는 이전된 무형자산의 미래현금흐름을 예측할 때 어떠한 개발비용도 포함하지 말아야 한다.(TP §6.167)

앞에서 말한 이유 또는 다른 이유로 가치평가를 위한 재무예측을 믿을 수 없거나 추측에 근거한다고 판단되는 경우, 평가곤란 무형자산에 대한 지침을 참조해야 한다.(TP §6.168)

B. 예상성장률에 대한 가정

면밀히 검토해야 하는 현금흐름예측의 중요 부분은 예상성장률이다. 미래현금흐름의 예측은 성장률을 참조하여 증가되는 현재현금흐름(또는 부분적으로 개발된 무형자산과 관련된 상품출시 후 초기현금흐름의 예측)에 근거한다. 이 경우, 추정 성장률에 대한 근거를 확인해야 한다. 특히, 특정상품의 매출이 장기간 일정성장률로 이루어지는 것은 비정상적이다. 그러므로 비슷한 상품과 시장에 대한 경험 또는 미래시장조건에 대한 합리적 평가가 뒷받침되지 않는 직선형 성장률을 적용하는 단순모델을 사용하는 경우 주의가 필요하다. 일반적으로 비슷한 상품에 대한 산업과 회사의 경험치에 기초하여 수익과 비용의 성장패턴을 검토하는 경우, 미래현금흐름에 기초한 가치평가기법을 믿을만하게 적용할 수 있다.(TP §6.169)

C. 할인율(discount rates)

미래현금흐름을 현재가치로 전환할 때 사용하는 할인율은 가치평가모델에서 고려하는 중요요소 중 하나이다. 할인율에는 현금의 시간가치, 예상현금흐름의 위험 및 불확실성이 고려되어야 한다. 선택한 할인율의 작은 변동으로 가치평가기법을 사용하여 산출한 무형자산의 가치평가 결과값에 큰 변동이 있을 수 있으므로 납세자와 과세당국은 가치 평가에 사용하는 할인율을 선택하기 위해 수행한 분석 및 가정을 면밀히 검토해야 한다.(TP §6.170)

이전가격목적상 모든 경우에 적합한 할인율은 없다. 납세자 또는 과세당국은 적정할인율의 결정이 중요한 이전가격분석에서 '가중평균 자본비용'(weighted average cost of capital)에 기초한 할인율 또는 다른 할인율을 항상 사용해야 한다고 가정해서는 안 된다. 그 대신 적정할인율을 결정하는 데 있어 각 사안의 사실관계에 대한 구체적 조건과 관련 위험 및 해당현금흐름을 평가해야 한다.(TP §6.171)

할인율을 결정하고 평가할 때, 특정상황 특히 개발 중인 무형자산의 가치평가와 관련된 경우 그 무형자산은 납세자의 사업에서 위험성이 높은 요소들 중 하나가 될 수 있다는 점을 알아야 한다. 또한, 어떤 사업은 다른 사업보다 본질적으로 위험이 커서 현금흐름에 대한 변동성도 클 수 있다는 점을 알아야 한다. 예를 들면, 연구개발비용의 예상치가 실현될 가능성이 수입금액 예상치가 실현될 가능성보다 클 수 있다. 할인율은 사실관계를 바탕으로 전체사업의 위험수준과 사업과 다양한 예상현금흐름의 변동가능성을 반영해야 한다.(TP §6.172) 어떤 위험들은 재무예측을 하거나 또는 할인율을 계산할 때 모두 포함될 수 있으므로, 위험에 대해 이중할인이 되지 않도록 주의해야 한다.(TP §6.173)

D. 무형자산의 내용연수와 잔존가치(terminal values)

가치평가기법은 무형자산 내용연수에 걸쳐 무형자산 사용으로 수취하는 현금흐름을 예측하기 위해 자주 사용된다. 이 경우, 무형자산의 실제내용연수의 결정이 가치평가모델에서 중요한 가정 중의 하나이다.(TP §6.174) 무형자산의 내용연수를 예측하는 경우 모든 사실관계를 기초로 판단해야 한다. 특정 무형자산의 내용연수는 그 무형자산의 특성 및 법적보호기간에 영향을 받는다. 또한, 산업내 기술변화 속도와 해당 경제환경에서 경쟁에 영향을 주는 다른 요인에 의해 영향을 받을 수 있다.(TP §6.175)

어떤 상황에서는 특정 무형자산이 법적보호가 만료되거나 무형자산과 관련된 상품판매가 끝난 후에도 현금흐름의 발생에 기여하기도 한다. 이는 1세대 무형자산이 차세대 무형자산개발과 신규상품의 바탕이 되는 경우이다. 신규상품으로 인한 계속적 현금흐름의 일부는 그에 영향을 미치는 1세대 무형자산에 적절히 배분되어야 한다. 어떤 무형자산은 가치평가 당시에 내용연수를 정확히 측정할 수 없지만, 이것이 비경상적 소득을 그 무형자산에 영구적으로 귀속시켜야 한다는 의미는 아니다.(TP §6.176) 이러한 맥락에서, 특정무형자산이 합리적 재무예측에 따른 기간을 넘어 계속하여 현금흐름에 기여하는 경우, 이는 현금흐름에 관련된 무형자산의 잔존가치가 계산되는 경우일 것이다. 가치평가에서 잔존가치를 사용하는 경우, 계산을 위한 가정을 명시해야 하며 기초가정을 면밀히 검토해야 하는데, 특히 예상성장률에 대해 그러하다.(TP §6.177)

E. 조세에 대한 가정(assumptions regarding taxes)

가치평가기법의 사용목적이 무형자산에 대한 예상현금흐름을 구분하기 위한 것인 경우, 예상현금흐름에 대한 예상소득세를 평가하고 측정해야 한다. 고려해야 할 세무효과에는 (i) 미래현금흐름에 대한 예상소득세, (ii) 양수인에게 가능한 조세절감효과, (iii) 이전으로 인해 양도인에게 부과되는 예상세액이 있다.(TP §6.178)

제5장

용역거래 정상가격

제1절 용역거래의 식별

1. 가치있는 용역거래

특수관계 용역이란 그룹의 한 기업이 다른 기업에게 이익을 주는 활동으로 경영관리, 금융자문, 지급보증, 전산지원 및 기술지원, 그 밖에 사업상 필요하다고 인정되는 용역을 말한다.(국조령 §12 ①)

거의 모든 다국적기업그룹들은 폭넓은 범위의 용역을 그 구성원들이 이용할 수 있게끔 준비하는데 특히 행정, 기술, 재무 및 영업 관련 용역이 그것이다. 이러한 용역에는 그룹전체를 위한 관리, 조정 및 통제 기능이 포함된다. 모기업 또는 특별히 지정된 그룹 구성원들(그룹용역센터) 또는 다른 구성원이 이러한 용역제공비용을 일차적으로 부담한다. 어떤 용역이 필요한 독립기업은 이를 그 분야에 전문화된 용역업체로부터 제공받거나 자신이 직접 수행한다(자체조달). 마찬가지로 어떤 용역이 필요한 다국적기업그룹의 기업도 독립기업이나 같은 그룹의 다른 관계회사(그룹내부)로부터 직·간접적으로 조달하거나 아니면 자체적으로 수행한다. 내부용역거래는 원래부터 내부적으로 수행되던 것(중앙감사, 금융자문 또는 직원훈련과 같이 자체 수행하던 것)뿐 아니라 전형적으로 외부의 독립기업이 제공하던 것(법률 및 회계용역)을 그 대상으로 한다. 다국적기업그룹은 불필요한 비용을 부담하지 않으면서 내부용역을 효율적으로 제공하려 한다. 다국적기업그룹 내부용역을 적절하게 식별하고 정상거래원칙에 따라 비용을 적절하게 배부해야 한다.(TP §7.2)

내부용역은 다국적기업그룹들 사이에서도 상당히 다양하며, 마찬가지로 내부용역으로 그룹 구성원들에게 제공하는 편익 또는 기대이익의 정도에 큰 편차가 있다. 사실관계 및 그룹내부약정에 따라 개별사안이 좌우된다. 예를 들면, 분권화된 그룹에서는 모회사가 주주자격으로 자회사에 대한 자신의 투자를 감독하는 선에서 그룹내부활동을 제한한다. 반면 집권화되거나 통합된 그룹에서는 모기업의 이사회와 고위경영진이자 회사 소관사항의 주요결정을 모두 하며 모기업은 자금관리, 마케팅, 공급사슬관리(supply chain management)와 같은 운영활동뿐 아니라 자회사를 위한 일반관리활동을 수행함으로써 결정의 집행을 지원한다.(TP §7.4)

A. 감독활동(stewardship activities)

감독활동은 주주활동을 넘어서는 개념으로 주주인 모회사에 의해 수행되는 다양한 활동을 의미한다. 이에는 조정센터(coordinating center)의 제공용역이 있는데, 특정사업의 세부기획용역, 위기관리나 문제해결(trouble shooting), 일상관리활동의 지원 등이 포함된다. 감독활동은 사실상 주주활동을 넘어서는(non-shareholder activities) 모회사의 전반적 감독(supervisory) 및 감시(oversight) 기능이다.(TP §7.9)

B. 중앙집중용역(centralized services)

그룹전체와 연결되는 활동에는 모기업이나 그룹용역센터(지역본부회사)에 집중되어 그룹전체(또는 여러 관계기업)가 사용하는 중앙집중활동이 있다. 중앙집중활동은 사업의 종류와 그룹의 조직구조에 따라서 다르지만 일반적으로 기획, 조정, 예산통제, 재무자문, 회계, 감사, 법률, 채권관리, 전산용역 등의 행정용역, 현금흐름 및 지급능력의 감독, 증자, 차입, 이자율 및 환율위험관리, 차환(refinancing) 등의 금융용역, 생산·구매·판매·마케팅 지원, 채용 및 훈련과 같은 인사용역 등이 포함된다. 또한 그룹용역센터는 종종 연구개발활동을 수행하거나 그룹전체 또는 일부를 위해 무형자산을 관리·보호하는 일을 맡기도 한다. 이런 유형의 활동들은 통상 내부용역거래로 인정되는데, 이러한 활동들은 독립 기업이 그 대가를 지급하거나 또는 직접 수행하는 활동이기 때문이다.(TP §7.14)

C. 용역제공을 담보하기 위한 대기비용(standby charges)

요청(on call)에 따라 항상 제공되는 용역의 경우 문제가 생긴다. 그러한 용역의 가용상태 자체가 실제 제공되는 용역의 대가에 추가하여 정상대가를 산정해야 하는 별도의 용역인지 여부이다. 모기업이나 그룹용역센터는 재무, 경영, 기술, 법률, 세무자문 같은 용역과 그룹기업에 대한 지원을 제공하기 위해 항상 가용상태를 유지한다. 이 경우, 인력이나 장비 등을 항시 사용가능하게 함으로써 관계회사들에 용역이 제공될 수 있다. 비교가능상황에서 독립기업이 필요할 때 용역을 제공받을 수 있도록 하기 위해 대기비용 (standby charges)을 지불할 것으로 합리적으로 기대된다면, 내부용역거래는 인정되어야 한다. 예를 들면, 소송이 벌어지면 법률자문과 소송대리를 위해 법률회사에 연간수수료 (retainer fee)를 지급하는 독립기업이 없지 않다. 다른 예로는 고장나는 경우 전산망을 우선적으로 수리해 주는 용역계약이 있다.(TP §7.16) 이런 용역들은 필요할 때 항상 제공받을 수 있는데 그 규모나 중요성은 매년 다를 수 있다. 용역에 대한 예상수요가 적거나 필요할 때 항상 용역을 제공받는 데 따른 편익이 적거나 대기약정(standby arrangements)을 맺을 필요없이 요청하면 다른 곳으로부터 신속하게 용역제공을 받을 수 있는 경우, 독립기업은 대기비용을 부담하지 않는다. 따라서 그룹내부 용역거래가 있었는지 결정하기 전에 이러한 상시대기약정(on-call arrangements)으로 관계기업이 받을 수 있는 편익을 검토해야 하는데, 이를 위해서 대가지급이 이루어진 연도 뿐 아니라 과거 수년간의 용역활동의 정도를 보아야 한다.(TP §7.17)

상시용역약정의 경우 일정수준을 초과하여 사용하지 않으면 대가를 지불하지 않는 조건이 포함되기도 하므로 이러한 조건을 검토해야 한다.(TP §7.28)

2. 가치없는 특수관계 용역거래

A. 부수편익(incidental benefits)

모회사나 조정센터가 수행하는 용역이 일부 기업과 관련되지만, 부수적으로 다른 기업에게도 혜택을 주는 경우가 있다. 조직개편, 매수 또는 부서폐지의 분석이 그 예이다. 이런 활동은 그룹 내 관련기업, 즉 매수를 시행하거나 부서를 폐지하게 될 기업들에 대해서는 용역제공이 되지만, 그룹 내 다른 기업들에게도 효율증대, 규모의 경제 또는 동반 효과(synergies)를 통해 경제적 혜택을 줄 수 있다. 이러한 반사적 이익은 다른 기업들 입장에서는 용역을 제공받는 것이 아니므로 대가를 계상할 필요가 없다.(TP §7.12)

B. 중복활동(duplicative activities)

특수관계인이 수행하는 활동이 다른 특수관계인의 필요에 의해 수행되거나 수행될 것으로 예상되는 활동을 모방한 것으로 그러한 중복활동이 용역수취인에게 추가적인 이익을 주는 것이 아니라면 용역수취인이 중복활동으로 이익을 받은 것으로 볼 수 없으므로 대가를 지급할 이유가 없다. 다만, 기업그룹이 중앙집권적 관리를 위해 조직을 재편하는 과정에서 일시적으로 동일한 용역이 중복되는 경우와 어떤 문제에 관해 2차적으로 법적 의견을 구함으로써 사업결정의 오류를 줄이기 위해 같은 용역이 반복되는 경우에는 예외이다.(TP §7.11)

용역이 중복될 가능성이 있는 경우에는 용역의 특성을 상세히 검토해야 한다. 예를 들면, 마케팅은 여러 수준의 활동을 포함하는 폭넓은 용어이므로 회사가 자체적으로 마케팅용역을 수행하면서 그룹의 다른 회사로부터 마케팅용역을 제공받는 사실이 바로 중복활동으로 판단되는 것은 아니다. 납세자가 제공한 정보를 검토하여, 내부용역이 자체수행활동과 차이가 있거나 추가적이거나 보완적인 것으로 판단할 수 있다. 그 이후, 내부용역의 비중복요소에 대해 편익테스트(benefit test)를 한다. 일부 규제분야에서 통제기능을 지역적으로 수행하는 한편 모회사가 통합하여 수행하도록 하는데, 이러한 요건을 중복활동이라고 부인해서는 안된다.(TP §7.11)

C. 주주활동(shareholder's activities)

활동의 주요목적이 용역수취인 또는 그룹의 다른 회사에 대한 용역제공자의 자본투자를 보호하기 위한 것이거나 또는 용역제공자에게 요구되거나 용역수취인 및 용역제공자 모두에게 요구되는 보고, 법적요건 등을 충족시키기 위한 것인 경우 용역수취인이 이익을 받은 것이 아니다. 일상적 관리(day-to-day management) 성격의 활동은 일반적으로 용역제공자의 자본투자보호와 관련되지 않는다. 사실관계에 따라 다르지만, 회사조직개편(corporate reorganization)은 그룹회사들에게 이익을 주는 것으로 볼 수 있다.

관계기업이 그룹 내 하나 이상의 기업 또는 그룹전체와 관련된 활동이 수행되는 경우 복잡한 분석이 필요하다. 극단적인 경우, 일부 구성원들은 그 활동을 필요로 하지 않음에도 불구하고(따라서 독립기업이었다면 대가를 지급하지 않을 것임) 이들 기업들에 대해 용역이 수행될 수 있다. 그룹의 한 기업이(보통 모회사나 지역지주회사) 다른 구성원들에 대한 소유권행사 차원에서(즉, 주주로서의 행위) 수행하는 활동이 이러한 활동에 해당된다. 이러한 유형의 활동은 내부용역으로 보지 않으며, 용역을 제공받은 기업에 대가를 청구하는 것은 정당화되지 않는다. 그 대신, 이러한 유형의 활동에 대한 비용은 주주수준에서 부담되고 배분되어야 한다. 넓은 의미의 감독활동(stewardship activities)과 구분하기 위해, 이러한 활동을 주주활동이라 부른다.(TP §7.9)

그런데, 모회사가 그룹 내 다른 회사를 위해 그 회사가 새로운 회사를 매수하는 데 사용할 자금을 조달하는 경우에는 일반적으로 모회사가 용역을 제공하는 것으로 보아야 한다. 또한 '경영참여를 목적으로 한 투자의 운영 및 보호와 관련된 관리 및 통제(감시) 활동'이 주주활동의 정의에 해당하는지는 비교가능한 사실관계에서 독립기업이라면 그러한 활동에 대해 비용을 지급하거나 자신이 직접 수행하려 할 것인지에 따라 결정되어야 한다. 위에서 설명한 활동이 그룹의 다른 구성원에 대한 지분관계 이외의 이유로 한 기업에 의해 수행되는 경우 그 기업은 수수활동을 수행하는 것이 아니라 모기업이나 지주회사에 용역을 제공한 것으로 보아야 한다.(TP §7.10)

D. 수동적 관련(passive association)

그룹사의 일원으로서의 자격이 구성법인에게 이익을 주는 것으로 평가되지는 않는다. 그러나 관계거래와 독립거래를 비교할 때 그룹사의 일원으로서의 자격을 감안해야 하는 경우가 있다. 관계기업이 받는 부수적인 혜택이 수행되는 특정활동으로 인한 것이 아니고 그 기업이 보다 큰 그룹의 구성원이라는 사실 때문인 경우에는 그 기업이 내부용역을 제공받는 것으로 보아서는 안 된다. 예를 들면, 관계기업이 그 특수관계로 인해 독립거래인 때보다 높은 신용등급을 얻은 경우에는 내부용역이 없는 것으로 보지만 높은 신용등급이 그룹 내 다른 기업의 보증 때문이거나 그 기업이 전세계적 마케팅이나 광고전략에서 생겨난 그룹명성으로 인해 혜택을 보는 경우에는 일반적으로 내부용역이 있는 것으로 본다. 이러한 점에서, 수동적 관련(passive association)을 그룹의 특정기업의 이익을 능동적으로 향상시키기 위한 다국적그룹 기여의 적극적 활동을 구분해야 한다.(TP §7.13) 수동적 관련은 그룹의 동반효과와 관련된다.

제2절 용역거래의 분석절차

1. 질적 분석

A. 용역거래 존재여부

그룹의 한 구성원이 다른 구성원을 위해 활동을 수행한 경우 내부용역이 제공되었는지 여부는 그 활동이 다른 구성원에게 사업상 지위를 향상시키거나 유지시키는 경제적 또는 상업적 가치를 제공했는지 여부에 달려있다. 비교가능상황에서 독립기업이라면 다른 독립기업이 그러한 활동을 수행하는 경우 기꺼이 대가를 지급할 것인지, 또는 자체적으로 그러한 활동을 수행할 것인지 생각해 봄으로써 이 문제를 판단할 수 있다. 독립기업이 기꺼이 대가를 지급하지 않거나 또는 자체적으로 수행하지 않을 활동이라면, 정상 거래원칙에 따라서 그 활동을 내부용역으로 볼 수 없다.(TP §7.6) 이러한 분석은 실제의 사실관계에 좌우되므로, 내부용역의 제공으로 볼 수 있는 활동과 그렇지 않은 활동을 추상적으로 분류하는 것은 불가능하다. 그러나 다국적기업그룹 내에서 수행되는 일부 공통적인 용역 유형에 대해 어떤식으로 분석할지에 대한 지침을 제공할 수는 있다.(TP §7.7)

일부 내부용역은 다국적기업그룹의 한 구성원이 다른 구성원의 요청에 따라 제공한다. 이 경우, 용역이 제공되었는지 결정하기가 상대적으로 간단하다. 일반적으로, 비교가능상황의 독립기업이라면 자체활동을 수행하거나 또는 제삼자로 하여금 활동을 하게 하여 자기의 필요를 충족한다. 따라서 그러한 경우에는 통상 내부용역이 있었던 것으로 본다. 예를 들면, 다른 기업이 제조과정에서 사용하던 장비를 한 기업이 보수하는 경우에는 보통 내부용역이 있었던 것으로 본다. 이 경우, 용역제공자에게 발생된 비용을 식별하기 위해 과세당국에 믿을만한 서류를 제출하는 것이 필수적이다.(TP §7.8)

B. 용역의 실재성의 입증

질적 분석은 용역의 실재성을 입증하기 위한 것으로 다음 요건을 모두 충족해야 한다.

┃ 용역거래의 정상가격 해당기준 ┃

1. 용역 제공자가 사전에 약정을 체결하고 그 약정에 따라 용역을 실제로 제공할 것
2. 용역을 제공받은 자가 제공받은 용역으로 인해 추가적으로 수익이 발생하거나 비용이 절감되기를 기대할 수 있을 것
3. 용역을 제공받는 자가 제공받는 용역과 같은 용역을 다른 특수관계인이 자체적으로 수행하고 있거나 특수관계가 없는 제3자가 다른 특수관계인을 위해 제공하고 있지 않을 것. 다만, 사업 및 조직구조의 개편, 구조조정 및 경영의사 결정의 오류를 줄이는 등의 합리적인 사유로 일시적으로 중복된 용역을 제공받는 경우는 제외한다.
4. 위 사실을 증명하는 문서를 보관·비치하고 있을 것 : 제공되는 용역에 대한 구체적 설명, 서면 계약서, 배분대상비용의 구체적 내용, 비용청구 시스템 및 청구증빙

독립기업들이 용역제공에 대해 대가를 지급할 것인지 여부를 검토할 때, 그 거래가 독립거래라면 어떤 방식으로 대가가 지급될 것인지 생각하는 것도 또한 의미가 있다. 예를 들면, 대출, 환전 및 파생거래(hedging)와 같은 금융용역의 경우에는 그 대가가 거래차액 (spread)에 반영되는 것이 일반적이기 때문에 추가적 용역대가의 지급을 기대하는 것은 부적절하다. 마찬가지로, 일부 구매 또는 조달 용역에서 수수료요소가 제품이나 용역의 가격에 포함되는 경우에는 별도의 용역수수료는 적절하지 않다.(TP §7.15) 특정용역에 대해 관계회사에게 대가를 지급했다는

사실은 실제 용역제공이 있었는지 여부를 결정하는 데 유용하지만, 경영자문료(management fee)와 같은 항목에 대한 단순설명이 그 용역이 제공되었다는 결정적 증거는 될 수 없다. 또한, 대가지급이나 계약이 없었다고 해서 바로 내부용역거래가 없었다고 결론지어서도 안 된다.(TP §7.18)

2. 양적 분석 : 정상대가 산정

내부용역이 제공된 것으로 결정되면, 다른 유형의 그룹내부거래와 마찬가지로 그 대가의 금액이 정상거래원칙에 부합하는지 판단해야 한다. 이는 내부용역대가가 비교가능 상황에서 독립기업들이 지급하고 수취하였을 수준이어야 한다는 의미이다. 결론적으로, 그러한 거래가 관계기업들 간에 일어났다고 해서 이를 독립기업들의 비교가능거래와 세무목적상 달리 취급해서는 안 된다.(TP §7.19)

내부용역과 관련하여 정상가격을 결정하는 경우 용역제공자와 용역수취인 모두의 관점에서 검토가 이루어져야 한다. 이러한 맥락에서, 용역제공자의 원가뿐 아니라 용역수취인 입장에서 용역가치, 비교가능독립기업이 그 용역에 대해 지급하였을 대가금액이 고려되어야 한다.(TP §7.29) 예를 들면, 용역을 제공받는 독립기업의 관점에서 볼 때 해당시장의 용역제공자들이 그 기업이 지급하려는 가격에 용역을 공급할 의사나 능력이 있거나 그렇지 않을 수 있다. 용역제공자가 독립기업이 지급하는 가격범위 내에서 원하는 용역을 제공할 수 있다면 거래가 성사된다. 용역제공자의 관점에서 볼 때, 용역을 제공하지 못할 최저선 미만의 가격과 그에 대한 원가를 고려해야 하지만 모든 경우에 결정적인 것은 아니다.(TP §7.30)

A. 용역거래의 정상가격산출방법

내부용역의 가격산정을 위해 비교가능제삼자가격법이나 원가기준방법(원가가산법, 원가기준 거래순이익률법)을 자주 사용한다. 용역수취인이 속한 시장에서 독립기업들이 비교가능용역을 제공하거나 용역을 제공하는 관계회사가 비교가능상황에서 독립기업에게 비교가능용역도 제공하는 경우에는 비교가능제삼자가격법을 사용할 수 있다. 회계, 감사, 법률, 또는 컴퓨터용역이 제공되는 경우를 예로 들 수 있다. 독립거래가 없지만 관련 활동의 성격, 사용자산 및 부담위험의 관점에서 비교가능 독립기업거래가 있는 경우에는 원가가산법이 적합하다. 원가가산법을 적용할 경우 관계거래와 독립거래에서 포함되는 원가의 유형이 일치되어야 한다. 예외적인 경우, 즉 비교가능제삼자가격법이나 원가가산법을 사용하기 어려운 경우에는 만족스러운 정상가격결정을 위해 한 가지 이상의 방법을 고려해 보는 것이 도움이 된다.(TP §7.31)

해당용역과 기업의 활동 및 성과 사이의 관계를 정립하기 위해서 그룹의 여러 구성원들의 기능분석을 수행할 필요가 있다. 또한, 용역의 즉각적 효과뿐 아니라 장기적 효과도 고려해야 하는데, 어떤 비용은 지출당시에 합리적으로 기대하였던 편익을 실제로는 전혀 창출하지 않을 수 있다는 점을 알아야 한다. 예를 들면, 당시의 자금사정에 비추어 볼 때 한 기업이 마케팅활동 준비비용을 부담하기에는 과중한 경우가 있다. 이 경우, 청구대가가 정상가격인지 결정할 때 그 활동의 기대이익과 아울러 제삼자계약에서 대가의 크기나 시기가 활동의 결과에 따라 달라질 가능성을 고려해야 한다. 이 경우, 납세자는 관계기업들에 합리적인 대가를 청구했다는 설명자료를 준비해야 한다.(TP §7.32)

원가기준방법(cost based method)이 상황에 맞는 최적방법이라고 판단되는 경우, 분석에서 관계거래와 독립거래를 비교하기 위해 그룹용역제공자의 지출비용을 조정할 필요가 있는지 검토해야 한다.(TP §7.33) 관계기업이 용역제공에서 대리인이나 중개인으로만 활동하는 경우, 원가기준방법을 적용할 때 용역수행 자체에 대한 수익이나 가산액(mark up)이 아니라 대리기능의 수행에 대한 수익이나 가산액이 적절하다 점을 알아야 한다. 이 경우, 대리기능 자체의 원가가 아닌 용역원가에 대한 가산액으로 정상가격을 결정하는 것은 잘못된 것이다. 예를 들면, 어느 관계회사가 그룹 구성원들을 위해 광고공간을 임차하여 비용을 지출하는데, 이는 그룹 구성원들이 독립기업이었다면 직접 지출하였을 비용이다. 이 경우, 가산액 없이 그 비용을 해당 구성원들에게 전가시키고 대리기능을 수행한 중개인으로서 발생된 원가에 대해만 가산액을 적용해야 한다.(TP §7.34)

B. 이익요소를 포함할지 여부

내부용역에 대한 정상대가의 결정방법에서, 그 대가가 용역제공자에게 이익을 발생시켜야 하는지가 문제가 된다. 정상거래에서 독립기업은 원가로 용역을 제공하기보다는 보통 이익이 발생되도록 용역대가를 산정한다. 정상대가를 산정할 때 용역수취인의 입장에서 가능한 경제적 대안들도 감안해야 한다. 그러나 독립기업이 용역수행 자체만으로 이익을 실현하지 못하는 상황이 있는데, 공급자의 원가(기대원가 또는 실제원가)가 시장가격을 초과하지만 수익성을 높이기 위해, 활동범위를 보완하여 공급자가 용역을 제공하기로 합의하는 경우이다. 그러므로 정상가격인 경우에도 내부용역을 제공하는 관계회사에 항상 이익이 계상되어야 하는 것은 아니다.(TP §7.35) 예를 들면, 내부용역의 시장가치가 용역제공자의 발생원가에 미치지 못하는 경우가 있다. 이러한 사례는 용역이 용역제공자의 통상활동이나 경상활동이 아니고 다국적기업그룹 전체의 편의를 위해 일시적으로 제공되는 경우이다. 내부용역이 독립기업으로부터 받을 수 있는 가격과 같은 가치인지 결정할 때, 거래의 비교가능성을 평가하는데 기능 및 기대이익의 비교가 필요하다. 다국적 기업그룹은 다른 그룹내부편익(이에 대해 정상대가가 적절하다)과 같은 다양한 이유로 제삼자를 사용하기보다 그룹내부에서 용역을 제공하기로 결정한다. 이 경우, 관계회사에 이익을 보장하기 위해 비교가능제삼자가격법으로 설정된 것 이상으로 가격을 올리는 것은 적절하지 않다. 그러한 결과는 정상거래원칙에 위배된다. 그렇지만, 용역수취인의 모든 편익을 적절히 고려해야 한다.(TP §7.36)

원칙적으로 과세당국과 납세자는 적절한 정상가격을 산정해야 하지만, 어떤 경우에는 과세당국이 재량으로 예외상황에서 용역제공의 정상가격 산정과 과세를 포기하는 실무적 이유가 있다는 점을 간과해서는 안 되는데, 이는 적절한 상황에서 납세자가 용역제공원가만을 배분하도록 허용하는 것과는 구별된다. 예를 들면, 비용편익분석을 하면 정상가격 결정비용과 행정부담이 징수되는 추가세수보다 큰 경우가 있다. 이 경우, 정상가격 대신 모든 관련비용을 청구하는 것이 다국적기업들이나 과세당국에게 만족스러운 결과가 된다. 용역제공이 관계기업의 중요활동인 경우, 이익요소가 상대적으로 중요한 경우, 또는 직접청구가 정상가격결정의 근거로 가능한 경우에는 과세당국으로부터 그러한 양보를 기대하기는 어렵다.(TP §7.37)

3. 총용역원가의 정의

총용역원가(total services costs)란 용역을 제공함에 있어 소요되는 모든 원가를 의미한다. 총용역원가는 현금 비용 또는 비슷한 종류의 비용(주식보상 등)으로 용역관련 직접 비용 또는 기타 합리적으로 배분되는 비용을 포함한다. 일반적으로 원가는 용역제공 목적을 이루기 위해 소모되거나 사용되거나 이용되는 모든 자원의 제공(provision)을 의미한다. 이러한 정의는 사실상 기업회계기준에서 의미하는 원가의 개념과 비슷하다. 다만, 총용역원가에는 이자비용, 외국납부세액 또는 소득세는 포함되지 않는다.

A. 직접원가 : 직접청구방식(direct-charge methods)

직접적으로 발생한 비용 또는 원가란 특정용역과 직접적으로 관련되어 발생되는 비용을 말한다. 용역제공과 관련해서 고용원에게 지급한 노임·상여·여행경비, 용역제공에 투입된 재료비·소모품비 및 용역제공에 소요된 통신료 등이 직접발생비용에 해당한다.

직접원가의 경우에는 내부용역에 대한 대가관련약정을 쉽게 식별할 수 있다. 이는 다국적 기업그룹이 직접청구방식(direct charge method)을 사용하는 경우인데, 관계회사들은 특정용역에 대해 대가를 지급한다. 수행용역 및 대가산정의 근거를 명확하게 파악할 수 있기 때문에, 직접청구방식은 일반적으로 과세당국의 입장에서 실무상 매우 편리하다. 따라서 직접청구방식에서는 대가가 정상거래원칙에 부합하는지 여부를 쉽게 판단할 수 있다.(TP §7.21)

B. 간접원가 : 간접청구방식(Indirect-charge methods)

간접발생 원가 및 비용은 특정용역과 직접적으로 관련되지는 않으나, 직접적으로 발생되는 원가 및 비용과 어느 정도의 연관이 있는 비용을 말한다. 예를 들면 직접경비를 발생시키는 부서와 관련되어 발생하는 공통경비, 공공요금, 임차료, 경영관리비 및 기타 사무비 등을 말한다. 또한 특정용역 제공과 관련하여 합리적으로 배분할 수 있는 일반 관리비 및 기타 비용을 포함한다. 또한, 모회사가 해외 자회사를 위해 광고활동을 수행하는 경우 광고용역에 대한 직접비용은 물론 모든 간접비용이 고려되어야 한다. 광고에 직접적으로 소요된 비용으로는 광고대행업자에게 지급한 자문료·광고활동에 투입된 직원급료 등이 있다. 간접비용으로는 임대료, 재산세, 광고부서를 지원하는 직원들의 임금·회계비용·기타 일반관리비 등이 있다.

내부용역대가의 직접청구방식을 실무에서 적용하기 어렵다. 이에 따라, 일부 다국적기업그룹은 모기업이나 그룹용역센터가 제공하는 용역에 대해 다른 대가산정방식을 개발했다. 이 경우, 다국적기업그룹은 정상대가를 산출하는 기준으로 어느 정도의 추정치나 근사치를 필요로 하는 비용배분방법 외에 달리 대안이 없다. 이러한 방법은 '간접청구방식(indirect charge method)'을 말하는데, 용역수취인이 그 용역의 가치를 충분히 인정하고, 독립기업들 간에 비교가능 용역이 제공되고 있다면, 간접청구방식을 인정해야 한다.

기업의 중요사업활동을 형성하는 특정용역이 관계회사뿐 아니라 독립기업에게도 제공되는 경우, 일반적으로 간접청구방식은 인정되지 않는다. 제공되는 용역의 대가를 공정하게 청구하기 위해 다양한 시도를 해야겠지만, 청구금액은 파악가능하고 합리적으로 예측가능한 편익에 근거해야 한다. 모든 간접청구방식은 개별사안의 상업특성에 맞춰져야 하고(배부기준은 특정상황에서만 의미가 있음), 자의적 조작을 방지하기 위한 장치가 있어야 하며, 합리적 회계원칙에 부합해야 하며, 용역수취인의 실제편익 또는 합리적 기대 이익에 상응하는 대가청구나 원가배분이 이루어져야 한다.(TP §7.23)

어떤 경우, 제공되는 용역의 성격상 간접청구방식이 불가피하다. 개산 또는 추정에 의하지 않고는 여러 관련기업들에게 제공되는 개별용역가치를 계량화할 수 없는 경우가 있다. 예를 들면, 이러한 문제는 중앙집중 판촉활동(국제박람회 참여, 국제간행물 게재, 기타 중앙집중 광고활동)이 여러 관계회사들이 제조하거나 판매하는 재화의 수량에 영향을 주는 경우에 생길 수 있다. 다른 사례로는 각 용역수취인에 대해 관련용역활동을 별도기록하고 분석하는 데 따른 행정부담이 그 용역활동 자체에 비추어 지나치게 큰 경우이다. 그러한 경우에는 직접청구가 불가능한 원가, 즉 다양한 용역의 실제수혜자에게 특정하여 배분할 수 없는 원가들을 모든 수혜자에게 배분함으로써 대가를 결정할 수 있다. 정상거래원칙을 충족하기 위해 선택한 배분방법의 적용결과가 비교가능 독립기업이었다면 받아들였을 수준과 부

합해야 한다.(TP §7.24)

　배부(allocation)는 식별하기 쉬우면서 용역사용정도를 적절히 측정할 수 있는 기준에 따라야 하는데 이에는 매출액, 투입직원, 주문건수기준 활동이 있다. 배부방식이 적절한지 여부는 용역의 특성과 사용정도에 따라 결정된다. 예를 들면, 급여지급용역의 사용이나 제공은 매출액보다는 직원수와 관련되며, 우선적인 컴퓨터 백업을 위한 대기비용(stand-by costs)의 배부는 그룹 구성원들의 컴퓨터장비에 대한 지출비용에 비례하여 이루어질 수 있다.(TP §7.25)

　간접청구방식이 사용되는 경우 대가와 제공된 용역의 관계가 모호하고 제공된 편익을 평가하기 어렵다. 사실상, 이는 용역에 대해 대가를 지급하는 기업자체가 대가와 용역을 연관시키지 않는다는 의미일 수 있다. 대가를 쉽게 확인할 수 없는 경우 관계기업들을 위해 부담한 비용의 손금산입을 결정하기가 어려우며, 용역제공사실을 입증할 수 없는 경우에는 지급대가가 어떠하든 용역수취인이 이에 대한 손금산입을 주장하기 어려우므로, 궁극적으로 이중과세의 위험이 증가된다.(TP §7.26)

　간접원가 배분방법으로 한 가지 이상의 기준을 사용할 수 있다. 간접원가 배분방법을 적용할 때 고려할 요소는 총 발생원가, 자산규모, 매출액, 제조비용, 임금, 점용면적, 사용 시간 등이 있다. 간접비용이 누진적으로 증가하는 경우에도 이에 대한 특별한 고려를 할 이유는 없다. 즉 간접비용이 누진적으로 증가하든 아니면 비례적으로 증가하든 그와 상관없이 전체적으로 발생한 간접비용을 배분한다. 간접원가 배분방법은 원가계산에 있어서 공통비용 배분방법과 다르지 않다. 따라서 원가회계를 위해 사용하는 배분방법도 그 업종에 비추어 보았을 때 합리적이라고 여겨진다면 적용 가능하다. 그 이외에도 채권자, 소액주주, 공동사업(joint venture), 고객, 잠재적 투자자, 기타 이해관계자에 의해 사용되고 있는 배분방법을 적용할 수도 있다. 그리고 특수관계인과 비슷한 상황에 있는 다른 기업이 사용하고 있는 배분방법이 있는 경우 이를 적용할 수 있다. 예를 들면 어떤 기업이 주주 또는 정부에 공표하기 위해 공통비용인 임원보수를 관계회사들 간에 배분하는 공식을 사용하는 경우 비슷한 기업도 이 방법을 이용하여 임원보수를 배분할 수 있다.

C. 포함되지 않는 원가

직접적 관련이 없는 채무에 대한 지급이자, 주식발행비용 및 주주관계 유지를 위한 비용, 용역과 직접 관련이 없는 것으로서 정부에 의해 용역제공자에게 부과되는 비용 등은 용역원가에 포함하지 않는다.

관계회사에 제공한 용역에 대한 대가가 다른 이전거래의 대가에 포함될 수도 있다. 예를 들면, 특허나 노하우의 사용대가에 기술지원용역이나 사용자를 위해 수행되는 중앙집중용역, 또는 권리허여에 따라 생산되는 제품의 마케팅에 대한 경영자문을 위한 대가를 포함한다. 이 경우, 과세당국 및 납세자는 추가용역대가는 없는지, 그리고 중복손금산입은 없는지 점검해야 한다.(TP §7.27)

상시대기용역(on call services) 제공대가에 대한 약정을 확인할 때 실제 용역 사용조건을 검토해야 하는데, 사용량이 사전에 정한 수준을 초과하지 않으면 실제 사용에 대해 추가대가를 지급하지 않는 조항이 약정에 포함될 수 있기 때문이다.(TP §7.28)

제3절 용역의 정상가격 산출방법

1. 비교가능제삼자용역가격법

비교가능제삼자용역가격법(comparable uncontrolled services price method)은 특수관계 용역거래 대가가 비교대상 제삼자 용역거래대가를 기준으로 정상가격인지 판단한다. 그룹내부 용역의 시장가치가 용역제공자의 발생원가보다 작은 경우가 있다. 이는 용역제공자의 통상적 또는 경상적 활동이 아니고 다국적 기업그룹 전체의 편의를 위해 일시적으로 용역이 제공되는 상황으로, 그룹내부 편익 때문에 제삼자를 활용하기보다 그룹내부에서 용역을 공급하기로 그룹차원에서 결정할 수 있다. 이 경우, 단지 시장가격이 존재한다는 이유로 비교가능제삼자가격법에 의해 설정된 수준으로 가격을 올리는 것은 적절치 않다.(TP §7.36)

2. 용역원가법

용역원가법은 용역에 대해 대가에 이익을 가산하지 않은 용역원가를 정상가격으로 결정한다. 용역에 대해 배분되는 금액은 총용역원가의 일정부분이 된다.

미국 등의 경우 특정지원용역(covered services)에 대해 용역원가법을 적용한다. 다만, 지원용역이 용역제공자, 용역수취인 등의 사업성공 및 실패와 관련된 중요한 위험, 중요한 경쟁제고, 핵심적 능력발전에 상당히 기여한다고 납세자가 입증하는 경우에는 용역원가법을 적용하지 않는다.

특정지원용역에 대한 대가를 용역제공자가 장부상 계상하는 경우에는 장부 및 증빙을 보존해야 한다. 이러한 장부 및 증빙에는 해당 용역에 대한 정상가격을 산정함에 있어 용역원가법을 적용한다는 납세자의 의도를 입증할 수 있는 자료가 포함되어야 한다. 용역제공자가 청구한 용역원가총액을 과세당국이 구분할 수 있도록 장부 및 증빙을 작성해야 하는데, 해당 용역내용, 용역제공자와 수취인 및 해당 용역원가의 배분방법을 포함해야 한다.

지원용역에 제삼자나 다른 관계회사에서 제공한 용역이 포함되는 경우, 이들을 모두 추적하여 용역제공사실을 입증하는 것은 부적절하며 지원용역에 그러한 용역이 포함되어 있음을 합리적으로 입증하면 된다. 다국적그룹의 핵심사업을 구성하는 용역거래는 용역원가법 적용 대상거래에서 제외한다.

3. 용역원가가산법

용역원가가산법은 관계거래의 지급대가가 비교가능 독립거래에서 실현된 용역총이익률(gross services profit markup)을 기준으로 볼 때 정상가격인지 여부를 판단한다. 용역원가가산법은 일반적으로 특수관계 용역공급자가 특수관계 및 독립거래 상대방 모두에게 동일한 또는 비슷한 용역을 제공하는 경우에 사용된다. 이 방법은 일반적으로 관계거래가 조건부지급계약(contingent payment arrangement)인 경우 사용하지 않는다.

4. 거래순이익률법

거래순이익률법에서 쓰이는 순이익률지표 이외에, 총용역원가영업이익률(총용역원가대비 영업이익비율)도 믿을만한 순이익률지표로 활용될 수 있다.

비교대상과 관계기업의 회계처리방법의 일치가 중요하지만, 용역원가가산법을 적용하는 경우보다는 덜 중요하다. 매출원가(cost of goods sold), 판매 및 일반관리비(selling, general and administrative expenses) 등과 같은 유사비용의 구분이 일치하지 않는 경우 조정이 필요하다. 다만, 총용역원가영업이익률이 적용되는 경우 이러한 차이는 중요하지 않다.

제4절 저부가가치용역의 정상가격

1. 저부가가치용역의 범위

그룹 전체차원의 활동에는 모기업이나 지역의 서비스센터활동이 있다. 중앙집중 활동에는 일반적으로 기획, 조정, 예산통제, 재무관련자문, 회계, 감사, 법률, 채권관리, 전산 서비스 등의 행정용역, 현금흐름 및 지불능력의 감독, 증자, 차입, 이자율 및 환율위험관리, 차입상환(refinancing) 등 금융용역, 생산·구매·유통·마케팅 지원, 채용 및 훈련 등 인사용역이 있다. 또한 그룹서비스센터는 종종 연구·개발 활동을 수행하거나 그룹 전체 또는 일부를 위해 무형자산을 관리·보호하는 일을 맡기도 한다. 이런 활동은 통상 그룹의 '지원용역' 또는 '특정지원용역'으로 부르는데 독립기업도 이런 활동에 대한 대가를 지불하거나 직접 수행한다.(TP §7.14) 어떤 지원용역에 대해 대가수수가 정당한지를 검토하는 문제는 대가지급의 형태를 검토하는 문제와 관련된다. 예를 들면, 자금대여, 외환 및 헤지거래(hedge transaction)와 같은 금융서비스의 경우 그 대가는 이자차이(spread)에 반영되는 것이 일반적이므로 추가적인 대가지급은 부적절하다.(TP §7.15)

저부가가치용역은 다국적기업그룹 구성원이 다른 구성원들을 위해 제공하는 지원 성격의 용역, 다국적기업그룹의 핵심사업의 일부가 아닌 용역(즉, 소득창출활동 또는 경제적으로 중요한 다국적기업그룹의 활동에 기여하지 않는 용역), 독특하고 가치있는 무형 자산의 사용을 필요로 하지 않으며, 독특하고 가치있는 무형자산의 창출로 이어지지 않는 용역, 용역제공자가 상당하거나 중요한 위험을 부담하거나

통제하지 않으며, 용역제공자에게 중요한 위험을 초래하지 않는 용역을 포함한다.(TP §7.45)

아래 사례들은 저부가가치용역의 정의에 있어 중요한 요소를 예시하는데, 즉 다국적 기업의 핵심사업에 해당하는 것을 포함하지 않아야 한다. 겉보기에 비슷한 성격의 용역(신용위험분석)도 구체적 맥락과 상황에 따라 저부가가치용역이 되거나 되지 않을 수 있다. 또한, 특별한 성격으로 인해 내부용역이 상당한 위험이나 독특하고 가치있는 무형자산을 만드는 경우 저부가가치용역에 해당하지 않는다는 점을 사례에서 보여준다.(TP§7.50)

저부가가치용역은 이러한 지원성격의 용역을 의미하며, 다국적기업그룹의 핵심사업을 구성하지 않는다. 저부가가치용역이 그룹의 핵심사업과 관련이 없는 경우에도, 저부가가치용역의 제공이 공동용역센터의 사례와 같이 사실상 그 용역을 제공하는 법인의 주요사업활동이 되기도 한다. 예를 들면, 다국적기업이 전세계 유제품의 개발, 생산, 판매 및 마케팅에 참여한다고 가정한다. 그룹은 공동용역회사를 설립하여 전세계 전산지원 센터의 역할을 전적으로 수행하게 한다. 전산지원용역 제공자의 입장에서 전산용역제공 이 중요사업활동이다. 그러나 용역 수취인 및 다국적기업그룹 전체의 관점에서 그 용역이 핵심사업은 아니므로 저부가가치용역에 해당한다.(TP §7.51)

2. 저부가가치용역의 간주정상가격

A. 간주정상가격 : 용역원가에 5% 가산한 금액

거주자·내국법인이 다음의 요건을 모두 충족하는 '저부가가치 용역거래'에 대해 해당 용역의 원가에 5%를 가산한 금액을 용역의 대가로 산정한 경우에는 그 금액을 정상가격으로 본다. 이 경우 해당 용역의 원가는 다음과 같은 직간접비용을 포함하여 계산한다. (국조령 §12 ②) 다만, 해당 사업연도에 저부가가치용역의 원가에 5%를 가산한 금액의 합계가 거주자·내국법인 매출액의 5%, 또는 거주자·내국법인의 영업비용(판매비 및 일반관리비)의 15%를 초과하는 경우에는 안전항규정을 적용하지 않는다.(국조령 §12 ③, 국조칙 §4)

B. 저부가가치 용역이 아닌 경우

가. 거래대상 용역은 다음의 어느 하나에 해당하지 않는 용역으로서 거주자·내국법인과 국외특수관계인의 핵심사업활동과 직접 관련되지 않는 지원적 성격의 용역일 것
  ㉮ 연구개발
  ㉯ 천연자원의 탐사·채취 및 가공
  ㉰ 원재료 매입, 제조, 판매, 마케팅 및 홍보
  ㉱ 금융, 보험 및 재보험

나. 용역이 제공되는 과정에서 다음 각 목의 어느 하나에 해당하는 사실이 없을 것
  ㉮ 독특하고 가치 있는 무형자산의 사용 또는 창출
  ㉯ 용역 제공자가 중대한 위험을 부담 또는 관리·통제

다. 용역 제공인 및 수취인이 특수관계가 없는 제3자와 유사한 용역거래를 하지 않을 것

제5절 금융보증(financial guarantees)

1. 금융보증의 의미

일반적으로, 금융보증계약은 피보증인이 지급의무를 이행하지 않는 경우 보증인은 특정 금융채무를 부담한다고 규정한다. 다국적기업그룹의 구성원이 다른 구성원에게 여러 유형의 신용지원을 하는데 사용하는 약정들은 다양하다. 선택의 한쪽 끝에는 공식적 서면보증이 있으며 다른 쪽 끝에는 다국적기업그룹의 구성원에게만 제공하는 암묵적 지원이 있다. 보증이란 차입자가 상환의무를 이행하지 않으면 보증인이 특정 보증채무를 부담한다는 법적 구속력이 있는 약속으로 정의된다. 이전가격의 관점에서 자주 볼 수 있는 상황은 관계기업이 제삼자 대여자로부터 빌린 대출에 대해 다른 관계기업(보증인)이 보증을 제공하는 경우이다.(TP §10.155)

보증은 금융조달을 보증하는 금융보증(financial guarantee)과 계약이행을 보증하는 이행 보증(performance guarantee)으로 구분된다. 보통 보증서(letter of guarantee)나 취소불능신용장(irrevocable letter of credit) 형태의 보증계약으로 보증이 성립하며 명시적 보증의사가 표시되지 않는 양해각서(comfort letter)는 보증으로 보지 않는다.(대법원 2010다58315, 2014.7.24.) 보증수수료는 보통 용역대가로 보지만, 위험부담의 대가(이자)로 보는 나라도 있다.(미 국 container corporation case, 134 t.c.122.2010) 국내 자회사가 은행으로부터 대출을 받으면서 해외모회사 보증에 대해 지급하는 보증수수료는 기타소득으로 구분한다.(재경부 국조 46017-184, 2001.11.6.) 다만, 할부금융업을 하는 내국법인이 보증업을 하는 외국금융기관의 지급보증을 통해 국내은행으로부터 자금을 차입하면서 외국금융기관에 지급하는 보증수수료는 사업소득으로 구분한다.(법통칙 93-132…19)

2. 국내세법의 보증수수료 정상가격 산출방법

거주자·내국법인과 국외특수관계인간 지급보증거래에 대해 다음 어느 하나에 해당하는 방법으로 산출한 금액을 정상가격으로 한다.(국조령 §12 ④)

> 1. 위험접근법 : 보증인의 예상 위험과 비용을 기초로 하여 정상가격을 산출하는 방법
> 2. 편익접근법 : 피보증인의 기대이익을 기초로 하여 정상가격을 산출하는 방법
> 3. 위험접근법 및 편익접근법 : 보증인의 예상 위험 및 비용과 피보증인의 기대이익을 기초로 하여 정상가격을 산출하는 방법

정상가격을 산정하는 경우 신용등급, 예상 부도율, 보증금액 예상 회수율, 차입이자율, 회사채 이자율 등은 자료의 확보와 이용 가능성, 신뢰성, 비교가능성 등을 고려하여 합리적인 자료를 이용하여 산정한다. 이 경우 신용등급, 예상 부도율 및 보증금액 예상회수율은 다음 사항을 고려하여 판정 또는 산출해야 한다.(국조칙 §5 ④)

> 1. 신용등급 : 과거의 재무정보 외에 합리적으로 예측 가능한 미래의 재무정보와 국가, 지역, 업종, 기술수준, 시장지위, 보증인과 피보증인이 속한 기업군의 신용위험 등 비재무적 정보 및 다국적 기업그룹의 관계회사로서 누리는 암묵적 지원 등
> 2. 예상 부도율 : 피보증인의 신용등급, 기업군의 지원가능성 등
> 3. 보증금액 예상 회수율 : 피보증인의 재무상태와 유형자산의 규모, 산업의 특성, 담보제공여부, 시기, 만기 등

A. 위험접근법

위험접근법에 따른 정상가격은 아래와 같이 산출한다. 이 경우, 정상가격은 지급보증에 따른 보증인의 예상 위험에 보증인이 보증으로 인해 실제로 부담한 비용을 더한 금액으로 한다. 이 경우 보증인의 예상 위험은 피보증인의 신용등급에 따른 예상 부도율과 부도 발생 시 채권자가 피보증인으로부터 채권을 회수할 수 있는 '보증금액 예상 회수율'을 기초로 하여 산출한 금액으로 한다.(국조칙 §5) 위험접근법에서 해외자회사의 신용 등급 및 부도율 추정에 무디스(리스크 칼크), S&P, Fitch 등 신용평가사의 재무모형을 사용하는 것은 일반적으로 인정된다. 다만, 기업의 상태를 보여줄 만한 데이터가 부족한 신생기업의 경우 부도율이 분석모델에서 추정한 모집단의 부도율과 다를 수 있으므로 분석모델을 적용하는 것은 적절하지 못하다.(대법원 2017두73983, 2018.3.29.)

> 정상수수료 = 보증인 예상위험{보증금액 × 피보증인 예상부도율 × (1 - 보증금액 예상 회수율)} + 보증인이 보증으로 인해 실제로 부담한 비용*

B. 편익접근법

편익접근법에 따른 정상 보증수수료는 아래와 같이 산출한다. 이 경우 정상가격은 지급보증이 없는 경우의 피보증인의 자금조달비용에서 지급보증이 있는 경우의 피보증인의 자금조달비용을 뺀 금액으로 한다. 피보증인의 자금조달비용은 보증인과 피보증인의 신용등급을 기초로 하여 보증인의 지급보증 유무에 따라 산출한 차

입 이자율 또는 회사 채 이자율 등을 고려하여 산출한 금액으로 한다.(국조령 §12 ④, 국조칙 §5 ②)

> 정상수수료 = 지급보증이 없는 경우 피보증인 자금조달비용[1] − 지급보증이 있는 경우 피보증인의 자금조달비용[2]
>
> 1) 지급보증이 없는 경우 피보증인 신용등급에 따른 차입이자율·회사채이자율 × 차입금
> 2) 보증인의 신용등급을 기초로 하여 보증인의 지급보증으로 달라진 피보증인의 신용등급에 따른 차입이자율·회사채이자율 × 차입금

C. 위험접근법과 편익접근법의 정상가격범위 산정

일반적으로, 편익접근법에 따른 피보증인 기준의 가격은 위험접근법에 따른 보증인 기준의 가격보다 크다.

> 보증인의 비용(위험접근법) ≤ 보증수수료 ≤ 피보증인의 편익(편익접근법)

위험접근법 및 편익접근법에 따라 정상가격범위를 각각 산정하는 경우로서 편익접근 법에 따라 산정된 가격이 위험접근법에 따라 산정된 가격보다 큰 경우에 적용하되, 위험 접근법 및 편익접근법에 따라 산출한 가격의 범위에서 보증인의 예상 위험 및 비용과 보증인의 기대이익 및 지급보증 계약 조건 등을 감안하여 합리적으로 조정한 금액으로 한다.(국조칙 §5)

> **[관련 예규]**
> **▸ 경영자문용역**
>   내국법인이 국외특수관계자에게 지급한 경영자문용역의 대가가 정상가격을 초과한 경우에는 국제조세조정에관한법률 제4조에 의하여 과세표준 및 세액을 결정 또는 경정할 수 있으며, 이 경우 손금불산입된 금액은 같은법 제9조에 따라 소득처분하는 것임. 단, 용역이 실제로 제공되지 아니하였거나, 용역이 제공되었더라도 독립기업이었더라면 그 대가를 지급하지 아니하였을 성격의 용역인 경우에는 법인세법에 의하여 손금불산입하며 법인세법 제67조에 의하여 소득처분하는 것입니다. [서이46017-10422, 2003.03.04]

> **특수관계자간 업무무관비용 비용**
>
> 해외 모법인(또는 본점)에서 발생한 비용중 국내자회사(또는 지점)가 부담하는 금액은 당해 자회사(또는 지점)의 업무와 관련하여「법인세법」또는「국제조세조정에 관한 법률」등에서 손금을 허용하고 있는 사항 이외에는 국내자회사(또는 지점)의 각 사업연도 소득금액 계산상 이를 손금에 산입할 수 없는 것입니다. [서면2팀-2185, 2005.12.28]

제6장

소득조정과 APA

제1절 　소득조정

이전가격조정, 대응조정 및 사전가격조정에 따라 계산된 국외이전소득은 그 국외거래가 행하여진 날이 속하는 각 사업연도에 익금산입하거나 손금불산입하고, 소득처분한다. 이 경우, 다음과 같이 세무조정 및 소득처분 절차가 다르다.

1. 임시유보 처분 후 처분·조정

정상가격에 의한 과세조정시 익금에 산입되는 금액이 국외특수관계인으로부터 내국법인에게 반환되었는지 여부를 확인하기 전까지는 임시유보로 처분하고 납세자에게 임시유보처분통지서로 통지하며, 동 통지서를 받은 날부터 90일 이내에 반환되었음을 확인하는 이전소득금액반환확인서(송금내역서 첨부)를 제출하지 않은 경우 반환하지 않은 것으로 보아 다음 방법에 따라 처분하거나 조정합니다. 이 경우 과세당국은 이전소득금액통지서로 통지합니다.

〈처분·조정 방법〉

① 국제거래의 상대방인 국외특수관계인이 내국법인이 출자한 법인에 해당하는 경우(국조령 제2조 제2항 제1호 가목에 해당하는 경우를 포함한다)에는 그 국외특수관계인에

> 대한 출자의 증가로 할 것
> ② 국제거래의 상대방인 국외특수관계인이 내국법인의 주주에 해당하는 경우(국조령 제2조 제2항 제1호 나목에 해당하는 경우를 포함한다)에는 그 국외특수관계인에게 귀속되는 배당으로 할 것
> ③ 국제거래의 상대방인 국외특수관계인이 상기 ① 및 ② 외의 자인 경우에는 그 국외특수관계인에게 귀속되는 배당으로 할 것

2. 임시유보 처분하지 않는 경우

다음 어느 하나에 해당하는 경우에는 임시유보로 처분하지 아니하고 위 처분·조정 방법(①~③)에 따라 바로 처분하거나 조정합니다.(국조령 §25 ①)
① 정상가격에 의한 과세조정에 따라 과세표준 및 세액을 결정하거나 경정한 날부터 4개월 이내에 부과제척기간이 만료되는 경우
② 이전소득금액 처분 요청서 (국제조세조정에 관한 법률 시행규칙 별지 제9호 서식)를 제출하는 경우
③ 해당 내국법인이 폐업한 경우(사실상 폐업한 경우를 포함한다)
④ 내국법인이 과세표준 및 세액을 신고할 당시 처분하거나 조정하기를 원하는 경우

과세당국이 상기와 같은 사유가 있어 임시유보 처분하지 아니하고 이전소득금액을 통지하였으나, 납세자가 통지서를 받은 날부터 90일 이내에 이전소득금액 반환확인서를 제출한 경우에는 처분이나 조정이 없었던 것으로 봅니다.

만일, 임시유보 처분을 한 후에 ② 또는 ③에 해당하는 사유가 발생한 경우에는 위 처분·조정 방법(①~③)에 따라 다시 처분하거나 조정합니다.(국조령 §25 ②)

3. 반환이자의 계산

국외특수관계인이 내국법인에 정상가격에 의한 과세조정에 따라 익금에 산입되는 금액 중 반환하려는 금액은 임시유보 처분 통지서를 받은 날(임시유보 처분 통지서를 받은 날부터 90일 이내에 국조법 제45조에 따른 상호합의절차가 개시된 경우에는 상호 합의 결과를 통보받은 날) 또는 과세표준 및 세액을 신고한 날부터

90일 이내에 다음 계산식에 따라 산출한 반환이자를 더하여 반환하여야 합니다. 반환이자는 다음과 같이 계산합니다.

> **반환이자** = 반환하려는 금액 × 거래일이 속하는 사업연도 종료일의 다음 날부터 이전소득금 액반환확인서 제출일까지의 기간 × 각 사업연도의 직전 사업연도 종료일의 통화별 지표금리 ÷ 365 (윤년의 경우 366)
> * 반환이자 계산 대상 기간이 속하는 각 사업연도의 직전 사업연도 종료일을 기준으로 하는 통화별 지표금리를 적용하며, 지표금리가 없는 통화의 경우 미국달러화 기준 지표금리로 함〈개정 '23.3.20.〉

통화	지표금리
한국(KRW)	KOFR(The Korea Overnight Financing Repo rate)
미합중국(USD)	SOFR(Secured Overnight Financing Rate)
유럽연합(EUR)	ESTR(Euro Short-Term Rate)
영국(GBP)	SONIA(Sterling Overnight Index Average)
스위스(CHF)	SARON(Swiss Average Rate Overnight)
일본(JPY)	TONA(Tokyo Overnight Average Rate)

사례 반환이자 계산사례 (국제조세 집행기준 9-0-2)

○ 이전가격조정 익금산입액 : 2012년 200억원, 2013년 100억원
○ 임시유보처분통지서를 받은 날 : 2014.7.1.
○ 이전소득금액 반환일 : 2014.9.30.
○ 언도빌 Usd LIBOR (12개월) 0.84350% (2012.12.31.), 0.58310% (2013.12.31.)
○ 반환이자의 계산
  • 2013.1.1.~2013.12.31. : 200억원×365일×0.84350% ÷ 365 = 168,700,000원
  • 2014.1.1.~2014.9.30. : 300억원×273일×0.58310% ÷ 365 = 130,838,054원

4. 반환금액의 순서, 반환받은 것으로 보는 경우

내국법인이 익금에 산입되는 금액 중 일부를 국외특수관계인으로부터 반환받는 경우에는 익금에 산입되는 금액의 발생순서에 따라 먼저 발생된 금액(해당 금액에 대한 반환이자를 포함)부터 반환된 것으로 본다.(국조령 §22 ③)

내국법인이 임시유보처분 기간 내에 국외특수관계인으로부터 반환받을 금액을 그 국외특수관계인에 대한 매입채무와 상계하는 경우 상계금액은 그 국외특수관계인으로부터 반환받은 것으로 본다.(법령해석국조-1310, 2020.6.30.)

제2절 정상가격산출방법 사전승인

1. 의의

OECD 이전가격 가이드라인 또는 외국에서 흔히 APA(Advance Pricing Arrangement)로 통칭되는 것으로, 납세의무자가 향후 국외 특수관계인과의 거래에 적용하고자 하는 정상가격 산출방법에 관하여 국세청장의 사전승인을 얻는 제도이다.

국세청장의 사전승인을 얻은 납세의무자가 대상기간 동안 승인된 정상가격 산출방법을 적용한 경우에는, 사전승인 시 그 방법의 전제요건으로 정해진 가정이나 조건이 충족되면, 과세당국이 승인한 방법을 최적의 방법으로 인정하게 된다.

납세의무자가 적용하고자 하는 정상가격 산출방법에 관하여 거래상대방을 관할하는 국가의 과세당국과 상호합의를 함께 신청하고, 양국 과세당국 간에 상호합의가 이루 어진 경우에는 상호합의에서 인정된 방법이 우리나라에서는 물론 상대국에서도 최적의 정상가격산출방법으로 인정받게 된다.

2. 절차

A. 사전승인 신청서의 제출

대상기간·대상 국제거래·거래 당사자 및 정상가격 산출방법을 기재한 정상가격 산출 방법의 사전승인 신청서(국조법 시행규칙 제18조 제1항 별지 제10호 서식)를 적용 기간 중 최초 과세연도 개시일의 전날까지 다음 각 호의 서류와 함께 국세청장에게 제출하여야 합니다. 이 경우 제3호에 해당하는 서류는 이동식 저장장치 등 전자적 정보저장매체에 수록하여 제출할 수 있다.

> 사전승인 신청 첨부서류(국조령 제20조)
> 1. 거래 당사자의 사업연혁·사업내용·조직 및 출자관계 등에 관한 설명자료
> 2. 거래 당사자의 최근 3년동안의 재무제표, 세무신고서 사본, 국제거래에 관한 계약서 사본 및 이에 부수되는 서류
> 3. 신청된 정상가격의 세부 산출방법을 구체적으로 설명하는 다음 각목의 자료
>   가. 비교가능성 평가방법 및 요소별 차이조정방법
>   나. 비교대상기업의 재무제표를 사용하는 경우 적용된 회계처리기준의 차이와 그 조정방법
>   다. 거래별 구분 재무자료 또는 원가자료를 사용하는 경우 그 작성기준
>   라. 두개 이상의 비교대상거래를 사용하는 경우 정상가격으로 판단되는 범위와 그 도출방법
>   마. 정상가격 산출방법의 전제가 되는 조건 또는 가정에 대한 설명자료
> 4. 국제거래의 거래가격과 정상가격의 차이를 조정하는 방법에 관한 설명자료
> 5. 승인 신청된 정상가격 산출방법에 관하여 관련 체약상대국과의 상호합의를 신청하는 경우에는 상호합의절차 개시 신청시
> 6. 그 밖에 사전승인 신청된 정상가격 산출방법의 적정성을 증명하는 자료

B. 사전승인 신청의 심사

국세청장은 신청된 정상가격 산출방법의 적정성을 심사하게 됩니다. 이 과정에서 국세청장은 추가자료의 제출 및 제출된 자료의 소명, 정상가격 산출방법의 수정,

비교 대상기업 또는 거래의 교체를 요구하거나, 정상가격산출방법적용의 전제가 되는 가정이나 조건을 달수도 있다.

국세청장은 사전승인 신청의 심사와 관련하여 신청인의 동의가 있는 경우에는 중립적 전문가의 검토의견을 구하고 이에 따른 비용의 일부를 신청인에게 부담하게 할 수 있다.

C. 사전승인 절차의 진행

신청인이 상호합의에 의한 사전승인을 신청한 경우 국세청장은 상대국 과세당국과 상호합의 절차를 진행하게 된다.

다만, 신청인이 당초 신청 시 상호합의 절차를 요구하지 않거나 일정한 사유로 상호 합의 절차가 중단되어 납세자가 일방사전승인을 얻고자 하는 경우 국세청장은 상호 합의 절차에 의하지 않고 사전승인을 하게 된다.(일방적 사전승인)

상호합의 중단 사유

○ 사전승인신청의 접수일로부터 3년이 지날 때까지 상호합의가 이루어지지 않아 국세청장이 직권으로 상호합의 절차를 중단하는 경우
○ 상호합의 절차에 의한 합의가 불가능하여 체약상대국과 상호합의 절차를 종료하기로 한 경우
  * 심사결과 신청된 정상가격산출방법이 부적절하다고 판단하는 경우에는, 승인 신청을 거절하고 납세의무자가 제출한 자료일체를 반환하게 된다.

D. 사전승인

국세청장은 상대국 과세당국과의 상호합의 절차에서 정상가격 산출방법에 관한 합의가 이루어진 경우에는 이를 토대로 사전승인을 하게 된다.

일방적 사전승인의 경우에는 국세청장이 상호합의 절차에 의하지 않고 신청일부터 2년 이내에 사전승인을 하게 된다.

E. 연례보고서의 제출

국세청장으로부터 사전승인을 얻은 납세의무자는 대상 사업연도의 종료일이 속하는 달의 말일부터 12개월 이내에 국세청장에게 제출하여야 합니다. 이 경우 법 제6조 제1호에 따른 신고기한이 지난 과세기간의 연례보고서는 사전승인 이후 최초로 연례 보고서를 제출할 때 함께 제출된다.

> **연례보고서 사항**
> 1. 사전승인된 정상가격 산출방법의 전제가 되는 근거 또는 가정의 실현여부
> 2. 사전승인된 정상가격 산출방법을 적용하여 산출된 정상가격 및 그 산출과정
> 3. 실제의 거래가격과 정상가격이 다른 경우에는 그 차이에 대한 처리내용
> 4. 그 밖에 사전승인 시에 연례보고서에 포함하도록 정한 사항

F. 사전승인의 취소 등

다음의 사유가 발생한 경우에 국세청장은 사전승인을 취소하거나, 철회할 수 있다. (국조법 시행령 제30조)
   1) 정상가격 산출방법의 사전승인 신청 또는 연례보고서 제출에 따른 자료의 중요한 부분이 제출되지 아니하거나 거짓으로 작성된 경우
   2) 신청인이 사전승인 내용 또는 그 조건을 준수하지 아니한 경우
   3) 사전승인된 정상가격 산출방법의 전제가 되는 조건이나 가정의 중요한 부분이 실현되지 않은 경우
   4) 관련법령 또는 조세조약이 변경되어 사전승인 내용이 적절하지 않게 되는 경우

국세청장으로부터 사전승인을 얻은 납세의무자도 정상가격 산출방법의 조건이나 가정이 실현되지 않았거나, 관련법령 또는 조세조약의 변경이 있을 경우에는 그러한 사유가 발생한 사업연도를 포함한 이후의 잔여 대상기간에 대하여 처음 사전승인 내용의 변경을 신청할 수 있다.

[관련 예규]
> **정상가격에 의한 과세조정으로 이전소득을 반환하는 경우 반환이자 대상금액 상계여부**
> 「국제조세조정에 관한 법률」제4조에 따른 정상가격에 의한 과세조정으로 이전소득을 반환하는 경우, 총 반환금액은 내국법인의 각 사업연도의 소득금액 계산상 익금산입 또는 손금불산입되는 원화금액에「국제조세조정에 관한 법률 시행령」제15조의2에 따라 계산한 반환이자를 가산하여 계산하는 것으로, 다수의 사업연도에 감액경정금액과 증액경정금액이 있는 경우 이를 상계하여 순액으로 반환이자를 계산하지 아니하는 것입니다.[국제세원-392, 2012.08.29]

> **대응조정**
> 조세협약상 체약상대방이 거주자와 국외특수관계자의 거래가격을 정상가격으로 조정하고 이에 대한 상호합의절차가 종결된 경우, 과세당국은 그 합의에 따라 거주자의 각 과세연도 소득금액 및 결정세액을 조정하여 계산할 수 있는 것입니다. [서면2팀-1612, 2007.09.04]

> **상호합의**
> 우리나라 과세당국의 과세처분에 대하여 현행 국제조세조정에관한법률에 따라 내국법인(외투법인)이 국세청장에게 상호합의 절차의 개시를 신청할 수 있는 경우에 동법 제22조 제1항 제3호의 요건인 '조세조약에 따라 우리나라와 체약상대국간에 조세조정이 필요한 경우'에 한하는 것이며 내국법인(외투법인)이 거래처에 지급한 판매장려금을 유사접대비로 보아 접대비 시부인한 조치는 체약상대국간에 조세조정이 필요한 사항이 아니므로 상호합의 개시절차 요건이 될 수 없으며, 내국법인(외투법인)이 부담한 하자보증기간 내에 수리비용을 미국법인이 부담해야 할 비용으로 보아 손금불산입 조치한 경우, 이로 인하여 우리나라와 미국간에 조세조약에 따라 조세조정이 필요할 수 있으므로 상호합의 개시절차의 요건이 될 수 있습니다. [국업 46522-378, 1999.6.4]

> **외화표시 대응조정금액의 원화 환산환율**
> 국제조세조정에관한법률 제10조(소득금액계산의 특례)를 적용함에 있어 조세조약 체약상대국간 상호합의 결과, 연도별로 소득을 조정하여 할 금액이 외화로 결정되고 그 조정해야 할 대상이 국내법인의 매출가액일 경우 그 소득금액조정을 위하여 적용되어야 할 원화환산환율은 당해 조정대상거래가 있었던 당시에 적용한(기장에 사용된) 환율(매입율)을 적용하여야 하는 것이며, 다만 개별거래를 추적하여 거래일자별로 소득조정을 위한 금액을 할당·배분하는 것이 실질적으로 곤란하여 연도별 일괄조정이 불가피한 경우에는 연평균 매입율을 적용할 수 있습니다. [재국조 46017-14, 1998.3.31]

제7장

정상가격서류의 제출

제1절　국제거래에 대한 자료 제출 의무

　국외특수관계인과 국제거래를 하는 납세의무자는 국제거래명세서, 국외특수관계인의 요약손익계산서, 정상가격산출방법신고서를 사업연도 종료일이 속하는 달의 말일부터 6개월 이내, 원가 등의 분담액 조정명세서는 과세표준 등의 신고를 할 때 제출해야 한다.

1. 정상가격산출방법신고서

가. 근거

① 국제조세조정에 관한 법률 제16조 제2항
② 국제조세조정에 관한 법률 시행규칙 제27조 제3항 제3호(별지 제20호 서식)
　* 용역거래, 무형자산을 제외한 국외특수관계인간 국제거래에 대하여 동 신고서를 제출합니다.

나. 제출의무 면제 대상

① 해당 사업연도의 국제거래 중 재화거래금액 합계가 50억원 이하이고, 용역거래

금액 합계가 10억원 이하이며, 무형자산거래금액 합계가 10억원 이하인 경우
② 해당 사업연도의 국외특수관계인별 재화거래금액 합계가 10억원 이하이고, 용역
거래금액 합계가 2억원 이하이며, 무형자산거래금액 합계가 2억원 이하인 경우
* '23.1.1. 이후 개시하는 과세연도에 거래하는 분부터 적용됩니다.

다. 작성 시 참고사항

국외특수관계인 또는 거래대상 재화 및 용역에 따라 서로 다른 정상가격산출방법을 적용한 경우에는 각각 별지로 작성하고, 국외특수관계인과의 국제거래에 적용한 정상가격 결정방법의 종류와 그 방법의 적용 이유를 구체적으로 작성합니다.

정상가격산출방법에 대한 근거서류는 법인세 신고당시 보관하고 있어야 하며, 과세당국의 제출요구 시 제출가능하여야 합니다.

■ 국제조세조정에 관한 법률 시행규칙 [별지 제20호서식] <개정 2024. 3. 22.>

정상가격 산출방법 신고서

(앞쪽)

신고인	① 법인명(상호)		② 사업자등록번호	
	③ 대표자(성명)			
	④ 업종		⑤ 전화번호	
	⑥ 소재지(주소)			

국외특수 관계인	⑦ 법인명(상호)			⑧ 소재 국가		
	⑨ 대표자(성명)			⑩ 업종		
	⑪ 신고인과의 관계	지배	피지배	자매	실질 지배	본점·지점 등
	⑫ 소재지(주소)					

⑬ 대상 거래

⑭ 정상가격 산출방법

⑮ 위의 방법을 선택한 이유

「국제조세조정에 관한 법률」 제16조제2항제3호에 따라 위와 같이 정상가격 산출방법 신고서를 제출합니다.

년   월   일

신고인   (서명 또는 인)

세무서장 귀하

210mm×297mm[백상지 80g/㎡ 또는 중질지 80g/㎡]

2. 용역거래에 대한 정상가격산출방법신고서

가. 근거

① 국제조세조정에 관한 법률 제16조 제2항
② 국제조세조정에 관한 법률 시행규칙 제27조 제3항 제1호(별지 제18호 서식)

나. 제출의무 면제 대상

① 해당 사업연도의 국제거래 중 재화거래금액 합계가 50억원 이하이고, 용역거래 금액 합계가 10억원 이하이며, 무형자산거래금액 합계가 10억원 이하인 경우
② 해당 사업연도의 국외특수관계인별 재화거래금액 합계가 10억원 이하이고, 용역 거래금액 합계가 2억원 이하이며, 무형자산거래금액 합계가 2억원 이하인 경우
  * '23.1.1. 이후 개시하는 과세연도에 거래하는 분부터 적용됩니다.

다. 작성 시 참고사항

국외특수관계인과의 국제거래에 적용한 정상가격산출방법과 동 산출방법 적용이유를 구체적으로 기술합니다. 국외특수관계인에게 제공하거나 제공받은 용역을 특정용역과 공통용역으로 구분하고, 청구하거나 청구받은 용역대가를 직접청구방식과 간접청구 방식으로 구분하여 기재합니다. 정상가격산출방법에 대한 근거서류는 법인세 신고 당시 보관하고 있어야 하며, 과세당국의 제출요구시 제출가능하여야 합니다.

■ 국제조세조정에 관한 법률 시행규칙 [별지 제18호서식] <개정 2024. 3. 22.>

용역거래에 대한 정상가격 산출방법 신고서

(앞쪽)

신고인	① 법인명(상호)		② 사업자등록번호	
	③ 대표자(성명)			
	④ 업종		⑤ 전화번호	
	⑥ 소재지(주소)			

국외특수 관계인	⑦ 법인명(상호)		⑧ 소재 국가				
	⑨ 대표자(성명)		⑩ 업종				
	⑪ 신고인과의 관계	지배	피지배	자매	실질 지배	본점·지점 등
	⑫ 소재지(주소)						

⑬ 용역거래의 종류				
⑭ 주된 사업활동				
⑮ 정상가격 산출방법				
⑯ 위의 방법을 선택한 이유				
⑰ 제공 용역	⑱ 특정 용역			
	⑲ 공통 용역			
⑳ 용역 대가 청구 방식 및 금액	㉑ 직접청구			
	㉒ 간접청구			
	㉓ 계			
㉔ 간접청구 배부기준				

「국제조세조정에 관한 법률」 제16조제2항제3호에 따라 위와 같이 용역거래에 대한 정상가격 산출방법 신고서를 제출합니다.

년 월 일

신고인 (서명 또는 인)

세무서장 귀하

210mm×297mm[백상지 80g/㎡ 또는 중질지 80g/㎡]

3. 무형자산에 대한 정상가격산출방법신고서

가. 근거

① 국제조세조정에 관한 법률 제16조 제2항
② 국제조세조정에 관한 법률 시행규칙 제27조 제3항 제2호(별지 제19호 서식)

나. 제출의무 면제 대상

① 해당 사업연도의 국제거래 중 재화거래금액 합계가 50억원 이하이고, 용역거래 금액 합계가 10억원 이하이며, 무형자산거래금액 합계가 10억원 이하인 경우
② 해당 사업연도의 국외특수관계인별 재화거래금액 합계가 10억원 이하이고, 용역 거래금액 합계가 2억원 이하이며, 무형자산거래금액 합계가 2억원 이하인 경우
  * '23.1.1. 이후 개시하는 과세연도에 거래하는 분부터 적용됩니다.

다. 작성 시 참고사항

국외특수관계인 또는 무형자산에 따라 서로 다른 정상가격산출방법을 적용한 경우에는 각각 별지로 작성하고, 국외특수관계인과의 국제거래에 적용한 정상가격 결정 방법의 종류와 그 방법의 적용 이유를 구체적으로 작성합니다.

정상가격산출방법에 대한 근거서류는 법인세 신고 당시 보관하고 있어야 하며, 과세 당국의 제출요구시 제출가능하여야 합니다.

제7장 정상가격서류의 제출

■ 국제조세조정에 관한 법률 시행규칙 [별지 제19호서식] <개정 2024. 3. 22.>

무형자산에 대한 정상가격 산출방법 신고서

(앞쪽)

신고인	① 법인명(상호)			② 사업자등록번호			
	③ 대표자(성명)						
	④ 업종			⑤ 전화번호			
	⑥ 소재지(주소)						
국외특수관계인	⑦ 법인명(상호)			⑧ 소재 국가			
	⑨ 대표자(성명)			⑩ 업종			
	⑪ 신고인과의 관계	지배	피지배	자매	실질 지배	본점·지점 등	
	⑫ 소재지(주소)						

⑬ 무형자산의 소유권자

⑭ 무형자산의 명칭

사용허락거래		매매거래	
⑮ 사용허락 계약일		㉒ 매매거래일	
⑯ 사용허락 기간		㉓ 매매거래 금액	
⑰ 일시불 사용료			
⑱ 사용료율	의 %	㉔ 매매거래 금액 산정방법	
⑲ 사용료율 적용대상 순매출액 등의 산정방법			
⑳ 정상가격 산출방법			
㉑ 위의 방법을 선택한 이유		㉕ 위의 방법을 선택한 이유	

「국제조세조정에 관한 법률」 제16조제2항제3호에 따라 위와 같이 무형자산에 대한 정상가격 산출방법 신고서를 제출합니다.

년 월 일

신고인 (서명 또는 인)

세무서장 귀하

210mm×297mm[백상지 80g/㎡ 또는 중질지 80g/㎡]

4. 국외특수관계인의 요약손익계산서

가. 근거

① 국제조세조정에 관한 법률 제16조 제2항
② 국제조세조정에 관한 법률 시행규칙 제27조 제2항(별지 제17호 서식)

나. 제출의무 면제 대상

① 해당 사업연도의 국외특수관계인과의 재화거래금액 합계가 10억원 이하이고 용역 거래금액 합계가 2억원 이하이며 무형자산거래금액 합계가 2억원 이하인 경우
② 해외현지법인 명세서와 해외현지법인 재무상황표를 제출하는 경우

다. 작성 시 참고사항

"사업연도"란에는 납세의무자의 해당 사업연도 결산 확정일을 기준으로 해당 국외특수관계인이 결산을 확정한 가장 최근의 사업연도를 적고, 금액단위는 "원"으로 작성한다.

■ 국제조세조정에 관한 법률 시행규칙 [별지 제17호서식] <개정 2024. 3. 22.>

국외특수관계인의 요약손익계산서

(앞쪽)

납세의무자			
① 상호 또는 법인명:		② 사업연도:	년 월 일부터
③ 사업자등록번호:	④ 대표자:		년 월 일까지

국외특수관계인			(⑤단위: 원)			
⑥ 명칭						
⑦ 소재지(주소)						
⑧ 사업연도		~	~		~	
⑨ 주업종		( )	( )		( )	
⑩ 자본금액 또는 출자금액						
⑪ 특수관계의 구분						
⑫ 주식등의 소유비율	소유	계: %(직접 %)	계: %(직접 %)		계: %(직접 %)	
	피소유	계: %(직접 %)	계: %(직접 %)		계: %(직접 %)	
계정과목	코드					
Ⅰ. 매출액	01					
Ⅱ. 매출원가	02					
Ⅲ. 매출 총손익	03					
Ⅳ. 판매비와 관리비	04					
Ⅴ. 영업손익	05					
Ⅵ. 법인세비용 차감전순손익	06					

유의사항
※ 이 표에서 각 국외특수관계인의 Ⅰ.~ Ⅵ.의 사항을 작성하는 데에 기초가 된 공표된 영업보고서 등의 자료를 별지로 첨부해 주십시오.

210mm×297mm[백상지 80g/㎡ 또는 중질지 80g/㎡]

5. 거래가격 조정 신고서

가. 근거

① 국제조세조정에 관한 법률 제6조
② 국제조세조정에 관한 법률 시행규칙에 따른 별지 제1호 서식

나. 제출의무자

실제 거래가격이 정상가격 산출방법을 적용하여 산출한 정상가격과 다른 경우에는 정상가격을 거래가격으로 보아 조정한 과세표준 및 세액을 다음 어느 하나에 해당하는 기한까지 거래가격 조정신고서를 첨부하여 신고하거나 경정청구 할 수 있습니다.

다. 기한

- 「법인세법」 제60조 제1항 및 제76조의17 제1항에 따른 신고기한
- 「국세기본법」 제45조에 따른 수정신고기한
- 「국세기본법」 제45조의2 제1항에 따른 경정청구기한
- 「국세기본법」 제45조의3 제1항에 따른 기한 후 신고기한

라. 작성 시 참고사항

조정대상 거래별 국외특수관계인별로 작성한다.
조정금액'란에는 실제거래가격과 정상가격의 차이를 적고, 조정금액이 귀속되어야 하는 국가 및 차이금액 조정 내역(반환여부, 반환일, 소득처분)을 기재합니다.

6. 국제거래명세서

가. 근거

① 국제조세조정에 관한 법률 제16조 제2항
② 국제조세조정에 관한 법률 시행규칙 제27조 제1항(별지 제16호 서식)

나. 제출의무자

국외특수관계인과 국제거래를 하는 납세의무자(내국법인 및 외국법인의 국내 사업장)

다. 제출의무 면제 대상

해당 사업연도의 국외특수관계인과의 재화거래금액 합계가 5억원 이하이고, 용역거래금액 합계가 1억원 이하이며, 무형자산거래금액 합계가 1억원 이하인 경우

라. 작성 시 참고사항

국외 특수관계인과의 거래전체에 대하여 한 장으로 작성하기 곤란한 경우에는 여러 장으로 하되, 우측 상단의 여백에 일련번호를 부기하고, 금액단위는 "원"이므로 작성한다.

특히, 용역거래 중 지급보증 거래가 있는 법인은 「지급보증 용역거래 명세서(별지 제16호서식(을)」를 추가로 작성하여야 한다.

7. 국제거래에 대한 자료의 제출기한 연장

납세지 관할 세무서장은 납세의무자가 다음과 같은 부득이한 사유로 국제거래통합보고서, 국제거래명세서, 요약손익계산서 및 이전가격방법신고서를 제출기한까지 제출할 수 없는 경우로서 납세의무자의 신청을 받은 경우에는 1년의 범위에서 그 제출기한의 연장을 승인할 수 있다.(국조법 §16 ③, 국조령 §37 ①)

1. 화재·재난 및 도난 등의 사유로 자료를 제출할 수 없는 경우
2. 사업이 중대한 위기에 처하여 자료를 제출하기 매우 곤란한 경우
3. 관련 장부·서류가 권한 있는 기관에 압수되거나 영치(領置)된 경우
4. 국외특수관계인의 과세연도 종료일이 도래하지 않은 경우
5. 자료의 수집·작성에 상당한 기간이 걸려 기한까지 자료를 제출할 수 없는 경우
6. 그 밖에 위 1호부터 5호까지에서 규정한 사유에 준하는 사유가 있어 기한까지 자료를 제출할 수 없다고 판단되는 경우

제출기한의 연장을 신청하려는 자는 제출기한 15일 전까지 '제출기한 연장 신청서'(국조칙 §12 ① 별지 3호)를 과세당국에 제출(국세정보통신망을 제출 포함)해야 한다.(국조령§37 ②) 과세당국은 제출기한 연장 신청이 접수된 날부터 7일 이내에 연장 여부를 신청인 에게 '제출기한 연장 승인·기각 통지서'(국조칙 §12 ② 별지 4호)로 통지해야 한다. 이 경우 7일 이내에 통지를 하지 않은 경우에는 연장을 신청한 기한까지 제출기한이 연장된 것으로 본다.(국조령 §37 ③)

제2절 정상가격산정방법 등의 이전가격서류 제출요구

1. 자료제출 요구

과세당국은 이전가격규정을 적용하기 위해 필요한 납세의무자 또는 그의 국외특수관계인의 다음 어느 하나에 해당하는 거래가격산정방법 등의 이전가격서류를 제출하도록 납세의무자에게 요구할 수 있다.(국조법 §16 ④, 국조령 §38 ①) 이 경우, 자료는 한글로 작성하며 과세당국이 허용하는 경우 영문으로 작성할 수 있다.(국조령 §38 ③)

1. 법인의 조직도 및 사무분장표
2. 그 거래와 관련된 자의 사업활동 내용
3. 특수관계가 있는 자와의 상호출자현황
4. 자산의 양도·매입 등에 관한 각종 관련계약서
5. 제품의 가격표
6. 제조원가계산서
7. 특수관계가 있는 자와 특수관계가 없는 자를 구별한 품목별 거래명세표
8. 용역의 제공이나 그 밖의 거래의 경우 4호부터 7호에 준하는 서류
9. 국제거래 가격 결정자료
10. 특수관계가 있는 자 간의 가격결정에 관한 내부지침
11. 그 거래와 관련된 회계처리기준 및 방법

12. 용역거래와 관련하여 그 거래내역을 파악할 수 있는 자료(국조칙 §28 ①)
    가. 용역거래 계약서
    나. 거주자·내국법인과 국외특수관계인들 간의 관계도 다. 용역거래 당사자의 내부 조직도 및 조직별 설명자료
    라. 용역제공을 위해 발생한 비용의 지출항목별 내역서(용역대가를 산정하는 경우에 한함)
    마. 용역제공 일정표, 용역공정표, 용역제공자 및 직원현황 등 용역을 제공한 사실을 확인할 수 있는 자료
    바. 용역 제공자가 국내 또는 국외의 복수의 특수관계인들에게 동일 또는 유사 용역을 제공하고 발생한 비용을 용역을 제공받은 특수관계인들 사이에 합리적으로 배분 또는 할당하는 간접적 청구방식으로 용역의 대가를 산출하는 경우 비용배분에 관한 자료
13. 정상원가분담액 등에 의한 과세조정과 관련하여 원가분담약정서 등
    가. 원가분담약정서(계약참여자 명단, 계약참여자가 제공하는 자산의 유형 및 내역, 계약참여 자 간의 권리관계)
    나. 중도 참여 또는 탈퇴 시 원가분담 수정약정서(위 가의 내용 포함)
    다. 제공되는 자산의 평가와 관련하여 적용하는 회계원칙 및 평가내역
    라. 참여자 및 수혜자가 얻을 기대이익의 평가내역
    마. 실제로 실현된 실제편익의 측정내역
    바. 기대이익과 실제편익의 차이에 따른 정산내역
14. 법인세 및 소득세 신고시 누락된 또는 항목
15. 기타 적정가격 산출을 위해 필요한 자료

2. 자료제출기한 연장신청 및 통지

이전가격서류 제출을 요구받은 자는 자료제출을 요구받은 날부터 60일 이내에 그 자 료를 제출해야 한다. 다만, 아래와 같은 부득이한 사유로 제출기한의 연장을 신청하는 경우에는 과세당국은 한 차례만 60일까지 연장할 수 있다.(국조법 §16 ⑤, 국조령 §37)

┃ 자료제출기한 연장의 부득이한 사유 ┃

1. 화재·재난 및 도난 등의 사유로 자료제출이 불가능한 경우
2. 사업이 중대한 위기에 처하여 자료제출이 심히 곤란한 경우
3. 권한 있는 기관에 관련 장부·서류가 압수 또는 영치된 경우
4. 국외특수관계인의 과세연도 종료일이 도래하지 않은 경우
5. 자료의 수집·작성에 상당한 기간이 소요되어 기한 내에 제출할 수 없는 경우
6. 기타 기한 내에 자료제출이 불가능하다고 판단되는 경우

국제거래명세서, 과세당국의 요구에 의한 거래가격산정방법 등 관련자료, 조세정보 및 금융정보의 제출기한을 연장받고자 하는 자는 자료제출기한 15일 전까지 '자료제출기한 연장신청서'(국조칙 §7 ①, 별지 9호)를 과세당국에 제출(국세정보통신망에 의한 제출 포함) 해야 한다. 과세당국은 자료제출기한 연장신청이 접수된 날부터 7일 이내에 '제출기한 연장 승인·기각 통지서'(국조칙 §7 ②, 별지 10호)에 의해 신청인에게 제출기한 연장 승인·기각의 통지를 해야 한다. 이 경우 7일 이내에 통지를 하지 않은 경우에는 연장신청한 기한까지 자료제출기한이 연장된 것으로 본다.(국조령 §20)

3. 자료제출 불이행 제재 : 증거불채택, 추계과세, 과태료

A. 증거불채택 및 추계과세

자료 제출을 요구받은 납세의무자가 부득이한 사유 없이 자료를 기한까지 제출하지 않고, 불복신청 또는 상호합의절차 시 자료를 제출하는 경우 과세당국과 관련 기관은 그 자료를 과세 자료로 이용하지 아니할 수 있다.(국조법 §16 ⑥)

통합기업보고서 및 개별기업보고서를 제출해야 하는 납세의무자 및 정상가격산출 관련 자료의 제출을 요구받은 납세의무자가 부득이한 사유 없이 자료를 기한까지 제출하지 아니하는 경우 과세당국은 유사한 사업을 영위하는 사업자로부터 입수하는 자료 등 과세당국이 확보할 수 있는 자료(국조령 §38 ① 4호~14호)에 근거해 합리적으로 정상가격 및 정상원가분담액을 추정하여 소득금액조정을 할 수

있다.(국조법 §16 ⑦, 국조령 §38 ⓒ)

B. 과태료의 부과징수

국제거래정보통합보고서, 국제거래명세서, 글로벌최저한세정보신고서의 제출의무가 있는 자나 이전가격서류의 제출을 요구받은 자가 부득이한 사유 없이 자료 중 전부 또는 일부를 기한까지 제출하지 아니하거나 거짓의 자료를 제출하는 경우에는 1억원 이하의 과태료를 다음과 같이 부과한다. 부득이한 사유는 '자료제출기한 연장'의 경우와 같다.(국조법 §87 ①, 국조령 §100 ①)

ㄱ. 국제거래명세서 제출 불성실과태료(국조법 §87 ①)

국제거래명세서 제출 의무가 있는 자가 정당한 사유 없이 국제거래명세서 전부 또는 일부를 제출하지 않거나 거짓으로 제출하는 경우에는 국외특수관계인별로 500만원의 과태료가 부과됩니다.

ㄴ. 자료 제출을 요구받은 자에 대한 과태료(국조법 §87 ①)

과세당국은 국조법 제16조 4항에 근거하여, 동법 제7조부터 9조까지의 규정을 적용하기 위해 시행령 제38조 1항에서 열거한 거래가격 산정방법 등의 관련 자료를 제출할 것을 요구할 수 있고, 법인세법 신고 시 누락된 서식 또는 항목은 과세당국이 요구하는 자료의 범위에 포함된다.

이렇게 과세당국으로부터 제출을 요구받은 자가 자료 제출을 요구받은 날부터 60일이내에 해당 자료를 제출하지 아니하거나 거짓의 자료를 제출하는 경우 최고 1억 이하의 과태료를 부과될 수 있다.

ㄷ. 국제거래 자료 미제출자에 대한 추가 과태료(국조법 §87 ②)

국제거래정보 통합보고서 또는 국제거래명세서 제출 의무가 있는 자와 국조법 제16조 4항에 따라 자료제출을 요구받은 자가 국제거래 자료 제출의무 불이행에 따른 과태료를 부과받은 후 30일의 이행기간 내에 과세당국의 시정 요구를 이행하지 아니하는 경우 지연기간에 따라 2억원 이하의 과태료를 추가로 부과할 수 있다.

제3절   통합기업보고서와 개별기업보고서

1. 통합기업보고서 작성범위

납세의무자 및 국제회계기준(국제회계기준위원회가 공표하는 국제회계기준을 말하며 동 국 제회계기준에 따라 각 국가에서 채택한 국제회계기준을 포함)에 따라 그 납세의무자가 포함되는 최상위 연결재무제표 작성 대상에 해당하는 법인 전체에 대한 보고서를 말한다.(국조령 §33 1호, 국조칙 §20 ①) 다만, 다음에 해당하는 경우에는 그 구분에 따른 연결재무제표 작성대상에 해당하는 법인으로 할 수 있다.(국조칙 §20 ②)

ㄱ. 서로 다른 국가(고유한 세법이 적용되는 지역 포함)에서 과세대상이 되는 사업을 수행하는 집단으로서 소유권 또는 지배력을 통해 관련된 기업들의 '다국적기업 그룹'이 수행하는 사업이 2개 이상의 사업군으로 분류되는 경우: 해당 사업군 내 최상위 연결재무제표

ㄴ. '독점규제 및 공정거래에 관한 법률'에 따른 지주회사에 의해 지배되는 다국적기업 그룹이 자 회사별로 영위하는 사업이 상이한 경우: 해당 자회사의 연결재무제표

2. 통합기업보고서 작성의무자

둘 이상의 납세의무자가 동일한 통합기업보고서를 제출해야 하는 경우 다음에 해당하는 납세의무자가 통합기업보고서를 대표하여 제출할 수 있다.(국조령 §34 ②, 국조칙 §23)

ㄱ. 납세의무자간 지배·종속관계에 있는 경우 그 지배법인

ㄴ. 납세의무자간 지배·종속관계가 없는 경우 최상위지배법인과 지배·종속관계상 가까운 위치에 있는 납세의무자

ㄷ. 납세의무자간 지배·종속관계가 없으며 최상위지배법인과 지배·종속관계상 동일한 위치에 있는 경우 납세의무자 중 하나

3. 다국적기업그룹에 여러 사업군이 있는 경우

사업군별 통합기업보고서 다국적기업그룹이 수행하는 사업이 2개 이상의 사업군으로 분류되는 경우 사업군별로 통합기업보고서를 제출할 수 있다. 사업군이란 재화 또는 용역의 부가가치창출을 위한 생산·운송·마케팅·인사·기획·재무 등 일련의 활동들을 독립적으로 수행하는 다국적기업 그룹 내부의 기업들의 총체로서 다른 사업군과 별개의 연결재무제표를 작성하는 군을 말한다.(기재부 고시 제2016-7호 §4, §1 ④)

사업군별 통합기업보고서 작성 대상 법인의 범위는 사업군 내 최상위지배법인이 작성하는 연결재무제표에 포함되는 법인들로 한다.(기재부 고시 제2016-7호 §5) 둘 이상의 납세의무자가 동일한 사업군별 통합기업보고서를 작성하는 경우 아래에 해당하는 납세의무자가 그 통합기업보고서를 대표하여 제출할 수 있다.(기재부 고시 제2016-7호 §6)

ㄱ. 납세의무자간 지배·종속관계에 있는 경우 그 지배법인
ㄴ. 납세의무자간 지배·종속관계가 없는 경우 사업군 내 최상위지배법인과 지배·종속관계상 가까운 위치에 있는 납세의무자
ㄷ. 납세의무자간 지배·종속관계가 없으며 사업군 내 최상위지배법인과 지배·종속관계상 동일한 위치에 있는 경우 납세의무자 중 하나

4. 자회사별 사업이 다른 경우 : 자회사별 통합기업보고서

독점규제 및 공정거래에 관한 법률 제2조 제1호의2에 의한 지주회사에 의해 지배되는 다국적기업 그룹은 자회사별로 영위하는 사업이 상이한 경우 자회사별로 통합기업보고서를 제출할 수 있다.(기재부 고시 제2016-7호 §7) 자회사별 통합기업보고서 작성 대상 법인의 범위는 해당 자회사가 작성하는 연결재무제표에 포함되는 법인들로 한다.(기재부 고시 제2016-7호 §8) 이 경우, 둘 이상의 법인이 동일한 통합기업보고서를 작성하는 경우 아래에 해당하는 납세의무자가 통합기업보고서를 대표하여 제출할 수 있다.(기재부 고시 제2016-7호 §9)

ㄱ. 납세의무자간 지배·종속관계에 있는 경우 그 지배법인
ㄴ. 납세의무자간 지배·종속관계가 없는 경우 자회사와 지배·종속관계상 가까운

위치에 있는 납세의무자

ㄷ. 납세의무자간 지배·종속관계가 없으며 자회사와 지배·종속관계상 동일한 위치에 있는 경우 납세의무자 중 하나

■ 국제조세조정에 관한 법률 시행규칙 [별지 제12호서식]

통합기업보고서

접수번호		접수일	

1. 제출인 인적 사항

① 법인명(상호)		② 사업자등록번호	
③ 소재지(주소)			
④ 대표자(성명)		⑤ 사업연도	

2. 제출인과 동일한 연결재무제표에 속하는 국내 납세의무자 목록

⑥ 일련번호	⑦ 법인명(상호)	⑧ 사업자등록번호	⑨ 대표자(성명)	⑩ 소재지(주소)	⑪ 주업종(업종코드)	⑫ 사업연도(과세기간)

「국제조세조정에 관한 법률」 제16조제1항제1호 및 같은 법 시행령 제33조에 따라 위와 같이 제출합니다.

년 월 일

제출인   (서명 또는 인)

세무서장 귀하

작성방법

1. 통합기업보고서는 이 서식을 그대로 이용하여 제출하거나, 이 서식에서 정한 내용을 자유롭게 작성하여 제출할 수 있습니다.
2. ⑥~⑫ : 제출인이 통합기업보고서를 제출함에 따라 통합기업보고서 제출 의무가 면제되는 납세의무자에 대하여 작성합니다. 예를 들어, 동일한 통합기업보고서를 제출할 의무가 있는 납세의무자가 둘 이상인 경우에는 하나의 납세의무자가 대표로 통합기업보고서를 제출하면서 다른 납세의무자를 이 목록에 추가합니다.

210mm×297mm[백상지 80g/㎡ 또는 중질지 80g/㎡]

통합기업보고서 목차

자료의 내용	쪽	미제출·작성 사유
I. 전체 법인의 조직구조		
1. 전체 법인 현황		
2. 전체 법인의 법적 소유구조		
3. 전체 법인의 지배 구조도(그림)		
II. 전체 법인의 사업내용		
1. 중요한 사업 이익 창출 요소		
2. 전체 매출액 기준 상위 5개 재화 또는 용역과 매출의 5%를 초과하는 그 밖의 재화 또는 용역의 공급망에 대한 설명		
3. 전체 법인에 속하는 법인 간의 중요한 용역거래 약정		
4. 상기 2.에서 언급된 재화와 용역의 주요 판매지역에 관한 설명		
5. 전체 법인의 가치 창출분 중 개별 법인들의 기여도를 설명할 수 있는 개별 법인별 기능 분석		
6. 회계연도 중 발생한 중요한 사업구조 재편, 지분 취득, 기업 매각 등에 대한 설명		
III. 전체 법인의 무형자산		
1. 무형자산의 개발·소유 및 이용에 대한 전반적인 전략에 대한 설명		
2. 전체 법인의 무형자산		
3. 특수관계법인 간 주요 연구용역 계약, 라이선스 계약 및 원가분담 약정 등 무형자산 관련 중요 약정		
4. 연구개발 및 무형자산과 관련된 전체 법인 내 이전가격 정책에 대한 일반적인 설명		
5. 사업연도 중 특수관계기업 간의 무형자산거래에 관한 설명		
IV 전체 법인 간 재무활동		
1. 전체 법인의 자금 조달 방법에 대한 일반적인 설명		
2. 전체 법인을 위한 핵심 자금조달 기능을 수행하는 전체 법인 소속 개별 법인에 관한 설명		
3. 특수관계법인 간 자금조달 약정과 관련된 전체 법인의 일반적인 이전가격 정책에 관한 설명		
V. 전체 법인의 재무 및 세무상 현황		
1. 전체 법인의 해당 사업연도 연결재무제표		
2. 전체 법인의 승인된 일방적 정상가격 산출방법 사전승인(APA)과 국가별 소득 배분과 관련된 세법해석 질의회신		

통합기업보고서

(사업연도 : . . . ~ . . .)

제출연월: . .

(주) 법 인 명

I. 전체 법인의 조직구조

o 사업군별(지주회사의 경우 자회사별)로 구분하여 작성할 수 있습니다.

※ 구분 작성 시 구분에 대한 간략한 사유를 제시해야 합니다.

o 사업군은 재화 또는 용역의 부가가치 창출을 위한 일련의 활동(생산·운송·마케팅·판매·기술개발·인사·재무·기획 등)이 다른 일련의 활동들과 구분되어 독립적으로 일어나는 경우 그 일련의 활동을 수행하는 부서·기업 등의 총체를 의미합니다.

1. 전체 법인 현황

상호	상호(약어)	국가	상세주소
(지배법인)			

o 지점·연락사무소, 파트너십을 포함하여 작성합니다.

2. 전체 법인의 법적 소유구조

| 상호 | 대주주(상위 3인) | | | | | |
	상호 또는 성명	지분율	상호 또는 성명	지분율	상호 또는 성명	지분율

3. 전체 법인의 지배 구조도(그림)

o 사업군별(지주회사의 경우 자회사별)로 구분하여 작성하는 경우로서 해당 사업군 내에 「국제조세조정에 관한 법률 시행령」 제34조제1항에 해당하는 납세의무자가 없는 경우에는 지배구조도상에 이를 표시한 후 II. 전체 법인의 사업내용 이하의 내용을 작성하지 않을 수 있습니다.

II. 전체 법인의 사업내용

o 사업군별(지주회사의 경우 자회사별)로 구분하여 작성할 수 있습니다.

1. 중요한 사업 이익 창출 요소

2. 전체 매출액 기준 상위 5개 재화 또는 용역과 매출의 5%를 초과하는 그 밖의 재화 또는 용역의 공급망에 대한 설명

o 상세 내역은 차트나 다이어그램의 형태로도 작성 가능합니다.

순위	명칭(재화 또는 용역)	점유율(%)	매출액(원)*	공급망에 대한 설명
①				
②				
③				

* 연결손익계산서상의 매출액을 말합니다.

3. 전체 법인에 속하는 법인 간의 중요한 용역거래 약정

* 전체 법인에 속하는 법인 간의 용역제공과 관련하여 중요한 용역을 제공하는 주요 법인들의 기능, 제공되는 용역의 대가와 발생 원가의 배분에 관한 이전가격 정책을 포함하여 적되, 연구개발 또는 무형자산과 관련된 거래는 적지 않습니다.(III에 기재)

용역 제공자		용역 수취자		제공된 용역의 내용	적용된 이전가격 정책
상호	국가	상호	국가		

4. 상기 2.에서 언급된 재화와 용역의 주요 판매지역에 관한 설명

① 명칭 :

② 명칭 :

5. 전체 법인의 가치 창출분 중 개별 법인들의 기여도를 설명할 수 있는 개별 법인별 기능 분석

6. 회계연도 중 발생한 중요한 사업구조 재편, 지분 취득, 기업 매각 등에 대한 설명

상호	거래 및 상황 발생일	거래 및 상황의 내용

III. 전체 법인의 무형자산

○ 사업군별(지주회사의 경우 자회사별)로 구분하여 작성할 수 있습니다.

1. 무형자산의 개발·소유 및 이용에 대한 전반적인 전략에 대한 설명

○ 전체 법인의 개발·소유·이용하는 중요한 무형자산에 대한 전반적인 내용을 기술합니다. (주요 연구개발시설 및 연구개발 관리장소에 대한 설명 포함)

2. 전체 법인의 무형자산

○ 이전가격정책에서 중요한 무형자산에 한정하여 적습니다.

상호	무형자산 종류*	등록한 지역(국가)	무형자산의 상세내용

* 학술 또는 예술상의 저작물(영화필름을 포함한다)의 저작권, 특허권, 상표권, 디자인, 모형, 도면, 비밀스러운 공식 또는 공정, 라디오·텔레비전 방송용 필름 및 테이프, 그 밖에 이와 유사한 자산이나 권리, 산업상·상업상·과학상의 지식·경험에 관한 정보 또는 노하우, 제조기술, 공정기술 등

3. 특수관계법인 간 중요 연구용역 계약, 라이선스 계약 및 원가분담약정 등 무형자산 관련 중요 약정

○ 원가분담약정 외의 중요 약정의 경우 아래의 서식에 맞추어 적습니다.

계약 주체		무형자산 종류	계약기간	연구용역 계약 및 라이선스 계약 등 약정의 주요내용*
제공자	실시권자 사용권자			

* 약정의 주요 내용에는 용역 등에 대한 대가를 지급하는 사유와 대가 계산방법(예: 매출액 × 5%) 등을 포함하여 작성합니다.

o 원가분담 약정의 경우 아래 서식에 맞추어 적습니다.

계약 주체		무형자산 종류	개발 기간	완료 예정일	투자비용(원)		원가분담 배부기준
					해당 연도	누적분	
약정명	A법인						
	B법인						

4. 연구개발 및 무형자산과 관련된 전체 법인 내 이전가격 정책에 대한 일반적인 설명

5. 사업연도 중 특수관계기업들 간의 무형자산 거래에 관한 설명

무형자산 명칭	거래 유형	거래일	공급자		공급받는 자		거래가격 또는 보상가격(원)
			상호	국가	상호	국가	
	양수도						

IV. 전체 법인 간 재무활동

o 사업군별(지주회사의 경우 자회사별)로 구분하여 작성할 수 있습니다.

1. 전체 법인의 자금조달 방법에 대한 일반적인 설명

o 특수관계 없는 금융회사들과의 자금조달 약정을 포함하여 작성합니다.
o 특수관계자로부터 자금을 조달하는 경우 '제3자 대출기업 상호란'은 빈칸으로 둡니다.

자금조달 수행법인	조달 자금 사용법인	제3자 대출기업 상호	조달금액(원)	약정이자율	이자비용(원) (발생액)

o 각 자금거래에 대하여 채무의 만기, 채무의 보증 여부, 채무자의 신용 정도를 추가하여 별도로 작성합니다.

2. 전체 법인을 위한 핵심 자금조달 기능을 수행하는 전체 법인 소속 개별 법인에 관한 설명

자금조달 수행법인	설립지국	실질적인 사업관리 장소	자금의 용도

3. 특수관계법인 간 자금조달 약정과 관련된 전체 법인의 일반적인 이전가격 정책에 관한 설명

자금거래 유형*	계약 당사자		이전가격 정책
	자금 제공자 상호	자금 수취자 상호	

* 자금거래유형 : 채권(Bond), 자금대여(Loan), 그 밖의 자금거래

V. 전체 법인의 재무 및 세무상 현황

○ 사업군별(지주회사의 경우 자회사별)로 구분하여 작성할 수 있습니다.

1. 전체 법인의 해당 사업연도 연결재무제표

일련번호	연결재무제표 작성 법인	회계기간	작성목적	수량(쪽)
①			공시	
②			내부 관리	
③			조세 목적	

* 해당 사업연도 연결재무제표를 제출해야 하며, 금융감독원의 전자공시시스템(DART) 또는 국세행정정보시스템 홈택스(Hometax)를 통해 전자문서로 이미 제출한 경우에는 제출하지 않을 수 있습니다.

2. 전체 법인의 승인된 일방적 정상가격 산출방법 사전승인(APA)과 국가별 소득 배분과 관련된 세법해석 질의회신

○ 일방 APA

구분	과세당국	적용대상 거래	합의 적용기간	적용된 정상가격 산출방법 및 정상가격 범위

○ 세법해석 질의회신

일련번호	과세당국(국가)	신청 날짜	주요 내용
①			
②			
③			

■ 국제조세조정에 관한 법률 시행규칙 [별지 제13호서식] <개정 2022. 3. 18.>

개별기업보고서

접수번호		접수일	

1. 제출인 인적 사항

① 법인명(상호)		② 사업자등록번호	
③ 소재지(주소)			
④ 대표자(성명)		⑤ 사업연도	

2. 개별기업보고사항: 붙임 자료에 작성

「국제조세조정에 관한 법률」 제16조제1항제1호 및 같은 법 시행령 제33조에 따라 위와 같이 제출합니다.

년   월   일

제출인   (서명 또는 인)

세무서장 귀하

작성방법

※ 개별기업보고서는 이 서식을 그대로 이용하여 제출하거나, 이 서식에서 정한 내용을 자유롭게 작성하여 제출할 수 있습니다. 다만, 부표(1~5)는 정해진 서식에 따라 작성해야 합니다.

210mm × 297mm[백상지 80g/m² 또는 중질지 80g/m²]

(붙임)

개별기업보고서
(사업연도:　.　.　.～　.　.　.)

제출연월

(주) 법 인 명

개별기업보고서 목차

자료의 내용	쪽	미제출·작성 사유
I 법인의 개요		
1. 법인에 대한 소개		
2. 경영구조		
3. 경영 관련 보고를 받는 담당자		
4. 법인의 사업 및 사업전략에 대한 자세한 설명		
5. 주요 경쟁업체		
II 특수관계 거래에 대한 설명		
1. 국외특수관계인 현황		
2. 국외특수관계인의 법적 소유구조		
3. 지배 구조도		
4. 중요한 특수관계 거래에 대한 설명과 거래 발생 배경		
5. 특수관계 거래별 특수관계인 내역 및 특수관계인 간 관계		
6. 특수관계 거래에서 발생하는 지급액 및 수취액		
7. 특수관계 거래와 관련한 납세의무자와 국외특수관계인의 비교가능성 및 기능 분석		
8. 거래 종류별 가장 적합한 정상가격 산출방법 및 해당 방법 선정 이유		
9. 분석대상으로 선정된 기업 및 선정 이유에 대한 설명		
10. 정상가격 산출방법 적용 시 사용된 중요한 가정들의 요약		
11. 다년도 분석을 수행한 이유		
12. 비교가능 제3자 거래(내부 또는 외부) 목록 및 전반적인 설명		
13. 정상가격 산출 시 적용된 비교가능성 차이 조정에 관한 설명		
14. 정상가격 산출 시 사용된 법인의 재무정보		
15. 검토 결과		
III 재무제표, 계약서 등 참고 자료		
1. 법인의 재무정보와 관련한 보고서		
2. 상기 특수관계거래와 관련하여 다른 과세당국에서 승인받은 일방·쌍방·다자간 정상가격산출방법 사전승인(APA) 승인 및 세법해석 질의회신		
3. 법인이 체결한 주요 특수관계거래 계약서 사본		
4. 정상가격 산출방법에 적용된 재무자료가 해당 사업연도 재무제표와 일치하는지를 보여주는 정보를 담은 표		

I. 법인의 개요

1. 법인에 대한 소개

o 법인의 조직도(그림 형태로 작성, 지점·연락사무소 포함)를 포함하여 적습니다.

2. 경영구조

o 법인의 의사결정 구조, 의사결정 담당자의 역할 등에 대하여 적습니다.

3. 경영 관련 보고를 받는 담당자

o 제2호의 경영구조에서 설명한 내용 중 주요 의사결정 담당자(법인 관련 주요 사항을 정기적으로 보고받는 자 포함)가 해당 법인 외에 다른 법인 등에 소속되어 있는 경우에는 담당자와 담당자가 속한 다른 법인의 상호 및 설립지 국가, 해당 법인이 주된 업무를 수행하는 사무소가 위치한 국가 등을 포함하여 적습니다.

4. 법인의 사업 및 사업전략에 대한 자세한 설명

o 해당 사업연도나 직전 사업연도에 해당 법인이 참여하거나 영향을 받은 사업구조 개편 또는 무형자산 이전 거래가 있었는지와 있었던 경우 이러한 개편 또는 거래가 해당 법인에 어떠한 영향을 미쳤는지를 포함하여 적습니다.

5. 주요 경쟁업체

경쟁업체		업종	주요 취급품목 또는 브랜드
상호	국가		

II. 특수관계거래에 대한 설명

1. 국외특수관계인 현황

상호 또는 성명	상호 또는 성명(약어)	국가	상세주소

○ 「국제조세조정에 관한 법률」 제2조제1항제4호에 따른 국외특수관계인에 대하여 작성합니다.
○ 작성대상인 국외특수관계인의 사업 개요를 별도로 추가하여 적습니다.

2. 국외특수관계인의 법적 소유구조

○ 제1호에서 설명된 국외특수관계인의 법적 소유구조에 관하여 적습니다.

상호 또는 성명	대주주(상위 3명)					
	상호 또는 성명	지분율	상호 또는 성명	지분율	상호 또는 성명	지분율

3. 지배 구조도

○ 법인의 직·간접 지배회사 및 피지배회사(파트너십, 지점 포함)에 대한 지배 구조도를 작성합니다.

4. 중요한 특수관계거래에 대한 설명과 거래 발생 배경

○ (거래종류) 재화, 이자, 금전대여, 금전상환, (무형자산)사용료, (부동산, 장비)임대료, 증자, 출자, 유가증권 매입, 배당지급, 증여, 경영자문, 금융자문, 전산지원, 지급보증, 기술지원, 건설공사, 알선주선, 법무용역, 통역, 애프터서비스(AS), 일반용역, 판매상담, 교육, 임가공 등

○ 해당 사업연도에 국외특수관계인과의 재화거래 금액의 합계가 10억원 이하이고, 그 밖의 거래 금액의 합계가 2억원 이하인 경우에는 그 국외특수관계인과의 거래는 생략할 수 있습니다.

5. 특수관계 거래별 특수관계인 내역 및 특수관계인 간 관계

o 제4호에서 작성한 거래의 종류별로 작성합니다.

가. 매출거래

거래종류	특수관계인의 상호 또는 성명	관계	거래내용 요약	계약서 유무

나. 매입거래

거래종류	특수관계인의 상호 또는 성명	관계	거래내용 요약	계약서 유무

o 특수관계 거래가 있는 국외특수관계인의 손익을 요약한 내용은 '별지 제13호서식 부표 1. 국외특수관계인 요약손익계산서'에 작성합니다. 다만, 해외현지법인 명세서 및 해외현지법인 재무상황표를 제출하는 경우에는 작성을 생략할 수 있습니다.

6. 특수관계거래에서 발생하는 지급액 및 수취액

o 국외특수관계인과의 모든 국제거래에서 발생하는 지급액 및 수취액은 '별지 제13호서식 부표 2. 국외특수관계인과의 국제거래명세서'에 반드시 작성해야 합니다.

7. 특수관계거래와 관련한 납세의무자와 국외특수관계인의 비교가능성 및 기능 분석

○ 직전 사업연도와의 비교분석을 포함하여 작성합니다. (해당 연도를 기준으로 작성하되, 직전 사업연도와 변경사항에 대해서만 추가로 작성합니다)

8. 거래 종류별 가장 적합한 정상가격 산출방법 및 해당 방법 선정이유

거래 종류	정상가격 산출방법 (수익성 지표)	선정 이유

○ 거래순이익률방법을 선정한 경우, 사용한 거래순이익률 지표의 선정근거에 대해서 '선정이유'에 적습니다.
○ 거래 종류별로 가장 적합한 정상가격 산출방법을 선정한 이유에 대하여 상세히 기술하고, 선정하지 않은 방법에 대해서는 그 이유를 '선정 이유'에 적습니다.
○ 개별 거래별로 작성하되, 다수의 거래를 통합하여 정상가격 산출방법을 적용하는 경우 그 이유를 '선정 이유'에 적습니다.
○ 무형자산거래의 경우에는 거래가격 산정방식, 거래가격에 적용한 정상가격 산출방법(각 거래주체의 수행기능, 부담위험 및 사용자산을 분석), 적용 이유에 대하여 자세히 적습니다.
　- 특히, 「국제조세조정에 관한 법률」 제8조제1항제6호 및 같은 법 시행령 제13조제4항에 따라 무형자산의 정상가격을 산출한 경우에는 미래의 현금흐름 예상액, 성장률, 할인율, 무형자산의 내용연수 및 잔존가치 등 제반 요소 정상가격 산출내역 및 산출근거를 구체적으로 적습니다.
　- 무형자산거래에 대해서는 '별지 제13호서식 부표 3. 무형자산거래 세부 내역'을 반드시 작성해야 합니다.
○ 용역거래 중 지급보증 거래의 경우에는 정상가격 산출방법에 대한 선정 사유 및 계산근거를 상세히 적고 관련 첨부서류(계산근거가 나타나는 표, 금융기관 증빙서류 등)를 별도로 제출합니다.
　- 지급보증 거래에 대해서는 '별지 제13호서식 부표 4. 지급보증 용역거래 세부내역'을 반드시 작성해야 합니다.
○ 지급보증 용역거래 외에 기타 용역거래에는 아래 사항을 포함하여 자세히 적어야 합니다.
　- 발생원가를 구성하는 세부 항목(용역 제공을 위하여 직접 또는 간접으로 발생한 비용을 구분하여 작성)
　- 직접 청구방식을 적용하는 용역의 경우 그 대상 및 선정 이유
　- 간접 청구방식을 적용하는 용역의 경우 합리적인 배부기준 및 선정 이유
　- 용역 제공자가 해당 용역을 수행하기 위해 제3자에게 용역의 일부 또는 전부를 대행하여 수행할 것을 의뢰하고 대금을 한꺼번에 지급한 후 이에 대한 비용을 용역을 제공받는 자에게 재청구하는 경우 재청구하는 금액 및 산출내역

- 제공 용역별로 용역 제공자에게 이익을 발생시키는 경우 이에 관한 증명자료 <OECD 이전가격 가이드라인 7.33>
- 용역 제공자가 제공한 용역의 시장가치가 발생원가에 미치지 못하는 경우 그 이유 <OECD 이전가격 가이드라인 7.34>
- 그룹서비스센터를 통하여 용역을 제공하는 경우 용역을 제공받는 자에게 배부할 그룹서비스센터의 부서별 발생원가의 세부 항목·금액과 공통비용의 세부 항목·금액
- 지급보증 용역거래 외에 기타 용역거래에 대해서는 '별지 제13호서식 부표 5. 기타 용역거래 세부 내역'을 반드시 작성해야 합니다.

○ 금전대차거래에 대해서는 아래와 같이 세부 사항을 작성합니다.

(단위 : 원)

금전대차 거래 유형	계약 당사자		거래 개시일	거래 만기일	거래금액 (액면)	거래금액 (연평균)	이자등 수취·지급액	이자율	보증 관련정보	이전가격 정책	자금의 용도
	제공자	수취자									

- 금전대차거래 유형: 하나의 특수관계법인과 여러 유형의 거래 또는 단일 유형의 거래를 여러 건 수행하는 경우에는 해당 건별로 작성합니다. 다만, 하나의 거래를 통하여 자금의 차입과 상환이 빈번히 발생하는 경우에는 거래 계약별로 작성합니다.
- 거래 개시일: 자동갱신 또는 연장되는 경우에는 최근 갱신일 또는 연장일을 적습니다.
- 거래금액(액면): 거래의 액면금액을 적되, 해당 과세연도의 평균환율(최초 고시)을 적용하여 원화로 환산한 금액을 적습니다. "평균환율"이란 해당 과세연도 매일의 매매기준율 또는 재정된 매매기준율의 합계를 해당 과세연도의 일수로 나눈 값을 말합니다.
- 거래금액(연평균): 거래금액의 적수(금액×일수)를 해당 과세연도의 일수로 나눈 값을 적습니다.
- 보증 관련 정보: 금전대차거래별로 제3자 또는 특수관계인의 보증이 있는 경우, 해당 사항을 구체적으로 적습니다.
- 이전가격 정책: 이자율 등이 산출된 근거를 상세히 적습니다. 별도의 근거가 없을 경우 실제 적용된 이자율을 적습니다.

9. 분석대상으로 선정된 기업 및 선정 이유에 대한 설명

분석대상으로 선정된 기업	선정 이유

10. 정상가격 산출방법 적용 시 사용된 중요한 가정들의 요약

o 정상가격 산출방법 적용과 관련하여 사용된 중요한 가정들이 있는 경우 이를 적습니다.

11. 다년도 분석을 수행한 이유

o 다년도 분석을 수행한 경우에만 적습니다.

12. 비교가능 제3자 거래(내부 또는 외부) 목록 및 전반적인 설명

o 정상가격 산출 시 사용된 독립된 제3자 거래의 탐색 방법, 탐색하여 획득한 정보의 출처 및 독립된 제3자 거래를 수행하는 기업의 재무정보 요약표(출처 포함)를 포함하여 적습니다.
o 해당 과세기간의 종료 시점 또는 보고서 작성 시점을 기준으로 수집된 비교대상 수치들을 활용하여 작성합니다.

13. 정상가격 산출 시 적용된 비교가능성 차이 조정에 관한 설명

o 차이 조정이 특수관계 거래, 비교가능 제3자 거래 또는 양쪽 모두에 적용되었는지를 포함하여 적습니다.

14. 정상가격 산출 시 사용된 법인의 재무정보

o 정상가격 산출 시 사용된 비교대상법인의 재무정보는 「법인세법 시행규칙」 별지 제3호의2서식의 표준재무상태표 및 같은 규칙 별지 제3호의3서식의 표준손익계산서 및 이익잉여금처분(결손금처리)계산서 양식에 따라 작성합니다.
o 「법인세법 시행규칙」 별지 제3호의2서식 및 별지 제3호의3서식에 따른 양식으로 작성할 수 없는 사유가 있을 경우에는 「국제조세조정에 관한 법률 시행규칙」 별지 제48호서식의 해외현지법인 재무상황표의 요약재무상태표, 요약손익계산서, 이익잉여금처분(결손금처리)계산서 양식에 따라 작성합니다.

15. 검토 결과

III. 재무제표, 계약서 등 참고 자료

* 아래 재무정보와 관련한 보고서, 사전승인(APA) 승인서, 세법해석 질의회신, 특수관계 거래 계약서 등은 사본을 따로 제출합니다.

1. 법인의 재무정보와 관련한 보고서

일련번호	종류	회계기간	수량(쪽)
①			
②			
③			

○ (보고서 종류) 해당 사업연도 감사보고서, 연결재무제표, 사업보고서, 재무제표 등

* 재무정보와 관련한 보고서를 금융감독원의 전자공시시스템(DART) 또는 국세행정정보시스템 홈택스(hometax)를 통해 전자문서로 이미 제출한 경우에는 제출하지 않을 수 있습니다.

2. 상기 특수관계 거래와 관련하여 다른 과세당국으로부터 승인받은 일방·쌍방·다자간 정상가격산출방법 사전승인(APA) 승인 및 세법해석 질의회신

* 해당 사업연도 정상가격의 적정 여부와 관련이 있는 사전승인 및 세법해석 질의회신을 적습니다.
* 상기 특수관계 거래와 관련하여 다른 국가 및 지역에서 진행 중인 불복절차가 있는 경우 그 내용(신청 날짜, 취지, 진행사항 등)을 별도로 추가하여 적습니다.

○ 일방·쌍방·다자간 APA

구분	과세당국	적용대상 거래	합의 적용기간	적용된 정상가격 산출방법 및 정상가격범위

○ 세법해석 질의회신

일련번호	과세당국(국가)	신청 날짜	주요내용
①			
②			
③			

3. 법인이 체결한 주요 특수관계거래 계약서 사본

o 주요 특수관계거래란 해당 사업연도에 국외특수관계인별 재화 거래금액의 합계가 10억원 초과하거나 그 밖의 거래금액의 합계가 2억원 초과인 경우를 의미합니다.

계약서 일련번호	계약 상대방 상호	계약기간	계약의 주요내용
①			
②			
③			

* 동일한 계약 상대방과 동일한 내용의 계약이 일정한 기간에 걸쳐 반복하여 발생하는 경우, 대표적인 계약서 사본과 동일내용 계약 명세(금액 등 내용이 다른 항목 반드시 기재)를 제출할 수 있습니다. 다만, 추후 과세당국이 제출을 요청하는 경우 즉시 제출하여야 합니다.

4. 정상가격 산출방법에 적용된 재무자료가 해당 사업연도 재무제표와 일치하는지를 보여주는 정보를 담은 표

o 공시된 재무제표와 개별기업보고서상 이전가격 분석에 사용된 재무제표가 차이가 발생하는 경우 그 내용, 사유가 기재된 표를 작성합니다.

제4절 국가별보고서

1. 국가별보고서 작성범위

납세의무자 및 그 납세의무자와 그 납세의무자가 포함되는 다국적기업 그룹을 구성하는 다음 관계회사에 대한 사항을 포함한 보고서를 말한다.(국조령 §33 3호, 국조칙 §6의2 ⑥, 기재부 고시 제2017 - 5호 §5)

ㄱ. 다국적기업 그룹의 연결재무제표에 포함되는 법인

ㄴ. 다국적기업 그룹 내 지배법인에 종속되지만 규모나 중요성을 이유로 위 1호에 따른 연결재무 제표에서 제외된 법인

ㄷ. 위 1호, 2호에 따른 법인의 고정사업장으로서 별도의 재무제표를 작성하는 경우

2. 국가별보고서 제출 면제

'국가별보고서 제출의무자 관련자료'를 제출기한까지 제출한 국내관계회사는 다음 어느 하나에 해당하는 경우 국가별보고서를 제출하지 않을 수 있다.(국조령 §35)

ㄱ. 최종모회사가 소재하는 국가의 법령상 국가별보고서의 제출의무가 있고 그 국가별보고서가 우리나라와 조세조약에 따라 교환되는 경우
ㄴ. 다른 국내관계회사가 국가별보고서를 대표하여 제출하는 경우
ㄷ. 최종모회사가 제3국에 소재하는 관계회사로 하여금 해당 소재지국에 국가별보고서를 대리 제출하도록 하고 그 국가별보고서가 우리나라와 조세조약에 따라 교환되는 경우

3. 국가별보고서 제출의무자 자료

국내의 최종모회사 및 국내관계회사는 각 사업연도 종료일이 속하는 달의 말일부터 6개월 이내에 '국가별보고서 제출의무자 관련자료'(국조칙 §26 별지 15호)를 납세지 관할 세무서장에게 제출(국세정보통신망 제출 가능)해야 한다. 다만, '국외지배주주가 있는 납세 의무자'가 6개월 이내에 자료를 제출하지 않은 경우에는 사업연도 종료일이 속하는 달의 말일부터 12개월 이내에 국가별보고서를 제출해야 한다.(국조령 §35) 동일한 '국가별 보고서 제출의무자 관련 자료'를 제출하는 납세의무자가 둘 이상인 경우 하나의 납세의 무자가 대표하여 제출할 수 있다.

■ 국제조세조정에 관한 법률 시행규칙 [별지 제14호서식]

국가별 보고서

(앞쪽)

[① 보고기준일:]   [② 제출구분:]

1. 제출인 인적 사항

③ 법인명(상호)	
⑤ 소재지	
⑥ 우편번호	
⑧ 다국적기업 그룹명	
⑩ 보고회사 구분	
④ 사업자등록번호	
⑦ 제출기업 소재지국가코드	
⑨ 최상위 지배기업 소재지국가코드	
⑪ 수취국국가코드	

2. 각 조세관할권별 소득, 세금 및 사업 활동의 배분 내역

[⑫ 통화코드:]

⑬ 조세관할권의 국가코드	수익		⑯ 세전이익(손실)	⑰ 납부세액(발생주의기준)	⑱ 납부세액(현금주의기준)	⑲ 법정자본금	⑳ 유보이익	㉑ 종업원수	㉒ 유형자산(현금및현금등가물 제외)
	⑭ 계	⑮ 관계회사							
	비관계회사								

3. 각 조세관할권별 다국적기업 그룹의 관계회사 목록

㉓ 조세관할권의 국가코드	㉔ 관계회사명	㉕ 사업자등록번호 또는 현지기업고유번호	㉖ 본점 납세자번호 (TIN)	㉗ 현지 소재지	주요 사업활동(하나 또는 하나 이상이 해당되는 곳에 √ 표기)									
					㉘ 설립 관할권의 국가코드	㉙ 소재지	㉚ 연구개발	㉛ 무형자산 소유 또는 운영	㉜ 구매 또는 조달	㉝ 제조 또는 생산	㉞ 영업, 마케팅 또는 유통	㉟ 경영기획, 관리 또는 지원서비스	㊱ 비독립계좌 서비스제공	㊲ 내부재정	㊳ 규제금융 서비스	㊴ 보험	㊵ 주식 및 기타 주식보유	㊶ 휴면법인

4. 부가정보

210mm×297mm[백상지 80g/m² 또는 중질지 80g/m²]

제7장 정상가격서류의 제출

작 성 방 법

※ 해당 사업연도의 국외특수관계인과의 재화거래 또는 용역거래를 한 쌍의 거래별 국외특수관계인별 합계가 5억원 이하이고 용역거래 금액의 합계가 1억원 이하이며 무형자산거래 금액의 합계가 1억원 이하인 경우에는 이 서식을 작성하지 않습니다.

1. '1. 매출거래란' 및 '2. 매입거래란'을 작성하는 경우 매출거래 또는 매입거래를 한 국외특수관계인이 5명을 초과하거나, '3. 주식 등 취득(증자)·양도(감자)란'을 작성하는 경우 일련번호가 10을 초과하거나, '4. 가상자산 거래란'을 작성하는 경우 거래를 한 상대방이 8명을 초과하여 적는 칸이 부족한 경우에는 별도로 이 서식을 추가하여 작성합니다.
2. ⓐ~ⓒ: 국가코드 조회표에 따라 국제표준화기구(ISO)에서 정한 국가코드(상호 3자리~6자리)를 적습니다. 제2조에 따른 국외특수관계인의 성명(상호), 또는 법인명, 국가, 소재지 등을 별도로 적습니다.
3. ⓓ: 국외특수관계인이 그와 반드시 (3자리~6자리)를 적습니다. 제2조에 따른 국외특수관계인의 성명(상호), 또는 법인명, 국가, 소재지 등을 별도로 적습니다.
4. ⓔ: 다음 각 호의 구분에 따라 적습니다.
  가. 제출인이 국외특수관계인의 의결권 있는 주식(출자지분)의 50% 이상을 직접 또는 간접으로 소유한 경우: "지배"로 적습니다.
  나. 국외특수관계인이 제출인의 의결권 있는 주식(출자지분)의 50% 이상을 직접 또는 간접으로 소유한 경우: "피지배"로 적습니다.
  다. 동일한 제3자가 제출인과 국외특수관계인의 의결권 있는 주식(출자지분)의 50% 이상을 직접 또는 간접으로 소유한 경우: "간접"으로 적습니다.
  라. 제출인과 국외특수관계인이 공통의 이해관계가 있고 어느 한쪽이 다른 한쪽의 사업 결정에 대해 사실상 영향력을 행사하는 경우: "실질 지배"로 적습니다.
5. ⓕ: 「법인세법 시행령」 제65조에 따라 제외대상에 해당하는 거래에 대해서는 '예외타지정', 등으로 적습니다.
6. ⓖ~ⓗ: ⓖ에는 제출인이 기본으로 소유한 사업연도 동안 국외특수관계인과의 거래에서 모든 금액을 거래종류별로 각각 구분하여 적습니다. ⓗ에는 '무형자산 거래', '유형자산 거래', '용역거래' 등으로 구분하여 적고, ⓘ에는 ⓖ~ⓗ의 해당 ⓒ를 적습니다.
7. ⓙ: 대여 및 차입, 주식 등 취득(증자)·양도(감자), '가상자산 거래(손해, 제품 등) 거래에 있는 우형자산에 관한 사용료 또는 대가 등 우형자산거래의 경우에는 ⓖ~ⓗ의 ⓘ(을 제외)이고, ⓚ 등 ⓖ~ⓗ의 ⓘ(을 제외)에 적용되는 ⓙ입니다.
8. ⓛ: 유형자산 거래의 경우 소유권이 이전, 디자인권, 상표권 또는 서비스마크, 저작권, 노하우와 같은 우형자산에 '사용료'란에 적고, 사용료와 같은 자에 적용되는 기본 일체의 금액을 적습니다.
9. ⓜ: 유형자산 또는 무형자산의 양도·양수(계약상 양도)의 경우에는 ⓚ 등 ⓖ~ⓗ에 기재한 금액을 '가격'으로 적고, 기타의 용역거래의 경우에는 '지급보증 등' 란에 4의 지급보증 등 기타에 관한 사용료에 대한 차입금에서 사용료 또는 이를 위한 것으로 계약자가 있는 경우에는 ④의 계약가격(차입)에 적습니다. 용역거래 등에 관한 세부 내역을 ⓜ의 기타보증 등을 구체적으로 적습니다.
   (예시) 차입금액이 (100원)(60월), 2008월(60월), 2008월)×(2008 × 180월)×42,000월
10. ⓝ: 대여 및 차입의 경우 ⓗ에 따라 발생한 이자의 이자율(금리 × 일수)의 합계를 적습니다.
   (예시) 차입금액 (100월)(60월), 2008월(60월), 일수가 (365(366)일) 나눈 금액을 115월
11. ⓞ: 대여 및 차입 거래에 발생한 이자율에 ⓟ를 적습니다. 이자를 얻는 경우의 실제 수취한 이자를 적습니다.
12. ⓠ: 대여 및 차입 거래가 ⓟ의 예시의 경우 (예시: 365(366)일 / 42,000월 = 115월)
13. ⓢ: 제출인의 국외특수관계인의 ⓟ의 매출액, 대상 기안 한 것에 포함하는 특수한 거래를 거래 상대방에 납부한 주식 등 국외특수관계인이 거래별 거래 내역을 포함합니다.
14. ⓤ: 무상, 유상, 무상취득, 유상거래, 무상거래, 무상처분, 유상처분, 유형, 기타 등을 적습니다.
15. ⓥ: 국외자산 취득의 경우 취득단가를 적고, ⓖ의 기본을 이이 유상(ⓛ수입가)의 경우 수량을 적습니다.
16. ⓦ: 소재지는 계약지점의 경우 지점주소, 기타 공정의 경우 공정지분, 무상취득, 유상취득, 차입, 기타 등을 적습니다.
17. ⓧ: 홍합수의 주식(발행→기타)의 경우 코드 번호 등 ⓟ 코드 '71상장자산 및 가상자산의 표 또는 조회 '참조
18. ⓨ: 거래의 결과: 해당, 증여, 소수, 무상취득, 차입, 기타 등 소유권이 발생하는 경우 '999999'
   (예시) 비트코인의 경우 코드 '000145', 금보 'BTC', 표현번호(단) 조회 '참조
19. ⓩ: 거래일자: 2023년 3월 1일 → 20230301
20. ⓐ: ⓒ의 거래구분이 주는 매출 또는 매입인 경우, ⓓ의 거래종류는 양도(교환을 포함한 수령을 수반한 경우 포함), 증여, 대여, 급수(교환으로 유상하는 경우 포함), 무상취득, 차입, 기타로 구분합니다.
21. ⓑ: 가상자산의 거래종류와 거래량에 따른 거래단위까지 적습니다.
   (예시) 비트코인 1BTC = 1.000000000
22. ⓒ: 거래시점의 단가를 최소 거래단위까지 적습니다.
23. ⓓ: 거래국가의 경우 가상자산 업인으로부터 수익을 얻은 경우 매매가격, 거래소득부가세금을 포함하여 매입가격을 지불한 경우 매입가격을 적습니다.
24. ⓔ: 거래종류가 양도, 증여, 무상처분, 대여의 경우에는 취득가액을, 거래구분이 매입으로 경우에는 매입대가를 적습니다.
「제92조의2항제4호의 선입선출법에 따라 취득가액을 계산한 경우 순서에는 거래구분이 매일(차입)의 경우 ⓒ의 가격에 지출한 대가를 적습니다.
25. ⓕ: 거래별로 관련된 제4조의 각 호의 구분에 따라 구분하여 이에 적고, 소재지가 계약지점에 경우 997, 공정의 경우 998, 코인거래소 경우 ZZZ를 적습니다.
26. ⓖ: 거래구분/거래종류가 매출/양도 또는 매입/종여의 경우 거래 전 가상자산의 시가에 차감한 수량을 적고, 매입/양수 또는 다른 전자가래수량을 다한 수량을 수량을 적습니다.

■ 국제조세조정에 관한 법률 시행규칙 [별지 제15호서식]

국가별보고서 제출의무자에 대한 자료

(앞쪽)

1. 제출인

① 법인명(상호)		② 사업자등록번호	
③ 소재지(주소)		④ 주업종(업종코드)	
⑤ 대표자		⑥ 사업연도(과세기간)	. . . ~ . . .

2. 국가별보고서 제출의무자

⑦ 법인명(상호)		⑧ 사업자등록번호	
⑨ 국가명(국가코드)		⑩ 소재지국 납세자번호	
⑪ 소재지(주소)		⑫ 주업종(업종코드)	
⑬ 대표자(성명)		⑭ 사업연도(과세기간)	. . . ~ . . .
⑮ 전자우편주소			
⑯ 직전 연도 연결 매출액	(통화코드)	(금액)	

⑰ 제출의무자의 지위

[ ] 1. 최종모회사가 국내에 소재하는 경우 그 국내의 최종모회사
[ ] 2. 최종모회사가 외국에 소재하는 경우로서 그 소재 국가의 법령상 국가별보고서 작성의무가 없는 경우 국내 관계회사
[ ] 3. 최종모회사가 외국에 소재하는 경우로서 그 소재 국가와 조세조약이 체결되지 않는 등의 사유로 국가별보고서 교환이 되지 않는 경우 국내관계회사
[ ] 4. 최종모회사가 외국에 소재하는 경우 그 외국의 최종모회사
[ ] 5. 최종모회사가 외국에 소재하는 경우로서 위 2 또는 3 등의 사유로 제3국에 소재하는 관계회사로 하여금 해당 소재지국에 국가별보고서를 제출하는 경우 그 외국 관계회사(외국 대리모회사)

3. 제출인과 동일한 연결재무제표에 속하는 국내 납세의무자 목록

⑱ 일련번호	⑲ 법인명(상호)	⑳ 사업자등록번호	㉑ 대표자(성명)	㉒ 소재지	㉓ 주업종(업종코드)	㉔ 사업연도(과세기간)

「국제조세조정에 관한 법률 시행령」 제35조제2항에 따라 위와 같이 국가별보고서 제출의무자에 대한 자료를 제출합니다.

년 월 일

제출자
(서명 또는 인)

세무서장 귀하

210mm×297mm[백상지 80g/㎡ 또는 중질지 80g/㎡]

(뒤쪽)

작성방법

※ 이 서식은 2016년 1월 1일 이후 개시하는 과세연도분에 대하여 국가별보고서 제출의무가 있는 납세의무자에 관하여 「국제조세조정에 관한 법률 시행령」 제35조제1항 각 호에서 규정하는 국내의 최종모회사 및 국내관계회사가 제출해야 합니다.

1. ① ~ ⑥ : 국가별보고서 제출의무자에 대한 자료를 제출하는 납세의무자에 관한 사항을 적습니다.

2. ⑦ · ⑨ · ⑪ · ⑬ : 국가별보고서 제출의무자의 법인명(상호), 국가, 소재지 등을 한글 또는 영문으로 적습니다.

3. ⑧ : 국내 사업자등록번호가 있는 경우에만 적습니다.

4. ⑩ : 국가코드는 국제표준화기구(ISO)가 정한 국가별 ISO코드(ISO-3166 Alpha 2)에 따라 적습니다.

5. ⑫ : 국가별보고서 제출의무자가 소재한 국가에서 부여받은 납세자번호가 있는 경우 그 납세자번호를 적습니다.

6. ⑭ : 주업종은 국세청 기준경비율 · 단순경비율에 따른 대분류를, 업종코드는 국세청 기준경비율 · 단순경비율에 따른 업종코드를 적습니다.

7. ⑮ : 전자우편주소는 제출의무자가 「국제조세조정에 관한 법률 시행령」 제35조제4항에 따른 정보통신망의 사용을 위하여 아이디와 비밀번호를 발급받은 전자우편주소를 적습니다. 다만, ⑩란에 따른 제출의무자의 지위가 4 또는 5인 경우 적지 않습니다.

8. ⑯ : 직전 연도의 연결 손익계산서상 매출액을 통화코드(ISO 4217)와 함께 적습니다.

　　예) USD(미국 달러), EUR(유로), CNY(중국 위안), JPY(일본 엔), GBP(영국 파운드), HKD(홍콩 달러), AUD(호주 달러), CHF(스위스 프랑), CAD(캐나다 달러) 등

9. ⑰ ~ ㉔ : 제출인이 국가별보고서 제출의무자 관련 자료를 제출함에 따라 해당 자료의 제출의무가 면제되는 납세의무자에 대하여 작성합니다.

210mm× 297mm[백상지 80g/㎡ 또는 중질지 80g/㎡]

* 참고문헌

김준석, 국제조세실무, 삼일인포마인, 2025
국세청, 외국법인 및 외국인투자기업 납세안내, 2025
김명준, 국제조세론, 2021

이전가격 세무

발행일 : 2025년 6월
저　자 : 한경배 (e-mail: sella369@daum.net)
감　수 : 박권민, 신영은
발행인 : 구 재 이
발행처 : 한국세무사회
주　소 : 서울시 서초구 명달로 105(서초동)
등　록 : 1991.11.20. 제21-286호
TEL. 02-597-2941　　FAX. 0508-118-1857
ISBN 979 11 5520 204 3　　부기기호 93320

저 자 와
협의하에
인지생략

〈이 책의 내용을 한국세무사회의 허락없이 무단복제 출판하는 것을 금합니다.〉
본서는 항상 그 완전성이 보장되는 것은 아니기 때문에 실제 적용할 경우에는
충분히 검토하시고 저자 또는 전문가와 상의하시기 바랍니다.

정가 9,000원